주식시장의 보물찾기

주식시장의 보물찾기:

합병·기업분할·구조조정·유상증자

조엘 그린블라트 지음 | 서지원 옮김 | 하상주 감수

돈키호테

주식시장의 보물찾기

초 판 1쇄 발행   2006년 12월 26일
개정판 2쇄 발행   2021년 1월 22일

지 은 이   조엘 그린블라트
옮 긴 이   서지원
감수한이   하상주
펴 낸 이   이윤희
펴 낸 곳   돈키호테

출판등록   제2005-000031호
주   소   03506 서울시 은평구 증산로3길 5-15, 503호
전   화   02-2649-1687
팩   스   02-2646-1686
이 메 일   jamoin@naver.com

ISBN 978-89-93771-11-4 03320

《주식시장의 보물찾기》에 깔려 있는 기본적인 아이디어는 주식시장에서 성공하기 위해서는 그다지 똑똑하지 않아도 된다는 것이다. 실제로 성공한 사람들을 보면 그렇게까지 똑똑하지 않다. 성공의 비밀은 가치에 비해 싼 주식이 있는 곳을 알기만 하면 된다. 이 책은 주식시장에서 고수익이 숨어 있는 비밀의 장소를 여러분에게 가르쳐 줄 것이다.

기업들은 항상 독특한 변화를 겪고 있다. 사업체를 인수하고, 팔고, 분할하고, 구조조정을 하고, 자본을 다시 구축하고, 신주를 발행한다. 간단히 말해서 기업들은 끊임없는 변화의 과정에 있다. 이런 변화를 어떻게 발견하고 이용할 것인가가 이 책의 주제이다. 이런 변화들은 거의 모든 나라의 기업들에서 일어난다. 한국의 독자들이 나의 책을 읽고 배워서 높은 수익을 내기를 희망한다.

조엘 그린블라트

나는 이 책을 읽고서 나의 투자 세계를 더 넓고 깊게 만들 수 있었다. 이런 기회는 자주 찾아오지 않는다. 그 동안 가치투자를 실천하면서 시장이 내가 생각한 것과 반대로 갈 때 이를 잘 견디지 못했다.

왜 견디지 못했을까? 대답은 간단하다. 나의 판단에 확신이 없었기 때문이다. 왜 확신을 갖지 못했을까? 나의 예측 능력이 부족해서일까? 그럴 수도 있다. 그러나 더 중요한 것은 내가 앞으로 일어날 일을 맞추려고 했기 때문이다. 사실 앞으로 1년 내에 어떤 일이 일어날지는 아무도 모른다. 이 책에 나오는 예를 들면, 사형을 앞둔 신하에게 왕이 마지막 소원을 묻자 신하는 1년 뒤에 왕의 말이 말을 하도록 만들 터이니 1년만 죽음을 미루어 달라고 한다. 왜 그랬을까? 1년 안에 왕이 죽을 수도 있고, 말이 죽을 수도 있고, 신하가 죽을 수도 있다. 1년 뒤에 정말 말이 말을 할지도 모른다. 이처럼 미래는 불확실하다.

불확실한 세계에서 시장을 맞추려는 투자 방식으로는 높은 수익을 내기 어렵다. 그러면 어떻게 해야 할까? 이 책의 저자인 그린블라트는 주식시장에는 보물이 숨겨져 있으니 그곳을 찾으라고 한다. 보물이 숨겨진 곳은 바로 기업에서 일어나는 특별하고 중요한 변화다. 예를 들면 분사, 부도, 합병, 자본재조정 등과 같은 아주 특별한 일이다.

기업에 일어나는 특별한 변화, 이것이 보물인 까닭은 대부분의 투자자들이 이것에는 별로 관심을 두지 않기 때문이다. 그리고 많은 돈을 굴리는 기관 투자가들의 경우 이 분야에 대한 투자가 내부 규정에 따라 금지되어 있거나 비록 여기서 수익을 낸다 해도 운영자산에 비해서 미미하므로 무시하고 만다. 이런 까닭에 기업에 일어나는 특별한 변화와 관련된 각종 증권의 가격은 적정한 가격에서 벗어나 지나치게 낮은 가격에 거래될 수 있다. 일반 투자자는 바로 이런 환경을 이용하여 큰 수익을 낼 수 있다.

그린블라트는 실제로 자신이 어떻게 수익을 냈는지 풍부한 사례로 밝히고 있다. 사례의 내용이 제도의 차이 등으로 좀 이해하기 어려울 수도 있으나 중요한 것은 투자의 보물이 어디에 숨어 있는지 알았으니 이제는 그곳을 찾아가 스스로 삽을 들고 땅을 파는 수고를 해야 한다는 것이다. 대부분의 사람들이 이런 수고를 하지 않으려고 하기에 이런 노력을 하는 사람들은 더 큰 이익을 낼 수 있다.

나는 그린블라트의 이 책을 읽은 기념으로 이제부터 주식시장의 보물지도를 꺼내 놓고 보물을 캐는 수고를 하려고 한다. 이 책을 읽은 독자들 중에서도 그런 투자자들이 나오기를 기대한다.

하상주

CONTENTS

CONTENTS

7 숲을 통해 나무를 보라 | 273

YOU CAN BE A STOCK MARKET GENIUS:

UNCOVER THE SECRET HIDING PLACES OF STOCK MARKET PROFITS

제1장

희망을 안고
노란 벽돌길을
따라가라

Follow the Yellow Brick Road

책 한 권으로 주식시장에서 큰돈을 벌 수 있는 방법을 알 수 있다니, 이처럼 어처구니없는 말이 또 있을까? 당신이 수십억 달러를 운용하는 펀드 매니저나 새로운 지식으로 무장한 MBA 출신과 겨루어 주식투자에서 더 높은 수익을 올릴 가능성이 얼마나 될까? 24달러짜리 주식투자 가이드를 자랑스럽게 구입한 여러분과 위의 펀드 매니저나 MBA 출신이 벌이는 경쟁은 결코 공정해 보이지 않는다.

그렇다. 이 경쟁은 공정하지 않다. 왜냐고? 월스트리트의 유능한 펀드 매니저와 능력 있는 MBA 출신이라 해도 여러분이나 이 책과 경쟁하여 결코 이길 수 없기 때문이다!! 그렇다고 이 책의 마지막 장에서 여러분에게 주식투자로 막대한 수익을 올릴 수 있는 어떤 비법을 가르쳐 주겠다거나 혹은 이 책이 그 유명한 브로드웨이의 뮤지컬 〈노력하지 않고 성공하는 법(How to Succeed in Business Without Really Trying)〉의 후속작이라는 말은 아니다. 다만 여러분이 시간과 노력을 투자하려는 의지가 있다면 여러분은 주식투자로 수익을, 아니 엄청난 수익을 거둘 수 있다.

자, 무언가 머릿속에 의문점이 떠오르지 않는가? 주식투자가 이렇듯 쉽다면 MBA 출신들과 펀드 매니저들은 왜 당신을 이길 수 없을까? 분명히 이들 역시 나름대로 시간과 노력을 투자하며, 비록 그들이 세기의 천재는 아닐지라도 멍청함과는 거리가 먼 수재들인데 말이다.

이상하게 들리겠지만, 당신이 의아해할 점은 하나도 없다. 이 명백한 모순 – 여러분이 소위 주식투자 '전문가'를 이길 잠재력이 있다는 것 – 을 설명할 수 있는 답은 학계의 연구물, 월스트리트의 시스템, 그리고 저자의 장인어른 장모님이 주말마다 즐기는 소일거리에서 찾을 수 있다.

우선 독자 여러분이 기뻐할 희소식으로 시작해 보자. 당신은 스스로 주식투자를 할 만큼 지식을 갖추지 못했다고 생각하는가? 간단히 답하자면, 만약 여러분의 목표가 주식시장에서 평균 이상의 수익을 올리는 것이라면 명문 비즈니스 스쿨에서 MBA나 박사 학위를 따는 것은 사실상 도움이 되지 않는다. 여러분이 아직 비즈니스 스쿨에서 엄청난 시간과 돈을 낭비하지 않았다면, 이는 분명 좋은 소식이 아닌가. 사실, 대부분의 학계 이론은 운이 아니고서는 계속 주식시장을 이길 수 없다고, 즉 주가 평균을 넘는 수익을 거두기가 불가능하다는 전제를 바탕에 깔고 있다.

보통 효율적 시장 이론 혹은 '랜덤 워크(Random Walk) 이론'이라 불리는 이 이론에 따르면, 수천 명의 투자자와 애널리스트는 한 특정 회사에 대해 공시된 모든 정보를 수집하고, 이 회사의 주식을 매도 혹은 매수하는 가운데서 '올바른' 거래 가격을 결정한다. 그리고 주식 가격이 어느 정도 효율적으로 결정되기 때문에(따라서 여러분이 언제나 저평가된 주식을 찾기란 불가능하다), 장기적으로 시장 평균 이상의 수익을 거두기는 불가능하다. 물론 학계에서 1월 효과*(January effect, 1월의 주가 상승률이 다른 달에 비해 상대적으로 높게 나타나는 현상), 소형주 투자 전략, 저 PER 전략 등의 예외 사례를 간단하게 다루기도 하지만, '시장을 이기는' 투자 전략의 대부분은 세금과 거래 비용을 빼고 나면 실제 수익은 보잘것없고 일시적이며 실행하기 어려운 방법이라고 무시하고 있다.

이처럼 시장을 이기기가 거의 불가능하기 때문에, 비즈니스 스쿨의 교수들 대부분은 2차 방정식 프로그래밍, 즉 3차원 공간에서 다양한 종목으로 구성된 주식 투자 포트폴리오를 짜는 방법론을 가르치는 데 주력한다. 즉, 복잡한 수학 공식을 그럭저럭 풀고, 여기에 수학 계산과 통계 이론을 좀 가미하면 주식시장의 평균에 해당하는 수익을 거둘 가능성이 꽤 된다는 주장이다. 중간에 이런저런 잡다한 이야기를 했지만, 핵심은 간단하다. 주식시장을 이기기는 불가능하니, 아예 시도도 하지 말라는 말이다. 수천 명의 MBA와 박사 학위 소지자가 많은 돈을 들여 공부하고 얻어낸 결론은 결국 이런 쓰잘데없는 것이다.

그러나 이 결론을 받아들일 수 없는 이유가 두 가지 있다. 첫째, 학계에서 사용하는 가정과 방법론에는 몇 가지 근본적인 결함이 있다. 이 책이 다루고자 하는 중심 내용은 아니므로, 뒤에서 간단히 살펴보겠다. 둘째, 사실 이 두 번째 이유가 더 중요한데, 학계에 있는 교수의 이론이 맞고 주식시장이 어느 정도 효율적으로 작용한다고 하더라도, 학계의 연구물과 결론은 여러분에게 해당되는 사항이 아니다.

대부분의 월스트리트 펀드 매니저 역시 위와 같은 학계의 이론을 무시할 수밖에 없다. 여러분에게 투자에 관한 조언을 해주고 그 대가로 커미션이나 투자 자문 수수료를 받기 위해서는, 자신의 조언이 사실은 아무런 가치가 없다는 학계 이론을 받아들여서야 되겠는가. 이들 주식투자 전문가에게는 안된 일이지만, 객관적 사실은 학계 이론을 뒷받침하는 것 같다. 만약 학계 이론이 사실이라면, 연금 펀드(pension fund)나 뮤추얼 펀드(mutual fund) 매니저의 실적은 장기적으로 보았을 때 시장 평균 수익률과 비슷할 것이고, 게다가 이 수익률은 이들 펀드 매니저에게로 가는 수수료만큼 낮아진다. 사실, 이들 주식투자 전문가는 운용 수수료를 빼지 않아도 매년 시장 평균에 비해 약 1퍼센트 낮은 수익률을 내며, 이는 앞서 언급한 효율적 시장 이론과도 조금 다르다. 주식시장이 '어느 정도' 효율적이라는 랜덤워크 이론이 이 실망스러운 실적을 설명해 줄 수 있을까? 아니면 이처럼 저조한 실적을 낳는 다른 요인이 있는 걸까?

주식투자 전문가가 당면한 어려움

내가 업계 최고의 한 명으로 손꼽는 펀드 매니저가 있는데, 이 친구를 밥(Bob)이라고 부르겠다(사실, 본명은 리치(Rich)이다). 밥은 현재 한 대형 증권회사에서 120억 달러에 이르는 주식 펀드 운용을 책임지고 있다. 여러분이 120억 달러라는 액수를 실감할 수 있도록 예를 하나 들어 보겠다. 여러분이 경마장에 가서 100달러 지폐로 내기를 한다고 하자. 이 100달러짜리 지폐를 차곡차곡 쌓으면, 120억 달러라는 돈은 110층 빌딩 20채를 쌓아올린 높이와 맞먹는다. 밥의 이야기로는 자신이 펀드 매니저로서 투자 성과를 판단하는 기준은 자신이 운용하는 투자 포트폴리오의 수익률을 S&P 500 지수의 수익률과 비교하는 것이다. 사실 밥이 기록하는 수익률은 엄청나다. 지난 10년간 연평균 S&P 500의 수익률보다 2~3퍼센트 더 높았다.

언뜻 보기에 매년 수익률이 2~3퍼센트 더 높다는 것을 두고 '엄청나다'라는 표현을 쓰는 것이 조금은 이상하게 느껴질 것이다. 그러나 단지 2퍼센트일지라도 20년간 이를 복리로 계산하면 결국 50퍼센트에 가까워지는 '엄청난' 수익률이 된다. 그러나 이보다 내가 '엄청나다'라는 표현을 쓰는 이유는 다른 데 있다. 즉, 수백억 달러의 포트폴리오를 운용하면서 이 정도 초과 수익률을 계속 내기란 정말로 어렵기 때문이다.

120억 달러라는 포트폴리오의 규모 자체가 밥의 주식투자 운용에 얼마나 큰 제약을 주는지 잠시 간단하게 계산하여 여러분이 쉽게 이해할 수 있도록 해보자. 밥이 120억 달러를 쪼개어 여러 주식에 투자한다고 생각했을 때, 50개 종목으로 구성된 포트폴리오를 만든다면 한 개 종목에 투자하는 금액은 약 2억4천만 달러가 된다. 100개 종목으로 구성된 포트폴리오라면, 한 개 종목에 1억2천만 달러를 투자하는 셈이다.

　　뉴욕증권거래소, 아메리카증권거래소, 그리고 나스닥 장외시장에 상장된 주식의 수는 대략 9천 종목이다. 이 중 시가총액 25억 달러 이상의 주식이 800여 종목, 시장 가치 10억 달러 이상의 주식이 1,500여 종목이다. 밥이 한 기업의 발행 주식 수의 10퍼센트 이상을 보유하지 않는다고 가정할 때(법적인 문제와 주식 처분 시 발생하는 거래량 문제 때문이다), 밥이 포트폴리오에 집어 넣어야 할 주식 종목 수는 최소한 50~100개 사이가 될 것이다. 밥이 시가총액 10억 달러 이하의 주식까지 고려한다면(다른 투자자가 덜 주시하고 아직 발견하지 못한 저평가된 주식을 찾고자 한다는 의미에서), 밥이 포트폴리오에 편입시켜야 할 최소한의 종목 수는 200개 이상으로 증가한다.

　　여러분은 직관적으로 포트폴리오 구성에서 분산 전략을 이용하는 것이 더 효과적이라는 점에 동의할 것이다. 다양한 종목으로 포트폴리오를 구성하면, 그 중 1~2 종목이 하향곡선을 그리더라도 자신감을 완전히 상실할 정도의 큰 손해를 보지는 않는다. 그런데 '적절한'

분산 포트폴리오에 편입해야 할 주식 종목의 수는 과연 어느 정도일까? 50개? 100개? 혹은 200개?

사실 분산 투자 전략으로 낮출 수 있는 투자 위험은 전체 주식투자 위험의 일부분에 지나지 않는다. 여러분이 신중에 신중을 기해 무려 9천여 종목으로 구성된 포트폴리오에 투자한다 해도, 여러분은 여전히 주식시장 전체의 상승 혹은 하강에 따른 리스크에 노출되어 있다. 이를 '시장 리스크'(market risk)라 부르는데, 이 시장 리스크는 여러분이 아무리 '완벽하게' 분산 투자를 한다 해도 없어지지 않는다.

더 많은 종목으로 투자 포트폴리오를 구성하는 전략이 시장 리스크를 피하는 데 도움이 되지 않을지는 몰라도, '비시장 리스크'(nonmarket risk)라 불리는 또 다른 종류의 리스크를 피하는 데 도움을 줄 수 있다. 비시장 리스크란 주식시장의 전체적인 움직임과 상관없는, 특정 주식 종목에만 관련된 리스크이다. 즉 어느 회사의 공장에 불이 난다거나, 신제품의 판매가 기대만큼 좋지 못할 때 비시장 리스크가 발생한다. 말채찍 제조업체*(수요가 없어진 제품 제조업체를 의미), 유방확대 삽입물 제조업체, 애완석 제조업체*(한때 반짝 유행하고 사라진 제품 제조업체를 의미), 또는 후카푸 스웨터 제조업체*(5인조 팝가수 그룹이 입은 스웨터 제조업체, 이 팝가수 그룹은 2003년에 결성되었으나 2005년 말까지 음반을 내지 못하고 있음) 한 곳에만 투자를 집중시키지 않는 한, 여러분은 한 기업의 예상치 못한 재난에서 비롯되는 위험을 분산하여 없앨 수 있다.

통계적으로, 한 종목에만 투자하는 전략에 비해 두 종목에 투자하면 한 종목에만 투자했을 때 오는 비시장 리스크의 46퍼센트를 줄인다. 4개 종목에 투자하면 비시장 리스크가 72퍼센트, 8개 종목에 투자하면 81퍼센트, 16개 종목에 투자하면 93퍼센트, 32개 종목에 투자하면 96퍼센트, 그리고 500개 종목에 투자하면 99퍼센트나 감소한다. 이런 통계 수치의 정확도에 대해 왈가왈부할 필요 없이 여러분이 기억해야 할 요점은 두 가지다.

1. 서로 다른 산업군에 속한 6~8개 종목에 투자하고 있다면, 여기에 더 많은 종목을 추가한다고 해서 리스크가 크게 감소하지는 않는다.
2. **전체 시장 리스크는 포트폴리오의 주식 종목 수를 더 늘린다고 해서 없어지지 않는다.**

실제 업무에서 볼 때, 밥이 마음에 드는 주식 종목을 선정하고 전체 종목 수를 20, 30개 혹은 80개로 정할 때, 종목의 수를 좌지우지하는 요소는 포트폴리오의 투자 금액, 법적인 문제 그리고 신탁자산 투자자로서 고려해야 할 사항이지 딱히 어떤 종목이 높은 수익을 낼 것 같아서 혹은 분산 포트폴리오 전략의 최적화를 위해서 위 개수만큼의 서로 다른 종목을 보유해야 한다고 생각하는 것은 아니다.

즉 밥은 불쌍하게도 훌륭한 주식투자 아이디어를 수십 가지 짜내고, 투자자들이 가장 선호하는 몇 안 되는 종목 중에서 무엇을 선택

할까 고민해야 하며, 주가에 영향을 주지 않으면서 엄청난 양의 주식을 매도 매수하고, 매분기 심지어 매달 자신의 수익률을 만천하에 공개하고 평가받아야 한다.

그러나 여러분은 그렇지 않다. 이 얼마나 다행인가!

주식투자 성공의 비결

밥은 자기 일만으로도 이미 매우 바쁜 사람이다. 그렇다면 여러분은 주식시장에서 큰돈을 벌 수 있는 비결을 배우기 위해 누구에게로 가야 할까? 아마도 그 비결은 나의 장인어른 장모님에게서 찾을 수 있을 듯하다.

장인어른과 장모님은 당신들 기호에 맞는 예술 작품이나 골동품을 찾아 경매장, 골동품 가게 혹은 벼룩시장을 뒤지는 소일거리로 주말을 보낸다. 두 분은 소유의 기쁨 그리고 매일 두고 볼 수 있는 기쁨을 줄 만한 작품을 찾아다니는 열렬한 수집가이다. 철저한 자본주의 정신으로 무장하고 이제껏 주인을 만나지 못한 실제 가치보다 훨씬 저평가된 예술 작품 혹은 골동품을 찾아 나선다.

자본가 모드에 돌입한 두 분은 매우 간단한 전략을 따른다. 마음에 쏙 드는 아름다운 골동품 가구 혹은 인상파 작가의 그림을 발견하면, 두 분은 구매 결정을 내리기 전에 오직 하나의 질문만을 스스로에게 던진다. 지금 눈앞에 보이는 물건이 이보다 훨씬 더 높은 가격에 경매에 붙여졌거나 이것과 비슷한 가구 혹은 그림이 이보다 더 비싼 값에 팔린 적이 있는가?

너무나 간단한 질문이다. 물론 우리는 이외 다른 질문들로부터 더 많은 것을 배울 수 있을지 모른다. 그렇지만 두 분은 "이 그림이 다음 세대에 피카소의 그림만큼 유명해질까?" 혹은 "이 18세기 프랑스 고가구의 가격이 천정부지로 치솟을까?"와 같은 질문은 던지지 않는다. 이런 질문의 정확한 답을 알 수 있다면 얼마나 좋겠는가. 미래의 일을 예측하고 이를 통해 지속적인 수익을 올리기 위해 능력, 정보 그리고 타이밍의 삼박자를 모두 갖추고 활용할 수 있는 사람은 거의 없다고 보아도 좋다. 장인어른과 장모님이 미래를 예측할 수 있느냐 아니냐는 여기서 논의의 대상이 되지 않는다. 사실, 두 분은 전혀 그럴 필요가 없다. 현재를 연구함으로써 수익을 올리는 노하우를 이미 알고 있기 때문이다.

두 분의 예술과 고가구에 대한 지식이 돈을 버는 데 도움이 되지 않는다는 말은 아니다. 그러나 이런 종류의 지식은 다른 많은 사람들도 갖고 있다. 두 분의 경쟁력은 같은 지식을 여지껏 아무도 시도하지 않은 분야에 활용하는 데 있다. 이처럼 잘 알려지지 않은 분야를 찾기란 더 힘들지만, 일단 찾기만 하면 두 분은 지식으로 무장한 다른 경쟁자들과 치열한 싸움을 벌이지 않고도 '비효율적으로' 가격이 매겨진 숨겨진 보물을 찾을 수 있다.

저평가된 주식을 발견하는 일 역시 이와 같다. 다른 투자자가 예의 주시하지 않는 사건을 찾고 분석하는 데 정열을 쏟는다면, 여러분이 저평가된 주식을 발견할 확률은 급격히 높아진다. 여기서 관건은 그 기회를 발견하는 일이다.

이쯤에서 그 유명한 배관공 이야기를 하지 않을 수 없다. 배관공이 집에 와 고장난 파이프를 한 번 두드려 보더니 말했다. "100달러 되겠습니다."

집주인이 소리를 질렀다. "100달러라구요! 여기 와서 한 일이라고는 그저 저 파이프를 한 번 두드린 것밖에 없지 않소!"

"이런, 아니지요." 배관공이 응수한다. "배관을 두드린 건 5달러밖에 되지 않습니다. 어디를 두드릴 것인가, 그 노하우에 95달러가 청구되는 겁니다."

주식시장도 마찬가지다. 어디를 "두드릴 것인가"를 아는 것이 성공의 열쇠이다. 이 점을 염두에 두고, 주식시장에서 돈을 벌 수 있는 비밀의 장소들을 찾아나서 보자.

YOU CAN BE A STOCK MARKET GENIUS:

UNCOVER THE SECRET HIDING PLACES OF STOCK MARKET PROFITS

제2장

반드시
알아야 할
기본 법칙들

Some Basics

열다섯 살 때, 내가 몰래 숨어 들어갈 수 있는 도박장은 개경주가 열리는 할리우드 도그 트랙이 유일했다. 처음 할리우드 도그 트랙에 몰래 숨어 들어갔던 날, 나는 흥분을 감출 수 없었다. 개경주에서 대박을 터뜨릴 수 있는 확실한 방법을 안다고 생각했기 때문이다. 세 번째 경기에 출전한 경주견 중 이전 여섯 번의 경기를 모두 32초 만에 완주한 경주견 - 이 경주견을 '럭키'라 부르겠다 - 이 있었던 것이다. 럭키가 우승할 가능성은 99퍼센트였다. 세 번째 경기에 참가한 다른 경주견 모두 그 이전 어떤 경주에서도 44초보다 더 빠른 기록을 세우지 못했다.

물론 나는 제 발로 찾아온 행운에 감사하며 럭키에 돈을 걸었다. 다른 경주견에 돈을 건 사람들은 모두 나에게 돈을 퍼주려 안달이 난 바보 같았다. 그런데 결과는? 럭키는 숨을 헐떡이며 간신히 꼴찌로 결승점을 통과했다! 그후 럭키가 아닌 다른 경주견에 돈을 건 사람들에 대한 나의 생각이 천천히 바뀌기 시작했다.

그 경기는 럭키가 출전하는 최초의 장거리 경기였다. 분명 다른 사람들은 모두 알고 있었겠지만, 럭키가 이전 경기에서 세운 놀라운 기록은 훨씬 더 짧은 단거리 경주에서 나온 것이었다. 반면 럭키와 함께 뛴 다른 경주견은 경험이 풍부한 장거리 전문 경주견이었다. 럭키의 우승 확률이 99퍼센트라는 나의 환상은 내기에서 잃은 돈과 함께 재빨리 사라졌다. 그리고 이 사건은 1분도 채 안 되는 시간에 내게 소중한 교훈을 안겨 주었다. 어느 정도 기본적인 지식과 이해가 바탕이 되어 있지 않다면, 우리는 좋은 투자 기회가 다가온다 해도 이를 발견할 수 없다. 자, 주식시장의 숨겨진 보물섬을 찾아 나서기 전에, 여러분의 보물 탐험을 도와 줄 몇 가지 기본 법칙에 관해 이야기해 보자.

몇 가지 기본 법칙들

1. 여러분 스스로 연구하라

여러분의 일을 스스로 해야 하는 이유는 두 가지다. 첫 번째 이유는 매우 간단하다. 여러분이 하는 것 외에 다른 대안이 없지 않은가? 당신이 진정 다른 사람들이 지나치고 있는 어떤 상황을 주목하고 있다면, 언론이 이 상황을 관심사로 다룰 가능성은 거의 없다. 보통 투자자는 특정 산업군 혹은 기업에 관한 수없이 많은 정보에 노출되어 있다. 그러나 이 중 일부는 실제로 유용한 것도 사실이나 여러분이 매력적이라고 생각하는 투자 기회에 대해서는 거의 정보가 없을 것이다. 이것은 여러분에게 좋은 일이다. 여러분은 "많을수록 더 좋다"라는 말을 믿어서는 안 된다.

두 번째 이유 역시 이와 밀접히 연관되어 있다. 여러분은 직장에서 그저 높은 리스크를 감수했다는 이유만으로 높은 연봉을 받고 싶지는 않을 것이다. 단순히 높은 리스크를 감당하는 일은 누구나 할 수 있다. 이보다는 여러분의 일을 스스로 해냈기 때문에 그 대가로 높은 연봉을 받고 싶을 것이다. 여러분이 어떤 특별한 투자 기회를 분석하는 몇 안 되는 투자자 중 한 명이라면, 이 투자에서 위험에 비해 얼마 정도의 수익을 거둘 수 있을지 가장 잘 아는 사람은 바로 당신이다. 불분명하거나 눈에 잘 띄지 않는 투자 기회가 언제나 고수익을 보장하는 것은 아니다. 요점은 여러분이 감당해야 하는 리스크에 비해 월등히 더 높은 수익을 거둘 수 있는 상황이 왔을 때 '베팅'을 하라는 말이다.

그 어떤 투자자든지 자신에게 유리하다 싶은 상황에 투자하고 싶어한다. 그러나 대부분의 투자자는 자신에게 유리한 '특별한' 투자 기회가 존재한다는 사실을 모르기 때문에 이런 유리한 상황에 투자하지 못한다. 여러분이 철저히 연구하고 분석한다면, 감당한 리스크에 비해 월등히 더 높은 수익을 거둘 수 있는 기회를 포착할 수 있다. 여러분이 거두는 고수익은 그저 높은 리스크를 감당했기 때문이 아니다. 바로 여러분의 일을 스스로 해낸 데 대한 정당한 대가이다.

그런데 여러분에게 매우 유리한 상황에서 투자하는 것이 과연 재미있을까? 틀림없이 그럴 것이다.

2. 서른 이상의 그 누구도 믿지 마라
3. 서른 이하의 그 누구도 믿지 마라

무슨 말인지 납득이 가는가? 누군가 여러분에게 전화로 아주 좋은 투자 정보를 전해 줄 것이라 기대한다면, 이는 복권을 사지 않고도 로또에 당첨되기를 바라는 것이나 마찬가지다. 물론 실제로 이런 일이 일어날 수도 있겠지만, 그 가능성이 얼마나 되겠는가? 주식 중개인이 여러분에게 전화를 하거나 편지를 보내면, 낸시 레이건의 충고에 따라 "그냥 '노' 하라(Just say No)."*(전 미국 로널드 레이건 대통령의 부인 낸시 레이건이 마약 퇴치 운동에 사용하면서 유명해진 말)

대형 증권회사 애널리스트의 기업 수익이나 주가 예상 보고서를 보면, 결과가 형편없기 짝이 없다. 만약 여러분이 저가주를 주로 매매하는 소규모 증권회사의 애널리스트는 예측 능력이 더 뛰어나다고 믿는다면, 당장 나에게 이 책의 환불을 요청하라. 나는 이 책에서 여러분에게 그 어떤 도움도 줄 수 없다. 이름난 투자 은행의 고객인 기관투자가들마저도 특별히 좋은 투자 정보를 얻지는 못한다.

왜일까? 그 이유는 업계의 구조적인 결함에 있다. 주식 애널리스트 대다수의 경우, 이들에게 월급을 직접 주는 사람은 고객인 주식투자자가 아니다. 이들 주식 애널리스트가 만든 투자 의견서와 보고서는 증권회사의 주식 중개인들이 투자자에게 커미션을 받는 대가로 제공하는 것이다. 한 가지 고질적인 업계의 문제점은 구조적으로 애널리스트들이 대부분 '매수' 의견을 낼 수밖에 없다는 데 있다. 우선 현재 누군가가 소유하고 있는 주식보다 아직 누구도 소유하지 않은 주식이 언제나 훨씬 더 많기 마련이다. 따라서 커미션을 챙기기 위한 더 쉬운 방법은 매도 의견을 내는 것보다 새로운 '매수' 의견을 내는 것이다.

주식 애널리스트가 당면한 또 다른 어려움은 어떤 기업의 주식을 나쁘게 평가한 애널리스트는 중요한 정보원에 접근하는 것이 보통 차단된다는 것이다. 회사 간부와 만나 중요한 이야기를 나누고 IR 부서 직원으로부터 정보를 얻어내는 일은 다른 더 '협조적인' 애널리스트의 차지가 된다. 이러한 구조적인 문제점 때문에 애널리스트의 일은 더 힘들다. 게다가 애널리스트가 어떤 기업에 부정적인 의견을 낼 경우, 이 기업이 애널리스트가 몸담고 있는 기관에 투자 업무(investment-banking assignments)를 맡길 가능성은 희박해진다. 바로 이러한 이유 때문에 직접적으로 '매도' 의견을 내는 것보다 '매수할 더 좋은 회사가 있다면 매도'(source of funds), '보유'(hold), 그리고 '투자 의견 보류'(untimely)와 같은 완곡어법이 즐겨 등장하는 것이다.

이런 낙관적 편견(optimistic bias) 외에도 다른 이유가 몇 가지 더 있다. 다른 모든 동료들이 똑같은 기업 수익이나 주가 예상치를 내놓는다면, 자신의 의견이 이와 다를지라도 소신 있게 밀고 나가기는 매우 어렵다. 다른 모든 이들은 정확하게 예상한 것을 혼자만 틀리는 리스크를 감수하기보다는 틀리더라도 동료들 모두와 함께 틀리는 편이 훨씬 더 안전하기 때문이다. 따라서 주식 애널리스트로부터 신선하고 독립적인 의견을 듣는 것은 하늘의 별따기보다 어렵다.

게다가 대부분의 애널리스트는 오직 한 가지 산업군만을 다룬다. 화학 산업, 은행, 그리고 소매 산업별로 애널리스트가 따로 있으며, 이들은 다른 산업군의 주식이 상대적으로 더 나은 투자 장점을 갖고 있는지 거의 알지 못한다. 예를 들어, 화학 산업 전문 애널리스트가 어떤 화학 기업의 주식에 대해 '매수' 의견을 냈을 때, 이는 50여 다른 산업군 중 어느 한 산업군의 주식에 투자했을 때와 비교해 투자 결과가 어떨지 분석한 후 나온 의견은 아니라는 말이다. 클리블랜드에 살고 있는 여러분의 눈에는 시내 중심가에 사는 이웃들의 집이 세상에서 가장 좋아 보일지 몰라도 비벌리 힐즈의 부촌만큼이야 하겠는가.

주식 애널리스트의 일은 특정 산업군의 기업을 서로 비교하는 것이므로 기업이 겪는 특수한 사건에 대해서는 소홀히 하는 경향이 있다. 분사나 합병과 같은 특수 사건이 자신이 다루는 기업에서 일어나는 경우에도 마찬가지다. 사실 많은 애널리스트는 주요 변화를 겪고 있는 기업에 대해 평가를 중단하거나 관찰 대상에서 빼버린다. 이는 애널리스트 본연의 임무가 무엇인지 고려할 때 이해할 수도 있는 일이다. 하지만 이들의 진정한 목표가 수익과 연결되는 투자 정보를 제공하는 것이라면 이런 형태는 투자자에게 전혀 도움이 되지 않는다.

애널리스트가 당면하는 또 다른 문제는 냉정한 경제 현실이다. 월스트리트의 애널리스트는 일하는 데 들인 시간과 노력을 상쇄할 수 있을 만큼의 충분한 수익(커미션이나 미래의 투자은행 수수료)을 얻지 못할 주식이나 투자 기회라면 이를 애써 분석하지 않는다. 따라서 거래량과 시가총액이 작은 주식, 유명하지 않은 주식 그리고 특수 상황은 보통 무시당하기 마련이다. 그런데 아이러니한 사실은, 거대 증권 회사가 다루지 않는 이런 주식이 사실은 여러분에게 수익을 안겨 줄 가능성이 가장 큰 주식이라는 점이다.

요점을 말하자면, 여러분이 설사 수수료나 커미션이 애널리스트의 투자 자문에 그 어떤 영향도 끼치지 않는 환상의 나라에 살고 있다 해도, 여러분은 여전히 냉엄한 현실을 마주할 수밖에 없다. 여러분의 주식 중개인은 믿을 만한 사람이건 아니건 간에, 여러분이 맡긴 돈을 어떻게 투자해야 할지 전혀 모른다. 하지만 이 사람의 나이가 서른 살이 넘는다 해도 그의 무능을 탓하지는 마라. 문제는 시스템이다. 업계에 내재한 시스템이 문제이다.

그래도 여전히 믿을 만한 누군가로부터 대박을 터뜨릴 정보를 얻고 싶은가? 정말 그렇다면 차라리 내가 서두에서 이야기한 대로 럭키가 세 번째 경기에서 우승한다는 데 돈을 걸어라.

4. 때를 기다려라

내가 어렸을 적 다녔던 여름 캠프의 백미는 이른바 '색깔 전쟁' (Color War)이라 불리는 게임이었다. 의아해할 독자 여러분을 위해 설명하자면, 색깔 전쟁은 캠프 참가자 전원이 청색팀과 회색팀 양 팀으로 나뉘어, 일주일 동안 연령 그룹 별로 각종 스포츠 경기를 펼친 뒤 가장 많은 승리를 거둔 팀이 이기는 경기였다. 그리고 색깔 전쟁 최고의 묘미는 아파치 릴레이(Apache Relay)라는 경기였다. 색깔 전쟁의 대미를 장식하는 아파치 릴레이는 양 팀의 선수 모두 나이에 상관없이 참가하는 경기였다. 모든 선수에게는 각자 하나씩 스포츠 경기나 기묘한 도전 과제가 주어졌고, 한 선수가 과제를 수행해야만 그 다음 선수가 자신의 과제를 시작하는 릴레이 방식으로 진행되었다.

우리는 역사 속의 아파치 전사가 된 기분으로 간단한 달리기나 수영에서 시작해 양 손이 등 뒤로 묶인 채로 파이 먹기나 이 사이에 달걀이 올려진 스푼을 문 채 중심을 잃지 않고 걷기와 같은 다양한 경기에 참가했다. 다른 경기와 달리 아파치 릴레이의 승패를 결정하는 요소는 가장 힘센 혹은 가장 빠른 선수가 어떤 팀에 속해 있느냐가 아니라, 데이비드 버소츠키(David Versotski)가 어떤 팀에 있느냐였다. 데이비드가 맡은 과제는 탁구 경기에서 세 번의 넷 서브를 넣는 것이었는데, 이는 물가까지 달려가기와 같은 보다 평범한 과제에 비해 참으로 기묘한 과제였다.

탁구에서 넷 서브는 공이 네트에 맞고도 상대편 쪽으로 정상적으로 들어가는 서브를 의미한다. 여름 캠프 내내 데이비드는 평범한 소년에 불과했지만, 아파치 릴레이 때만큼은 우리가 원하기만 하면 빠른 속도로 넷 서브를 척척 넣어버리는 놀라운 능력을 과시했고, 몇 초의 차이로 승부가 결정나는 아파치 릴레이에서 데이비드 팀은 무려 몇 분이나 시간을 절약할 수 있었다. 아파치 경기가 시작되기 전 모두들 긴장한 순간, 데이비드가 속한 팀은 언제나 "걱정마, 우리에게는 버소츠키가 있어!"란 말로 웅성거렸다. 난 그 후로 데이비드가 어떻게 지냈는지 알지 못한다. 그러나 분명한 사실은 탁구에서 넷 서브를 넣는 것이 프로 경기 혹은 심지어 올림픽 정식 종목이 되었더라면, 데이비드의 이름은 오늘날 베이브 루스나 마이클 조던과 같은 반열에 올랐을 것이다.

자, 이 이야기의 요점은 무엇인가? 바로 데이비드에게 인생의 모든 경쟁을 가장 많은 넷 서브를 넣는 사람이 우승하는 경쟁으로 만들어 버리는 능력이 있었다면, 데이비드는 수많은 승리를 거뒀을 것이다. 애석하게도 실제 우리의 삶은 그렇지 않다. 언제나 내가 원할 때에만 경쟁에 임할 수는 없다. 그러나 주식시장에서는 가능하다. 워렌 버핏(Warren Buffet)과 같은 투자자는 이 개념을 "공이 스무 개 날아올 때 그중 한 번만 배트를 휘둘러라", "월스트리트에 스트라이크는 없다", 그리고 "자신 있는 공이 올 때까지 기다려라"와 같은 다양한 방식으로 표현했다. 경마장에서 가장 성공적인 도박꾼, 즉 가장 적은 돈을 잃는 사람은 경기마다 돈을 거는 것이 아니라 우승 후보 말에 대한 확실한 느낌이 있을 때에만 베팅을 한다. 만약 당신이 충분히 잘 알고 자신 있는 상황에만 투자한다면, 당신의 성공률은 매우 높을 것이다. 그러니 구미가 당기는 투자 기회가 올 때마다 뛰어드는 바람에 가장 좋은 투자 아이디어나 유리한 상황을 제대로 살리지 못하는 것은 잘 못된 것이다. 만약 넷 서브를 넣는 경기가 새로 나온 십종 경기의 한 종목에 지나지 않는다면, 데이비드가 십종 경기의 종합 우승자가 될 확률은 극히 낮다. 요점은 그 누구도 제지하지 않는 상황이라면, 여러분은 경기장 밖으로 끌려 나가기 전까지는 계속 넷 서브만 넣으라는 것이다.

달걀 전부를 하나의 바구니에 넣고 결과를 기다리는 투자 전략은 여러분이 생각하는 것만큼 위험하지 않다. 과거 시황에 비추어 주식 시장의 연평균 수익률이 10퍼센트라고 가정하면, 통계상 어느 해에 투자 수익률이 -8~28퍼센트 사이에 들어올 가능성이 2/3이다. 즉 통계학적으로 볼 때 10퍼센트라는 연평균을 중심으로 약 18퍼센트의 편차가 존재한다. 또한 결과적으로 어느 해 주식시장 평균 수익률이 -8퍼센트에서 28퍼센트의 무려 36퍼센트에 달하는 범위를 넘을 가능성이 1/3에 이른다. 이 통계 수치는 포트폴리오에 종목이 50개 포함됐든 500개 포함됐든 모든 주식 포트폴리오, 즉 대부분의 뮤추얼 펀드에 해당된다.

그런데 만약 여러분의 포트폴리오에 종목이 5개밖에 포함되어 있지 않다면, 그래도 이 통계 수치가 들어맞을까? 위 수치가 보여 주듯 주식시장의 예상 수익률은 해에 따라 굉장히 큰 차이를 보인다. 한 개 혹은 두 개 종목이 미친 듯 상승하거나 하강해 포트폴리오 전체의 실적을 망쳐 버리지는 않을까? 자, 위 질문에 대한 답을 말하자면 5개 종목으로 구성된 포트폴리오의 수익률이 해에 따라 −11퍼센트에서 31퍼센트 사이에 들어올 확률은 2/3 정도이다. 그리고 이 포트폴리오의 연평균 예상 수익률은 여전히 10퍼센트이다. 종목 수가 8개로 늘어나면, 범위가 조금 더 줄어들어 −10퍼센트에서 30퍼센트가 되며, 500개 종목으로 구성된 포트폴리오의 경우도 이와 비슷한 범위에 해당된다. 이제 50개도 안 되는 종목에 투자하고 있는 독자 여러분은 안도의 한숨을 쉴 수 있을 것이고, 수십 개의 종목을 편입시켰으니 안정적인 주식투자 수입을 얻을 수 있을 것이라 기대하던 독자 여러분은 가슴이 철렁할 것이다.

주식은 일년 단위로 보면 수익률의 변동이 굉장히 크지만 20년 혹은 30년의 장기적 관점에서 보면 가장 매력적인 투자 수단임에 틀림없다. 따라서 가능한 다양한 종목을 편입시킨 주식 포트폴리오는 전체 주식시장 평균을 반영할 수 있어야 한다. 주식시장에서 시장 평균에 근접하는 수익률을 올리는 것은 결코 나쁜 실적이 아니다.

그러나 여러분이 시장 평균보다 훨씬 더 높은 수익률을 올리고자 한다면 여러분에게 유리한 상황을 선택하는 것, 즉 공이 20번 날아올 때 단 1번의 적절한 기회에 방망이를 휘두르는 것, 넷 서브를 넣는 데

에만 집중하는 것이 절대적으로 중요하다. 이처럼 매우 까다로운 투자 전략을 채택하므로 여러분의 포트폴리오가 이런 엄격한 기준에 들어맞는 몇 개의 종목만으로 구성된다 하더라도, 이는 전혀 문제가 되지 않는다. 소수의 선택된 종목으로 포트폴리오를 구성했기 때문에 여러분이 치러야 할 대가 - 수익률의 변동성이 약간 증가하는 것 - 는 여러분의 높은 장기 수익률에 비하면 미미한 수준에 지나지 않는다.

그래도 모든 달걀을 한 바구니에 담는 투자 전략이 미덥지 않다는 독자 여러분이 있다면, 절망하지 마시라. 이 투자 전략을 유지하면서도 리스크 문제를 해결할 다른 방법이 있으니까 말이다.

5. 주식을 더 살 것이 아니라, 은행에 돈을 묻어 두라.

보험 회사는 35세의 건강한 남자가 천 달러의 보험료를 지불하고 그 다음해 애석하게도 사망한다면, 이 남자에게 백만 달러의 보상금을 주겠다는 약속을 한다. 보험 통계 수치에 따르면, 보험 회사는 이 계약에서 수익을 낼 가능성이 꽤 크다. 그러나 여러분이라면 과연 보험 회사와 같은 도박을 하겠는가? 아마 아닐 것이다. 보험 통계 수치가 어쨌건 상관없이 여러분은 백만 달러라는 큰 돈을, 게다가 겨우 천 달러밖에 안 되는 돈 때문에 잃을 수는 없기 때문이다. 반면 보험회사는 수천 명의 보험 가입자로부터 받은 보험료를 모아서 이것으로 보상액을 지불하는 포트폴리오를 짤 수 있다. 그렇기 때문에 개개인들은 감히 생각도 못할 리스크를 감수하면서 지속적으로 수익을 내는 것이다.

사실 어떤 특정 리스크는 따로 떼어놓고 보면 위험하고 심지어 터무니없는 것처럼 보일지 모르나, 전체적인 포트폴리오의 맥락에서 보면 합리적일 수 있다. 만약 이 말이 사실이고 리스크 분산이 그처럼 좋은 투자 전략이라면, 왜 나는 몇 개의 종목으로만 포트폴리오를 구성해야 한다고 주장하는 걸까?

이유는 두 가지다. 첫째, 위의 예에서 보험 회사는 보험 계약 한 건당 1달러를 벌어들이기 위해 천 달러를 잃을 수도 있는 리스크를 감수한다. 이 도박에서 보험 회사가 수익을 내려면, 수년간에 걸쳐 수만 또는 수십만 건의 비슷한 보험 계약을 성사시켜야 한다. 하지만 여러분이 개별 주식투자에서 투자액 1달러에 대해 입을 수 있는 최대 손실은 1달러일 뿐이다. 따라서 여러분은 지나친 위험을 지지 않고도 신중하게 소수의 매력적인 주식에만 투자할 수 있다. 그러나 다른 모든 이들은 널리 분산하여 투자하라고 조언한다. 그리고는 "어떻게 몇 안 되는 종목에만 집중 투자해서 '대박'을 터뜨릴 수 있다는 거야?"라고 반문한다.

이에 대한 대답은, 분산 투자가 위험을 피하는 마술 공식이 아니라는 이유이기도 한데, 여러분이 처음 주식투자를 시작할 당시 상황을 돌이켜보면 나온다. 대다수의 투자자에게 주식은 전체 투자 포트폴리오에서 일부분만을 차지한다. 이들은 주식 외에 은행, MMF, 주택, 채권, 생명 보험 혹은 부동산과 같은 다양한 투자처에 돈을 묻어 둔다. 만약 여러분이 달걀을 모두 한 바구니에 담는 집중 투자 전략을 피하고 싶다면, 이처럼 다양한 자산에 분산 투자하는 것이 단순히 주식 포트폴리오를 여러 종목으로 분산하는 것에 비해 훨씬 더 효과적인 방법이다. 즉 결국 미미한 수익만을 올리는 분산 투자를 하느라 저자가 주장하는 높은 수익이 보장되는 주식투자 전략을 멀리 하지 말라는 말이다.

사실 아무리 많은 종목에 분산 투자한다 해도, 여러분이 향후 2~3년 안에 집세나 주택 자금 대출, 식료품비, 의료비, 학비 혹은 다른 생활 필수품에 써야 할 자금을 주식시장에 투자한다면 그 자체가 이미 위험한 행위이다. 기억하라! 주식시장의 수익률은 매년 아주 큰 폭으로 변동하며, 여러분이 설사 9천 개 이상의 종목으로 포트폴리오를 구성한다 해도 이는 마찬가지이다. 게다가 당장 돈이 필요하다고 해서 주식을 팔아 버린다면, 주식은 아무런 효과적인 투자 수단이 되지 못한다.

주식을 매수할 것인지 매도할 것인지 결정할 때에는 그 투자 가치만이 유일한 판단 기준이 되어야 한다. 이 말은 여러분이 주식투자를 하기로 마음을 굳혔다고 하더라도 여유 자금을 은행이나 다른 자산에 투자해야 할 때도 있다는 말이다. 주식에 분산 투자를 하지 말고 여유 자금을 주식시장이 아닌 다른 자산에 투자해야 한다. 여러분이 스스로 투자 결정을 내릴 용의만 있다면, 선택한 소수 종목에 투자하는 전략은 수십 개의 종목에 투자하는 전략이나 뮤추얼 펀드에 투자하는 전략에 비해 훨씬 더 높은 수익률을 낼 수 있다.

때때로 소수 종목 집중 투자 전략이 모든 종목에 조금씩 투자하는 이른바 인덱스 투자 전략에 비해 수익률의 변동이 약간 더 클 수는 있다. 그러나 여러분이 주식시장의 불가피한 하락을 굳이 보유 주식을 매도하지 않고도 이겨낼 수 있도록 전체적인 투자 포트폴리오를 잘 짜놓았다면 이 정도의 미미한 수익률 차이는 중요하지 않다.

그보다는 향후 5~10년 사이 여러분이 두 마리의 토끼를 잡을 수 있을 것이란 사실이 더 중요하다. 자산을 수십 개의 투자처에 나누어 투자함으로써(물론 어떤 때는 단지 소수의 투자처에) 충분히 분산 투자를 하면서도 높은 투자 수익을 올릴 수 있다.

6. 고수익을 추구하기보다 리스크를 최소화할 방법을 찾아라

매우 중요한 불변의 투자 법칙 하나는 리스크와 수익 간에 상관관계가 존재한다는 사실이다. 학계와 주식 전문가 대부분은 더 높은 리스크를 추구할수록 더 높은 수익을 얻을 수 있다는 데 동의한다. 반면 리스크가 낮아지면 수익도 낮아진다. 즉 아무것도 희생하지 않고는 무언가를 얻을 수 없다는 말이다. 이 개념은 가장 근본적인 투자 법칙의 하나로 학계와 현장의 주식 전문가 모두가 투자 전략의 기본으로 사용하고 있다.

물론 여기까지의 내용만 보면, 여러분이 딱 원하는 정도의 리스크만 감수하고 이에 따른 목표 수익을 얻을 수 있을 것이라고 생각할 수 있다. 완벽한 효율적인 세계에서는 이같은 리스크와 수익간의 상관관계가 성립한다. 그러나 여러분은 가격이 비효율적으로 책정된 투자상품, 즉 이제까지 잘 알려져 있지 않아 애널리스트나 다른 투자자가 그 가격을 정확히 산정할 수 없었던 주식을 찾고 있는 것이기 때문에, 여러분에게는 이 상관관계가 성립하지 않는다.

그러나 이 법칙이 여러분과 전혀 무관한 것은 아니다. 오히려 그 반대이다. 여러분이 알아야 할 가장 중요한 투자 법칙 중 하나라고 해도 과언이 아니다. 여기서 매우 놀라운 사실은 개별 주식의 리스크를 분석할 때 대부분의 주식 전문가나 학계 인사들이 큰 실수를 저지른다는 점이다. 그 이유는 이들이 리스크/수익의 상관관계에서 '리스크'를 계산하는 방식이 틀릴 뿐 아니라 매우 헷갈리기 때문이다.

일반적으로, 리스크는 '수익의 변동성'을 말한다. 학계에서는 리스크를 주식의 '베타(beta)'- 주식시장 전체와 비교한 특정 주식의 가격 변동성 - 로 측정한다. 보통 베타는 특정 주식의 과거 가격 변동이 앞으로도 계속될 것이라는 가정 위에서 측정된다. 그런데 이 복잡한 공식의 문제점은 가격의 상승 변동과 하강 변동 사이의 차이점을 구분하지 못하는 것이다. 예를 들어 1년 동안 가격이 큰 폭으로 상승한 주식이 같은 기간 가격이 소폭 하락한 주식에 비해 리스크가 더 큰 것으로 간주된다.

또한 과거의 주가 움직임을 해당 주식의 리스크를 측정하기 위한 기초로 사용하는 것 역시 오류로 이어질 수 있다. 위 공식에서는 같은 기간에 30달러에서 10달러로 폭락한 주식이 12달러에서 10달러로 소폭 하락한 주식에 비해 리스크가 더 큰 것으로 간주된다. 현재 두 주식 모두 10달러에 살 수 있다는 점에서는 같지만 전자의 주식, 즉 가격 하락폭이 더 크고 최근 기록한 최고가에서 더 큰 폭으로 할인된 가격의 주식이 '리스크가 더 높은' 주식으로 분류된다. 물론 그럴 수 있다. 하지만 가격이 많이 떨어진 주식의 경우 이미 가격이 큰 폭으로 하락했기 때문에 더 하락할 리스크는 거의 없다고 볼 수도 있지 않을까? 결론은 그저 과거의 주가 움직임을 보는 것만으로는 그리 유용한 정보를 없을 수 없다는 것이다.

사실 과거의 주가 변동은 미래 수익률을 가늠할 좋은 지표가 되지 못할뿐더러 여러분에게 이보다 훨씬 더 중요한 점, 즉 여러분이 돈을 잃을 가능성이 얼마나 되는지에 관해서도 별 유용한 정보를 주지 못한다. 이것은 매우 중요한 개념이니 다시 한번 반복하겠다. 과거의 주가 변동은 여러분이 돈을 잃을 가능성이 얼마나 되는지에 관해 유용한 정보를 주지 못한다! 그런데 바로 이 원금 손실의 리스크야말로 대부분의 투자자가 리스크에 관해 생각할 때 가장 크게 신경 쓰는 부분 아닌가? 사실상 잠재 수익 대비 원금 손실 리스크를 비교하는 것이 투자의 전부라 해도 과언이 아니다.

특정 주식에 투자함으로써 얻을 잠재 수익과 잠재 손실을 측정하는 것은 너무나 주관적인 문제이기 때문에 여러분이 학계나 현장의 전문가라면 주가 변동(Volatility)과 같은 어떤 개념으로 위험을 측정하는 것이 다른 측정 방법을 사용하는 것보다 더 쉽다. 어쨌든 여러분이 해야 할 일은 어떤 방법을 이용해서라도 주가의 상승 그리고 하강을 수량화하는 것이다. 그러나 이 수량화 작업은 불확실성이 크고 어렵다.

이 난관을 해결하기 위해, 다시 한번 우리 장인어른과 장모님의 이야기로 돌아가 보자. 만약 5천 달러짜리 그림을 발견했는데, 같은 화가가 그린 비슷한 작품이 최근 경매에서 만 달러에 낙찰되었다면, 두 분은 이 그림을 구입한다. 여기서 경매 낙찰가와 실제 판매가 사이의 가격차 5천 달러를 주식 분석의 시조라 불리는 벤저민 그레이엄(Benjamin Graham)은 '안전 마진'(margin of safety)이라고 이름 붙였다. 만약 두 분의 생각이 옳다면, 이 5천 달러는 매우 큰 마진이므로 이 작품을 구입해서 원금 손실을 입을 가능성은 극히 적다. 반면 두 분의 예측이 빗나간다면, 즉 이 그림이 최근 경매에서 낙찰된 그림에 비해 질이 떨어진다면, 비교 대상 그림이 만 달러에 낙찰된 것이 극히 이례적인 일이라면, 혹은 두 분이 그림을 구입한 후 경매에 붙이기 전에 그림 경매 시장이 폭락한다면, 그렇다고 하더라도 두 분의 손실은 이 5천 달러라는 안전 마진 덕분에 최소화될 수 있다.

따라서 여러분에게 유리한 리스크/수익 투자 상황을 만들고 싶다면 안전 마진이 큰 상황에 투자함으로써 원금 손실의 리스크를 가능한 한 줄여야 한다. 이와 반대로 잠재 수익이 증가할 가능성 역시 수량화하기 어려운 것은 마찬가지이나 어차피 증가할 수익이라면 어쨌든 증가하기 마련이기 때문에 여러분이 크게 신경 쓸 필요가 없다.

즉 처음 투자 결정을 내릴 때에는, 잠재 수익이 증가할 가능성보다 원금 손실을 최소화하기 위한 전략에 더 집중해야 한다. 일단 손실을 보지 않는다면, 괜찮은 투자 방법인 것이다. 이는 매우 간단한 기본 법칙이지만, 이 법칙을 설명하기 위해 복잡한 수학 공식을 만들기는 매우 어렵다.

7. 투자에는 여러 가지 왕도가 있다

주식투자로 부를 쌓기 위한 방법은 수없이 많다. 마찬가지로 수많은 투자자가 이 꿈을 이루기 위해 주식시장에 뛰어든다. 그러나 이 중 성공하는 사람은 소수에 불과하다. 여기서 영화 〈내일을 향해 쏴라〉의 주인공 부치(Butch)와 선댄스(Sundance)는 "대체 주식투자로 떼돈을 번 저 작자들은 누구야? 대체 어떻게 그럴 수 있는 거지?"라고 물을 법하다.

앞서 우리가 면밀히 연구해야 할 성공적인 주식 투자자의 예로 벤저민 그레이엄을 들었다. 벤저민 그레이엄의 저서와 가르침은 수많은 투자자에게 영향을 미쳤다. '안전 마진'의 개념은 아마도 그레이엄이 주식투자 업계에서 세운 가장 위대하고도 가장 길이 남을 공헌이 아닐까 싶다. 그레이엄은 보통 기업의 진정한 가치를 수량화하기 위해 주가의 장부 가치(대차대조표에 나타난 기업의 순자산가치)나 주가이익배수(P/E 배수, 주가 대비 연간 순이익의 배수)와 같은 객관적인 지표를 이용했다. 그레이엄은 기업의 가치와 비교해 주가가 매우 쌀 경우에만 주식을 사라고 충고한다.

그레이엄의 말에 따르면, 주식 투자자로서 여러분은 '미스터 마켓'(Mr. Market)과 거래를 하고 있으며, 주가는 단지 한 기업 전체의 일부 지분을 소유하는 데 드는 비용으로 보면 된다. 어떤 날은 미스터 마켓이 너무나 기분이 좋은 나머지 여러분이 보유한 주식에 터무니없이 높은 가격을 불러 주기도 하고, 또 어떤 날은 굉장히 안절부절못하며 비합리적으로 낮은 가격을 불러 주기도 한다. 여러분은 이 극단적인 경우에 한해서만 미스터 마켓을 잘 이용하고, 미스터 마켓의 움직임을 주시해야 한다. 이 외 다른 경우에는 주식 시장 자체에 아예 관심을 끊고 여러분이 투자한 기업의 영업 실적이나 재무 상황을 예의주시하는 편이 낫다.

장기간 우수한 실적을 올린 소수의 주식 투자자들 대부분이 어떤 형태로든 '안전 마진'과 '미스터 마켓'이라는 그레이엄의 법칙에 충실했다는 사실은 그저 우연의 일치는 아니다. 심지어 기업의 가치를 측정하는 데 있어서도 그레이엄의 법칙을 조금 변형하거나 더 발전시킨 성공 사례가 있기는 해도, 그 기본 법칙의 유효성은 끊임없이 입증되고 있다. 최근 연구 결과(예를 들어 저널 오브 파이낸스*(Journal of

Finance, 재무 분야에서 세계적으로 가장 권위있는 잡지) 1994년 12월호에 게재된 래코니쇼크(Lakonishok), 슐레이퍼(Schleifer), 비슈니(Vishny)의 공동 연구) 역시 장부 가치와 이익에 비해 낮은 가격에 거래되는 주식을 매수하는 단순한 전략이 장기적으로 높은 수익을 올린다는 그레이엄의 주장을 뒷받침한다.

위 연구 결과에 따르면, 그레이엄과 같은 가치투자 전략은 가장 인기 있는 주식을 사거나, 인덱스 펀드에 투자하거나 혹은 전문 펀드 매니저에게 돈을 맡기는 것에 비해 훨씬 더 좋은 수익을 낸다. 그리고 효율적 시장 이론에서 주장하는 것과는 반대로 이런 투자 전략은 다른 투자 전략에 비해 더 높은 리스크를 감당해야 하는 것도 아니며, 시가총액이 크든 작든 상관없이 모두 적용할 수 있다.

그 이유는 아마도 개인 투자자와 전문 투자자 모두 최근의 주가가 올라가면 기업의 장기적 전망을 과대평가하는 반면, 현재 실적이 좋지 않거나 인기가 없으면 기업의 가치를 과소평가하기 때문일 것이다. 기업 가치를 측정하는 데 장부 가치나 과거의 이익과 같은 객관적 지표를 이용하면, 위와 같이 미래를 기준으로 하는(futurebased) 평가 방법이 흔히 저지르기 쉬운 감정적, 집단적 오류를 어느 정도 없앨 수 있다. 그레이엄의 주식투자 방법은 그 동안 널리 알려지고 집중적으로 연구되어 왔음에도 여전히 이를 따르는 투자자들에게 뛰어난 수익을 안겨 주고 있다.

그레이엄의 법칙을 따르는 투자자 중 가장 유명한 이로 워렌 버핏을 손꼽을 수 있는데, 버핏은 높은 안전 마진을 확보하고 시장을 미스터 마켓의 시각에서 바라보는 투자 전략을 열렬히 지지하는 한편, 좋은 투자 대상을 찾을 때 고려해야 할 기업 가치의 구성 요소에 자신의 의견을 덧붙였다. 버핏에 따르면, 엄밀한 통계적 관점에서 저평가된 주식에만 투자하는 것보다 기초 체력이 탄탄한 기업(fundamentally good business)에 투자하는 것이 투자 수익을 극적으로 증가시킬 수 있다. 별 대단한 것 없는 당연한 말인 듯하지만, 이 사소한 발견이야말로 버핏이 그레이엄의 뛰어난 제자를 넘어서 오늘날 가장 위대한 투자자가 된 바로 그 이유이다.

버핏은 강한 영업 독점력(strong franchise)과 강력한 브랜드 파워를 지니고, 틈새시장을 가지고 있으며, 경영을 잘하는 회사(wellmanaged companies)에 집중 투자한다. 또한 자신이 잘 알고 있고, 매력적인 경제적 특성(attractive underlying economic)을 가지고 있으며(즉 많은 현금을 만들어내는 기업), 경쟁력이 뛰어난 기업(competitive characteristics)에 집중 투자한다. 이를 통해 버핏은 현재 기업 가치에 비해 낮은 가격에 나와 있는 회사를 매수하며, 성장 가능성이 큰 기업의 전부 혹은 일부 지분을 소유함으로써 기대되는 미래의 가치 상승으로부터도 이득을 얻는다. 반면 그레이엄의 투자 전략에는 이처럼 앞으로의 추가 상승이 기대되는 주식을 매수함으로써 추가 수익을 올린다는 개념이 없다. 사실 버핏에 따르면, 같은 저평가된 주식이라 해도 실적이 좋지 않은 기업의 주식에 투자하면, 주식을 저평가된 가격에 매수해 이득을 본 것 같아도 결국에는 싸보였던 요소의 실체가 드러나면서 그 이득의 상당 부분이 사라지고 만다.

여기 또 다른 성공적인 주식투자 방법을 창안한 투자자가 있는데, 피터 린치(Peter Lynch)라는 세계에서 가장 위대한 펀드 매니저가 그 사람이다. 피터 린치는 1990년까지 피델리티 마젤란 펀드(Fidelity Magellan Fund)를 운용하면서, 1977년 펀드 운용 초기에 투자한 1달러당 무려 28달러에 이르는 수익을 올리는 놀라운 성공 신화를 이룩했다. 피터 린치는 자신의 저서, 칼럼 그리고 인터뷰를 통해 개인 투자자도 자신이 잘 아는 기업과 산업에 투자하면 전문가를 능가하는 수익을 올릴 수 있다고 강력히 주장한다. 린치는 여러분이 쇼핑몰, 슈퍼마켓 혹은 심지어 놀이공원 어디에 있든 상관없이 새로운 투자 기회를 찾을 수 있다고 말한다. 린치는 보통 개미 투자자도 손쉽게 얻을 수 있는 기업 정보를 열심히 뒤지고 조사하면, 일상생활에서 발견하는 통찰력과 경험이 주식투자의 수익으로 연결될 수 있다고 믿는다.

처음 책을 낼 때 이미 무려 140억 달러에 이르는 펀드를 운용했던 린치와 동급으로 볼 수는 없지만, 9만 달러의 투자 자금을 운용했던 베어드스톤의 숙녀들(Beardstown Ladies) 역시 한때 모두가 선망하는 투자 수익을 내는 듯했다. 이들 시골 처녀의 비장의 무기는 바로 〈밸류 라인 인베스트먼트 서베이(Value Line Investment Survey)〉였다. 밸류 라인 인베스트먼트 서베이는 가장 큰 상장 회사 1,700여 개 기업을 선택해 이들 기업의 펀더멘털과 각종 회계 수치에 대한 광범위한 데이터를 제공하는 주간지로, 매주 시기 적절성(timeliness)과 안전성(safety)을 기준으로 이들 주식의 순위를 매겼다. 〈밸류 라인〉 지가 시기 적절성 면에서 가장 높은 순위를 매긴 주식(5등급 중 1등급이나 2등급으로 뽑힌 주식)은 30년에 걸쳐 시장 평균을 상회하는 실적을 올렸다. 〈밸류 라인〉 지는 기업 이익, 가격 추세(price momentum), 플러스 혹은 마이너스 어닝 서프라이즈*(earnings surprise: 어닝 시즌에 발표된 실제 실적이 시장의 예상치를 훨씬 초과하거나 미달하는 것), 그리고 다른 펀더멘털 지표들을 사용하여 주식 순위를 매겼다. 한때 자사 주식 애널리스트의 투자 의견을 평가 지표에 넣은 적도 있었지만, 애널리스트 의견을 넣지 않았을 때 평가 지표가 더 잘 작동하여 오래 전에 이를 빼버렸다.

여기서 베어드스톤의 숙녀들이 저지른 실수가 어디에서 비롯되었는지 그 이유를 조금은 알 수 있다. 이들은 〈밸류 라인〉에서 상위권을 차지한 주식의 리스트에다 자신들만의 투자 전략을 가미했다. 분명 이런 조작으로 이들의 투자 포트폴리오는 〈밸류 라인〉의 컴퓨터화된 순위 시스템 그리고 주식시장 평균보다 더 낮은 수익밖에 거두지 못했다. 베어드스톤의 숙녀들은 초기 미 전역에 성공적인 투자자로 명성을 날린 후 책도 출판했는데, 여기에 다소 장황하게 자신들의 투자 방법을 소개하기도 했다. 이 투자 방법이 투자 수익에 어떤 영향을 미쳤는지는 알려져 있지 않다. 어쨌든 〈밸류 라인〉의 놀라운 수익률은 여전히 명성을 지키고 있다.

물론 다른 더 좋은 투자 방법이 있겠지만, 이쯤에서 여러분은 당연히 이런 질문을 던질 것이다. 주식시장이라는 넓은 갯벌에 숨어 있는 진주와도 같은 고수익 주식을 골라낸다는 투자 전략이 위에서 방금 언급한 투자 방법보다 어디가 나은가?

물론 당연한 질문이지만, 독자 여러분을 조금 오도할 수 있는 질문이기도 하다. 여러분이 남들은 잘 알지 못하는 투자 기회를 찾고 있다고 해서 그레이엄, 버핏 혹은 린치가 설파한 성공적인 투자 전략의 원칙을 적용할 수 없는 것은 아니며, 또 그래서도 안 된다. 물론 누구도 관심을 갖지 않은 외딴 곳에서 좋은 투자 기회를 찾아내는 수고를 충분히 한 후라면, 이제 더 이상 너무 복잡한 분석을 할 필요는 없을 것이다. 사실 이것은 해볼 만한 가치가 있으며, 절대로 비현실적인 목표가 아니다. 그렇지만 인생이 언제나 이렇게 쉬운 것만은 아니다.

적어도 위에서 언급한 주식투자 대가들이 가르쳐 준 교훈은 투자 결정을 내리기가 힘든 순간에 어느 정도 도움이 될 것이다. 여러분이 자신 있는 분야를 선택하는 전략은 성공으로 가는 열쇠의 하나일 뿐이다. 이들 주식투자 대가의 기본 원칙을 따르면 여러분은 언제나 올바른 곳에 투자할 수 있을 것이다.

주식시장에서 수익을 낼 수 있는 비밀의 장소

자, 주식시장에서 보물이 숨어 있는 비밀의 장소는 과연 어디일까?

걱정은 접어 두시라. 여러분이 보물을 찾기 위해 러브 캐널*(Love Canal: 1940년대 미국의 화학회사가 학교 부지에 유독성 화학물질을 매립하여 학생들과 주민들이 각종 질환 및 기형 증세를 보인 환경 오염 사고)을 뒤지는 위험을 감수하거나 러시아의 비밀 군사기지를 염탐하다 총을 맞아 쓰러질 일은 없으니까 말이다. 사실 그 답은 결코 간단하지 않다. 주식시장의 보물은 그 어디에서라도 찾을 수 있고, 그 장소는 항상 변한다. 사실 거의 모든 투자 상황에서 '변화'라는 것은 매우 기본적인 법칙이다. 늘상 일어나던 일에서 무언가 변화가 생기고, 이 변화가 새로운 투자 기회를 만들어낸다. 여러분에게 막대한 수익을 가져다줄 기업 안팎에서 일어나는 사건은 분사에서 시작해 합병, 구조조정, 유상증자, 도산, 청산, 자산 매각, 주식 분산 등 일일이 헤아릴 수조차 없이 많다. 그리고 수익을 창출하는 것은 이들 사건 자체만이 아니다. 이들 사건 각각이 놀라운 투자 잠재력을 지닌 엄청난 물량의 새로운 증권을 만들어낼 수 있다.

놀랍게도 이런 '변화'는 언제나 일어나고 있다. 매주 기업과 관련된 수십 건의 사건이 일어나며, 그 수가 워낙 많아 한 개인이 일일이 파악할 수 없을 정도이다. 하지만 바로 이것이 핵심이다. 여러분은 이들 사건 모두를 파악할 수 없으며, 또 그럴 필요도 없다. 좋은 투자 기회를 한 달에 한 건 찾아내기만 해도, 여러분은 필요 이상으로 또 기대 이상으로 잘하고 있는 것이다. 여러분은 앞으로 이 책에서 많은 사례와 교훈을 만나면서 아마도 "도대체 내가 어떻게 그런 좋은 기회를 찾아낸단 말이야?" 혹은 "나는 절대로 그런 기회를 찾아내지 못했을 거야"라고 의심할지도 모르겠다. 어쩌면 여러분 생각이 맞을지도 모른다. 그러나 여러분이 실제로 찾아야 하고 또 찾아낼 수 있는 기회는 무수히 많이 존재한다. 여러분이 어느 곳에서 새로운 투자 아이디어를 찾아야 할지 배우고 난 후에도, 위에서 말한 기업을 둘러싼 사건들 중 10분의 1이라도 파악하겠다는 것은 허무한 공상에 지나지 않는다. 그러나 여러분이 실제로 열심히 조사하고 추적한 주식에 투자해 일생에 걸쳐 높은 수익을 올려 보겠다는 목표는 절대 허무한 공상이 아니다. "물고기 잡는 법을 가르쳐라"라는 말은 절대 틀린 말이 아니다.

그러면 주식시장에서 대박을 터뜨린 다른 투자 전략은 어떤가? 워렌 버핏이나 피터 린치의 투자 방법에는 전혀 결함이 없다. 그러나 문제는 여러분이 제2의 버핏이나 린치가 될 가능성은 지극히 낮다는 데 있다. 뛰어난 기업(great businesses)의 주식을 저평가된 가격에 매수한다는 전략은 매우 합리적이다. 그러나 여기서 뛰어난 기업을 가려내는 것이 쉬운 일은 아니다. 독점적 지위를 누리던 신문사와 TV 방송사는 한때 완벽한 기업으로 간주되었다. 그러나 새로운 업체의 진입으로 경쟁 형태가 바뀌고 최근의 경기 침체 때문에 이들 기업의 주가는 곤두 박질쳤다. 이 세계는 그만큼 복잡하고 경쟁이 치열한 곳이다. 그리고 이런 경쟁은 앞으로도 더 심해질 것이다. 여러분이 직면한 과제 – 미래 고수익이 보장되는 소수의 스타 주식을 어떻게 가려낼 것인가? – 는 버핏이 주식투자로 막대한 부를 축적하면서 직면했던 과거 시절의 과제보다 훨씬 더 힘들고 어렵다. 여러분은 이 과제에 당당히 맞설 준비가 되어 있는가? 혹은 그럴 준비가 되어 있어야만 하는가?

제2의 월마트, 맥도널드 그리고 갭을 찾아내기란 역시 쉽지 않다. 성공하는 기업에 비해 실패하는 기업이 훨씬 더 많다. 여러분 자신의 경험과 직관을 이용해 뛰어난 기업을 찾으라는 말은 더할 나위 없이 훌륭한 조언이다. 투자 결정을 내릴 때마다 반드시 이 원칙을 적용해야 한다. 여러분이 알고 이해하고 있는 대상에만 투자를 해야 한다.

피터 린치가 특별히 더 뛰어난 재능의 투자자였던 이유는 힘든 투자 결정을 내릴 때 다른 투자자에 비해 더 많이 알고 더 많이 이해하고 있었기 때문이다.

반면 벤저민 그레이엄의 통계학적 투자 전략은 사실 개미 투자자를 염두에 두고 고안된 것이다. 주가 이익률이 낮고 장부 가치 대비 시장 가치가 낮은 주식에 폭넓게 분산 투자하는 전략은 여전히 놀라운 수익률을 거두고 있으며, 개미 투자자도 비교적 쉽게 따라할 수 있다. 그레이엄은 기업 실적에 비해 주가가 싼 주식(statistical bargains) 20~30 종목을 보유하고 있다면, 그 후에는 더 폭넓게 시장이나 기업에 관해 조사할 필요가 없다고 생각했다. 실제로 여러분은 그럴 필요가 없다. 사실 저자는 그레이엄의 저서를 읽고 연구하면서 주식시장에 처음으로 매력을 느끼게 되었다. 지금도 가능할 때마다 기회가 있으면 그레이엄의 가르침을 적용한다. 나아가서 여러분이 스스로 연구하고, 자신 있는 분야를 선택하고, 다른 투자자가 관심을 갖지 않는 종목을 발굴할 용의가 있다면, 그레이엄의 수동적인 투자 전략을 사용할 때보다 훨씬 더 높은 수익을 낼 수 있다.

최근에는 여러분 스스로 주식시장을 조사하기가 훨씬 더 쉬워졌다. 그레이엄의 시대에는 이런 정보를 얻는 일이 아예 불가능했고, 설사 가능하다 하더라도 정확성이 의심스러운 연방 정부 혹은 주정부의 서류를 뒤져야 했다. 바로 얼마 전까지만 하더라도 이같은 정보 – 기업이 미 증권거래위원회(SEC)에 의무적으로 보고하도록 되어 있는 엄청난 양의 공시 정보 – 는 존재해도 대부분 개인 투자자의 접근이 제한되어 있었다. 투자 수익으로 이어질 만한 기업 경영상의 특수한 변화나 사건의 정보가 담긴 서류는 민간 기업이 한 건 당 200~300달러의 가격으로 제공했다. 그러나 오늘날에는 인터넷 덕분에 똑같은 정보를 고작 전화 한 통 가격에 바로 구할 수 있다. 물론 여러분이 이 정보를 읽고자 하는 의지가 있어야겠지만 말이다.

기업에 특별한 변화가 발생할 때 투자하는 전략에 어떤 결점은 없을까? 우선 두 가지가 떠오른다. 첫 번째는 여러분도 아는 것으로, 수고를 들여 조사해야 한다. 번거롭겠지만 대신 높은 수익을 얻을 수 있다. 두 번째는 여러분에게 해당할 수도 있고, 아닐 수도 있다. 즉 기업에 일어나는 변화가 수년 간에 걸쳐 일어날 수도 있지만, 단지 몇 개월에 걸쳐 일어날 수도 있다는 사실이다.

보통 여러분이 이러한 변화에서 가장 좋은 투자 기회를 잡는 때는 이러한 사건이나 변화가 일어나기 바로 전, 일어나는 동안, 그리고 바로 그 후이다. 그런데 단지 몇 개월에 걸쳐 발생한다면, 그만큼 여러분이 가질 기회의 폭이 줄어들고 주식을 보유하는 기간 역시 짧아진다. 일년 이내에 주식을 팔 경우 시세 차액에 대해 세금을 내야 하므로 주식 보유 기간이 짧아지면 버핏, 린치, 그레이엄의 장기 투자 전략에 비해 불이익이 발생한다. 다행히 여러분이 이러한 불이익을 피해갈 수 있는 방법이 있다. 수년간에 걸쳐 발생하는 기업 변화나 사건에만 투자하거나 연금, IRA*(Individual Retirement Account 개인퇴직계좌, 근로자가 퇴직 또는 이직 시에도 퇴직금 일시금을 은퇴 시점까지 적립했다가 노후자금으로 활용할 수 있도록 하는 제도), 혹은 다른 퇴직 계좌를 이용하는 방법이다(이에 준하는 기타 퇴직 계좌는 보통 세금 공제 혜택이 있다).

한 가지 또 중요한 점은 대부분의 사람이 군중 속에 묻혀 안도감을 느끼지만, 이는 좋은 투자 기회를 찾는 성공적인 주식 투자자로서 바람직한 태도는 아니라는 사실이다. 그러나 변화를 겪고 있는 기업에 투자하는 전략을 버핏, 린치 혹은 그레이엄 역시 활용했다는 사실에서 안도의 한숨을 쉴 수 있을 것이다. 이들 주식투자의 대가들 모두 이와 같은 투자 전략을 활용했다. 단지 그레이엄은 이러한 자신의 주식투자 노하우를 개미 투자자에게 전수해 주는 데 아주 조심스러워했다. 통계적 저평가주(statistical bargains)에 분산 투자하는 것이 대부분의 투자자에게 더 손쉬운 투자 방법이라고 생각했던 것이다.

또한 이런 전략은 버핏과 린치의 경우처럼 수백억 달러에 이르는 많은 자산을 운용할 경우는 별 효과가 없다. 이처럼 대규모의 포트폴리오를 운용하는 경우, 특정한 회사의 주식에 많이 투자한다고 하더라도 이것이 전체 포트폴리오의 수익에 영향을 주기는 어렵다. 여러분들의 경우, 아주 큰돈을 벌기까지는 이 전략이 잘 들어맞는다. (큰돈을 벌게 되면 그때 나에게 전화하시길.)

자, 이제 소매를 걷어붙이고 머리를 써보자. 이제 여러분은 주식시장의 환상 특급 열차를 타고 모험을 시작할 것이다. 남들은 두려워서 가지 않는, 혹은 아예 알지 못하는 곳을 탐험할 것이다. 이 넓디넓은 미지의 세계에 발을 들여놓고 숨어 있는 비밀을 발견하는 순간, 여러분은 에베레스트 산의 정상에 오른 등산인, 북극에 국기를 꽂은 탐험가 혹은 달에 발을 디딘 우주인이 느꼈던 벅찬 감동을 느낄 수 있으리라! (좋다. 아마 이보다도 낱말 퍼즐을 다 풀어낸 느낌일 것이다. 나는 낱말 퍼즐을 풀어 본 적이 한 번도 없지만, 분명 역시 굉장한 느낌일 거라고 생각한다!)

어쨌든 이제 시작해 보자.

YOU CAN BE A STOCK MARKET GENIUS:

UNCOVER THE SECRET HIDING PLACES OF STOCK MARKET PROFITS

제3장

분사 기업의 주식

Chips Off the Old Stock

기업분할

부분 기업분할

유상증자

한 번은 내가 내기에서 져 뤼테스*(Lutèce, 뉴욕 맨해튼 미드 타운의 유명한 프랑스 레스토랑)에서 저녁을 대접해야 했다. 그 당시 총각이었던 나는 치즈 한 조각을 얹은 베이글 하나(이는 저자가 개발한 레시피로, 결코 비어드타운의 시골 처녀들로부터 얻은 것이 아니다)면 한 끼 식사로 충분하다고 생각했었다. 마침내 약속한 날짜가 다가왔고 나는 아마 세계 최고로 손꼽힐, 그리고 뉴욕에서는 단연 최고인 레스토랑 뤼테스에 자리를 잡고 메뉴를 살펴보고 있었다. 나와 일행들이 앉은 테이블로 요리사 차림의 한 신사가 주문을 받으러 다가왔다. 나는 그 차림새를 보고도 이 신사가 뤼테스의 오너이자 수석 주방장인 앙드레 솔트네(André Soltner)라고는 전혀 생각하지 못했다.

나는 메뉴 위의 에피타이저 하나를 가리키며 별 뜻 없이 물었다. "이거 괜찮을까요?"

솔트네가 대답했다. "아니요, 손님. 맛이 아주 형편 없답니다!"

솔트네는 분명 농담으로 건넨 말이었지만, 나는 단번에 요지를 알아차렸다. 뤼테스 메뉴의 모든 음식은 분명 훌륭했다. 뤼테스라는 레스토랑을 선택한 것 자체가 오늘의 저녁 식사가 훌륭할 것이라는 보증 그 자체였고, 구체적으로 어떤 메뉴를 고르느냐는 그에 비해 사소한 일이었다.

독자 여러분이 앞으로 이 책을 읽어 나가면서 이 점을 염두에 두기 바란다. 다른 투자자가 신경 쓰지 않는 분야에서 투자 기회를 찾아내는 것은 훌륭하다. 하지만 이것만으로는 충분치 않다. 그 중에서도 수익성 있는 '좋은' 투자 기회(right place)를 찾아내야 한다. 여러분이 출발선에 서기도 전에 다른 선수보다 더 유리한 고지를 점할 수 있다면, 즉 주식시장의 뤼테스와 같은 종목을 찾아냈다면, 여러분은 가장 중요한 숙제를 이미 끝마친 셈이다. 앞으로 여러분 앞에 수많은 결정이 기다리고 있겠지만, 이미 훌륭한 레스토랑에 들어섰고 이제 메뉴를 고를 일만 남았다면, 여러분이 소화 불량에 걸릴 가능성은 거의 없다.

기업 분할

우리가 함께 살펴볼 첫 번째 분야는 투자자에게 전혀 구미가 당기지 않는 분야이다. 보통 '기업 분할'이라 불리는데, 기업이 폐기물을 갖다

버리는 것에 비교할 수 있겠다. 기업 분할에는 다양한 형태가 있는데 결과물은 보통 비슷하다. 즉 어떤 기업이 자회사, 부서 혹은 사업의 일부분을 자신, 즉 모회사로부터 떼어내 독립적인 신생 기업을 만들어내는 것이다. 대부분의 경우 분사된 기업의 주식은 모기업의 기존 주주들에게 배정 혹은 판매된다.

기업 분할을 단행하는 데는 많은 이유가 있지만, 여러분이 기업 분할에 관심을 가져야 하는 이유는 사실 오직 하나이다. 즉 분사 기업에 투자함으로써 막대한 이득을 올릴 수 있다는 것. 이를 뒷받침할 근거는 얼마든지 있다. 분사 기업의 주식 혹은 분할을 단행하는 모기업은 지속적으로 시장 평균을 훨씬 더 상회하는 수익률을 기록한다.

펜실베이니아 주립대학에서 1988년 이전 25년 동안의 주식시장을 추적 연구한 결과, 분사 기업의 주식은 기업 분할 후 3년의 기간 동안 동종업계 주식 및 S&P 500 주식에 비해 연평균 10퍼센트 정도 더 높은 수익률을 거두었다(Patrick J. Cusatis, James A. Miles, and J. Randall Woolridge, "Restructuring Through Spinoffs", Journal of Financial Economics 33 (1993)). 모기업 역시 같은 기간 같은 업계의 경쟁 기업에 비해 연평균 6퍼센트 더 높은 수익을 올렸다. 이외에도 분사 기업 주식의 수익률이 더 높다는 결론을 뒷받침하는 연구는 여럿 있다.

이 결과가 여러분에게 의미하는 바는 무엇인가? 장기간에 걸친 주식시장 연평균 수익률이 약 10퍼센트라고 가정하면, 이론적으로 시장 평균보다 10퍼센트 더 높다는 말은 여러분이 20퍼센트의 연평균 수익률을 거둔다는 뜻이다. 만약 과거에 주식시장에서 일어난 일이 앞으로도 일어난다면, 그저 분사 기업의 주식에 투자하는 것만으로도 여러분은 놀라운 수익을 거둘 수 있다. 즉 특별한 재능이나 도구 없이도, 연평균 20퍼센트의 수익이라는 훌륭한 요리를 만들어낼 수 있다는 이야기이다.

그런데 여기서 여러분이 한 발 더 나아가 스스로 시장 조사에 나선다면 어떨까? 그저 모든 분사 기업의 주식을 사들이거나, 임의적으로 골라 매수하는 것이 아니라 여러분에게 유리한 투자 기회를 잡는다면, 여러분은 20퍼센트보다 더 높은 수익을 거둘 수 있다. 만인이 존경하는 백만장자 워렌 버핏이 올린 연평균 수익률이 28퍼센트 정도였다는 점을 감안했을 때(물론 무려 40년에 걸쳐 올린 기록이라는 점을 기억하자), 저자는 방금 여러분에게 매우 놀라운 사실을 알려 준 것이다! 분사 기업 중에서 유망한 종목을 잘 골라내기만 하면, 버핏 같은 주식투자의 대가와 맞먹는 수익률을 낼 수 있다는 말이 정말 가능한 것일까?

여러분은 "노"라고 대답할 것이다. 무언가 오류가 있을 것 같다.

우선 분사 기업의 주식이 미래에도 과거와 같은 수익률을 올릴 수 있을 것이라고 누가 장담할 수 있겠는가? 두 번째, 분사 기업의 수익률이 이처럼 탁월하다는 사실을 누구나 다 알고 있다면, 이들 기업의 주가가 천정부지로 솟아올라 더 이상 추가 수익을 기대할 수 없을 정도가 되는 것은 아닐까? 그리고 마지막으로, 여러분은 20퍼센트 이상의 놀라운 수익률을 거둘 가능성이 높은 분사 기업 주식을 가려낼 능력을 키울 수 있을까?

이에 대해 대답하자면 우선 분사 기업의 주식은 앞으로도 시장 평균을 상회하는 수익을 기록할 것이다. 그리고 심지어 더 많은 투자자가 분사 기업의 놀라운 수익률 기록에 대해 알게 된다 하더라도 그러하다. 그 다음으로, 과연 여러분이 우량 분사 기업 주식을 고를 안목을 기를 수 있을 것이냐 하는 질문에 대해서는 - 사실 아주 쉬운 질문이다 - 여러분은 물론 그럴 수 있다. 저자가 그 방법을 가르쳐 줄 것이기 때문이다. 자, 이제 그 이유와 방법을 더 자세히 이해하기 위해 기본적인 사항부터 살펴보자.

애초에 기업 분할이 일어나는 이유는 무엇일까? 보통 그 이유는 매우 명확하다.

■ 비핵심 사업을 분사시키면 분사 기업이 시장에서 제대로 된 평가를 받을 수 있다.

예를 들어 철강과 보험업 모두에 관여하는 대기업이 있다고 하자. 이 기업은 둘 중 한 분야를 분사시킴으로써 분사 기업을 보험업 혹은 철강업 한 분야에만 투자하고자 하는 투자자에게 더 매력적인 투자처로 만들 수 있다. 물론 분할 이전에도 어떤 보험업 전문 투자자는 분할 이전 철강과 보험업 모두를 겸업하는 상태의 회사에 관심을 가질 수도 있다. 그러나 이 경우는 보험 사업에 투자하는데 원하지도 않는 철강 사업도 달려오므로 그만큼 값이 싸야 한다.

■ **'수익성이 낮은' 사업을 분사시킴으로써, 잘 나가고 있는 '수익성 높은' 사업을 더욱 매력적인 투자처로 만들기 위해 기업 분할을 실시하기도 한다.**
앞에서 언급한 대기업의 경우도 그렇지만, 이 경우 기업 분할은 경영진에게도 이득이다. '수익성이 낮은' 사업은 경영자원을 갉아먹는다. 기업 분할을 실시할 경우, 모기업과 분사된 기업 모두 각자의 사업에 더 주력해 효율성을 높일 수 있다.

■ **매각이 쉽지 않는 사업을 분사시켜 주주 가치를 높일 수 있다.**
때로는 모기업이 어떤 사업 분야를 매각하고 싶어도 적당한 가격을 제시하는 후보를 찾지 못할 때가 있다. 매각하고자 하는 분야가 사양 업종이지만 여전히 어느 정도 수익을 내는 수준이라면, 모기업은 이 분야를 부채와 함께 분사시킬 수 있다. 즉 모기업으로부터 신생 분사 기업으로 부채를 이전함으로써, 모기업의 주주 가치가 증대된다.
반면 분사하고자 하는 사업이 형편없는 수익을 내고 있다면, 모회사로부터 오히려 자금을 지원받아야 할지도 모른다. 그러면 분사 기업도 자생할 수 있고, 모기업도 골칫거리를 떼어내는 이득을 볼 수 있다.

■ **세금 문제 때문에 직접 매각하기보다 분사를 택하는 경우가 있다.**

낮은 세율이 적용되는 업종을 모기업으로부터 떼어내고 싶을 경우, 기업 분할이 주주 가치를 높이기 위한 가장 경제적인 대안이다. 미 국세청이 제시하는 기준을 충족시킬 경우, 기업 분할은 과세 대상에서 제외된다. 즉 모기업과 투자자 모두 분사된 기업의 주식을 배분받을 때 세금을 낼 필요가 없다. 그러나 기업 분할 대신 현금 매각을 택하고 그 수익을 주식 배당금의 형태로 주주에게 환원할 경우, 기업과 주주 모두 세금 부담이 생긴다.

■ 기업 분할을 통해 전략적, 반독점 혹은 규제 문제를 해결해 합병과 같은 기업 간 거래를 성사시키고 특정 목적을 달성할 수 있다.

기업 인수 과정에서 인수 주체가 규제상의 이유로 인수 대상 기업의 사업 일부분을 사려 하지 않거나 혹은 살 수 없을 경우가 있다. 이 경우 보통 인수 전 이 사업 부분을 분사시킴으로써 문제를 해결한다.

예를 들어 은행이나 보험업을 자회사로 거느리고 있을 경우, 모기업과 자회사 모두 원하지 않는 규제에 시달려야 하는데, 이 때 자회사를 분사시킴으로써 이러한 규제 문제를 해결할 수 있다.

이 외에도 더 많은 이유가 있다. 그러나 여기에서 명심해야 할 점은 기업 분할을 실시하는 이유가 애초에 무엇이었든 상관없이 분사 기업은 시장 평균을 손쉽게 상회하는 수익률을 낸다는 사실이다. 왜일까? 왜 이런 현상이 지속적으로 나타나는 것일까?

여러분에게는 매우 좋은 소식으로, 사실 분사 기업의 수익률이 높은 것은 당연한 이치다. 기업 분할이란 과정 자체가 주식을 제 임자가 아닌 사람들에게 배정하는, 근본적으로 비효율적인 방법이다. 보통 분사된 기업의 주식은 대부분 모기업의 기존 주주에게 배분된다. 모기업의 주주는 보통 분사 기업 주식을 가격이나 근본적인 가치에 상관없이 즉각 팔아 버린다.

기업 분할 초기에는 분사 기업의 주식 물량이 시장에 많이 풀리므로 당연히 그 가격은 크게 하락한다. 눈치 빠른 기관 투자가 역시 먼저 팔려고 한다. 분사 기업은 모기업에 비해 덩치가 훨씬 작아서 모기업 규모의 10~20퍼센트밖에 되지 않는다. 연기금이나 뮤추얼 펀드 매니저가 분사 기업의 주식에 관심이 있다 하더라도, 기업 규모가 워낙 작기 때문에 시가 총액이 훨씬 더 큰 기업을 다루는 이러한 기관 투자가의 포트폴리오에 포함될 수 없다.

대부분의 주식 펀드의 경우, 미국 전역의 가장 큰 기업만을 모아 놓은 S&P 500 지수의 기업 주식만을 매수할 수 있다. 만약 S&P 500 기업이 기업 분할을 실시한다면, 즉시 그 분사 기업의 주식이 무차별적인 매도 대상이 될 것이라고 확신해도 좋다. 이러한 매도 관행이 어리석어 보이는가? 그렇다. 이해는 가는가? 어느 정도 갈 것이다. 여기서 여러분은 저평가된 주식을 살 수 있는 기회가 보이는가? 당연하다!

분사 기업의 주식이 높은 수익을 올리는 또 다른 이유는, 자본주의가 비록 많은 결함을 내재하고 있지만 사실 제대로 기능하고 있기 때문이다. 기업 분할 이후 거대 모기업으로부터 자유로워진 분사 기업의 경영진은 그 동안 억눌려 있던 창업가 정신을 한껏 발휘할 수 있다. 회사 경영에 대한 책임감이 커지고 더 직접적인 인센티브가 부여되면, 경영진은 자연히 더 좋은 성과를 내기 마련이다. 기업 분할이 실시되면, 분사 기업과 모기업의 경영진 모두 분사 기업의 스톡옵션이든 모기업의 스톡옵션이든 상관없이 스톡옵션을 통해 일한 만큼 더 높은 보상을 받을 가능성이 높아진다. 모기업과 분사 기업 모두 더 효율적인 보상 시스템 덕분에 이득을 보는 것이다.

앞에서 언급한 펜실베이니아 대학의 연구에서, 분사 기업은 분사 이후 첫 해가 아니라 두 번째 해에 가장 높은 수익률을 올렸다. 아마도 1년의 시간이 지나야 분할 직후 분사 기업 주식의 매도 압력이 사라지고 분사 기업의 주가가 최고치를 달성하는 것 같다. 또한 분사 기업에서 단행하는 여러 가지 변화와 야심찬 계획이 제대로 진행되기 시작하고 주식시장이 이러한 성과를 알아차리기까지 이 정도 시간이 걸리는 것 같다. 분사 기업의 주식이 기업 분할 이후 두 번째 해에 가장 높은 수익률을 올리는 이유가 무엇이든 간에, 이 결과가 우리에게 던지는 시사점은 여러분이 분사 기업에 투자하고자 한다면 조사를 하고 수익성 있는 투자 결정을 내리기까지 시간이 충분하다는 사실이다.

마지막으로 기업 분할이 분사 기업과 모기업 주주 모두에게 이처럼 높은 수익률을 실현해 주는 또 다른 이유는, 대부분의 경우 기업 분할을 실시하는 동기가 주주 가치를 극대화하고자 하는 경영진과 이사회의 바람에서 나오기 때문이다. 물론 이는 경영진과 이사회가 해야 할 일이고 이들의 일차적인 책임이므로, 이론적으로 이들이 내리는 모든 결정은 주주 가치 극대화라는 원칙을 기반으로 해야 한다. 그러나 원칙은 그렇다 해도 현실적으로 항상 그런 것은 아니다.

인간 본성이 그러한 것인지, 미국적 사고방식에서 기인하는 것인지, 아니면 원래 자연의 법칙이 그런 것인지 알 수는 없지만, 대부분의 경영진과 이사회는 기업이라는 자신들의 왕국, 활동 영역 혹은 영향권을 확대하고자 힘써 왔지 그 반대의 방향으로 간 적은 없다. 그렇기 때문에 하루에도 수십 건의 인수 합병이 일어나고, 특히 기업의 핵심 역량에 부합하지 않는 수많은 인수 합병 전략이 실패로 돌아가는 것이다. 또한 그렇기 때문에 많은 기업(항공사와 유통업체가 가장 먼저 떠오른다)이 잉여 자금을 주주에게 돌려주는 편이 더 나음에도 계속 사업을 확장하는 데 치중하는 것이다. 애초에 왜 합병 혹은 사업 확장을 하려는지 그 이유가 애매모호할 때가 많다. 그러나 기업 분할의 경우는 그렇지 않다. 불필요한 자산과 영향력을 과감하게 없애는 기업 분할을 통해 주주 가치를 더 높이고자 하는 것이 바로 기업 분할의 목표이기 때문이다.

한 가지 아이러니한 사실은 실패로 끝난 기업 합병을 계획했던 경영진의 대부분이 면죄부를 받기 위한 방책으로 기업 분할을 선택한다는 점이다. 기업 분할을 하기로 결정했다는 것 자체가 경영진이 절제의 미덕과 주주 가치의 중요성을 깨달았다는 반증이다. 여러분은 분사 기업 혹은 모기업의 주식에 투자하는 전략을 통해 주주 가치를 중요시하는 건실한 기업으로 구성된 훌륭한 포트폴리오를 구성할 수 있다.

최고 중의 최고를 선택하라

일단 분사 기업 주식이 매력적인 사냥감이라는 확신이 들었다면, 여러분의 머리에는 '어떻게 하면 수익률이 더 높은 주식을 고를 수 있을까?'라는 의문점이 생길 것이다. 더 좋은 분사 기업 주식을 가려내기 위해 알아야 할 특성과 상황은 무엇인가? 여러분이 눈여겨봐야 할 특징은 무엇이고, 더 좋은 주식을 가려내기 위한 방법은 얼마나 어려울 것인가?

수익성 있는 분사 기업 주식을 가려내기 위해 필요한 것은 특수한 수학 공식이나 통계 모델이 아니다. 논리적 사고, 상식 그리고 약간의 경험이면 충분하다. 진부하게 들릴지 모르지만 사실이다. 대부분의 주식 투자 전문가는 기업 분할과 관련된 투자 기회에 대해서 관심조차 두지 않는다. 조사해야 할 다른 기업이 너무나 많거나, 특정 산업군 혹은 일정 규모 이상의 기업에만 투자해야 하거나 혹은 기업 분할과 같은 특수한 기업 사건을 분석할 여력이 없기 때문이다. 따라서 기업 분할이 가져다주는 투자 기회에 대해 여러분 스스로 조금만 더 생각하고 조사한다면, 매우 유리한 고지를 차지할 수 있다.

믿기 어려운가? 다음의 몇 가지 예를 살펴보자.

기업분할

- **호스트 매리어트**(HOST MARRIOTT)
- **매리어트 인터내셔널**(MARRIOTT INTERNATIONAL)

1980년대 매리어트(Marriott Corporation)는 호텔 수를 대폭 늘리는 공격적인 경영에 나섰다. 그러나 매리어트의 핵심 역량은 호텔을 소유하는 것이 아니라 다른 기업이 소유한 호텔을 관리하는 대가로 운영 수수료를 받는 호텔 경영 계약 사업에 있었다. 매리어트의 전략은 호텔을 지은 후 매각하되 이들 호텔을 경영하는 계약을 맺는 것이었는데, 이 전략은 큰 성공을 거두었다. 그러나 1990년대 초 부동산 시장이 혼란에 빠지면서, 매리어트는 시장이 포화된 상태에서 호텔이 팔리지 않는 난관에 봉착했고, 호텔 건축에 들어간 수백억 달러의 빚더미에 깔리고 말았다.

여기서 재무의 귀재 스티븐 볼렌바흐(Stephen Bollenbach)가 획기적인 아이디어를 들고 나왔다. 매리어트의 CFO로 오기 전, 도널드 트럼프(Donald Trump)의 도박 사업을 회생시키는 데 결정적인 도움을 주었던 볼렌바흐는 매리어트를 난관에서 구출할 방법을 고안했다. 매리어트가 발행한 회사채에는 매리어트의 경영 계약 사업

(management-contracts business)의 분사를 금지하는 조건(financial covenants)이 붙어 있지 않았다. 매리어트의 경영 계약 사업은 이익이 많이 나면서도 고정 자산은 거의 없었다.

볼렌바흐의 계획은 팔리지 않는 호텔 자산, 성장성이 낮은 면세 사업 등 매리어트의 부채 거의 모두를 호스트 매리어트(Host Marriott)라는 새로운 회사로 모으고, 부채가 거의 없는 호텔 경영 계약 사업을 매리어트 인터내셔널(Marriott International)이라는 기업으로 분사시키는 것이었다.

이 계획에 따르면, 볼렌바흐는 호스트 매리어트의 신임 CEO자리를 맡는다. 게다가 '수익성 높은 매리어트', 즉 매리어트 인터내셔널은 호스트 매리어트의 유동성 흐름 개선을 위해 6억 달러의 신용 대출을 해줄 의무를 지고, 매리어트 전체 지분 중 25퍼센트를 소유한 매리어트 가문은 계속 두 기업의 지분을 25퍼센트씩 소유한다. 이 분사 계획은 1993년 중반까지 마무리짓는 것으로 결정되었다.

독자 여러분에게 다시 한번 강조하건대, 이 모든 정보를 알아내는 데 특별히 심도 있는 조사를 할 필요는 없었다. 매리어트가 1992년 10월에 처음 기업 분할 계획을 발표했을 때, 나는 〈월스트리트 저널〉 그리고 다른 많은 주요 일간지를 통해 이 모든 기본적인 정보를 입수할 수 있었다. 그리고 이 간단한 정보만으로, 나는 매리어트의 분사 계획에 큰 흥미를 갖게 되었다. 고수익을 내는 건실한 호텔 경영 기업이 단숨에 수백억 달러의 부채와 좀처럼 매각되지 않는 부동산 자산을 홀홀 털어낼 시나리오가 보였던 것이다. 물론, 매리어트 인터내셔널이라는 수익성 높은 기업이 탄생하는 이면에는 얼마간의 '유독성 폐기물'이 남을 터였다. 그리고 호스트 매리어트가 그 누구도 가지려고 하지 않는 부동산과 수백억 달러의 부채를 고스란히 떠안게 된다.

물론 나는 이 유독성 폐기물에 구미가 당겼다. '과연 누가 이 기업의 주식을 사려고 할까?' 나는 이렇게 생각했다. 그 어떤 기관 투자가, 개인 투자가 그리고 심지어 모기업마저도 분사된 호스트 매리어트의 주식을 사고 싶어할 것 같지 않았다. 호스트 매리어트 주식은 극심한 매도 압력에 직면할 것이 분명했다. 그리고 나는 저평가된 호스트 매리어트 주식을 사들이는 유일한 투자자가 될 것 같았다.

나와 같은 생각을 하는 투자자를 흔히 역투자자라고 한다. 대다수 그리고 기존의 사고방식과 상반되는 길을 간다는 뜻이다. 분명 역투자자의 정의를 보면, 모두가 역투자자가 될 수는 없다. 어쨌든 나는 역투자자이다. 그렇다고 해서 이 말이 내가 대다수 사람들 그 누구도 하지 않을 것이라는 이유 하나만으로 돌진해 오는 트럭에 뛰어드는 사람이라는 뜻은 아니다. 어떤 종목에 대해 깊이 생각하고 결정을 내리면, 대다수가 다르게 생각하더라도 나의 결정을 따르려고 노력한다는 말이다.

분사 이후 모든 투자자가 호스트 매리어트의 주식을 매도할 것이라는 사실 자체로 호스트 매리어트의 주식이 역투자자에게 훌륭한 투자 대상이 되는 것은 아니다. 왜냐하면 결국 대다수의 투자자가 옳을 수도 있기 때문이다. 호스트 매리어트는 이 대다수 투자자가 생각하는 것처럼 매각되지 않는 부동산과 엄청난 빚더미를 안고 돌진하는 위험한 트럭일 수도 있었다. 그러나 역투자자에게 어필하는 것 이상으로 저자의 구미를 당기게 했던 몇 가지 사실이 있었다.

사실 호스트 매리어트에서는 좋은 기업 분할 투자 기회를 고를 때 내가 고려하는 많은 특징을 찾을 수 있었다.

1. 기관 투자가는 호스트 매리어트를 원하지 않는다.

(그 이유로 호스트 매리어트에 투자 매력이 없기 때문은 아니다.)

기관 투자가나 연기금 펀드 매니저가 호스트 매리어트 주식을 원하지 않았던 데는 몇 가지 이유가 있었다. 매리어트의 막대한 부채와 매각되지 않는 부동산 자산에 관해서는 이미 언급했다. 이는 매리어트의 투자 가치와 밀접한 관련이 있으며, 호스트 매리어트의 주식을 기피하는 충분한 이유가 될 수 있다. 그러나 1992년 10월 분사 계획이 발표된 이후, 호스트 매리어트에 관해 공개된 정보는 거의 없었다. 이런 단계에서 투자 결정을 내린다면, 과연 그 결정이 현명한 결정이라고 할 수 있을까?

분사 계획이 발표된 직후 언론 보도를 통해 나타난 호스트 매리어트의 상황은 너무나 위태로워 보였기 때문에 대부분의 기관 투자가는 분사될 신생 기업에 대해 더 깊은 조사를 하는 것조차 꺼려했다. 한편 기업 분할 계획이 완전히 마무리되기(약 9개월 정도 소요될 것으로 추측했다) 전 방대한 정보와 공시 내용이 공개될 것이 분명했기 때문에, 나는 이 정보를 반드시 눈여겨보겠다고 다짐했다. 첫 번째, 호스트 매리어트가 지금 보이는 것처럼 앞으로도 최악의 상황에서 헤어나오지 못할 것인지 보기 위해, 그리고 두 번째, 그 누구도 나처럼 호스트 매리어트를 눈여겨보지 않을 것이기 때문이었다.

기관 투자가 호스트 매리어트에 그다지 열을 올리지 않은 또 다른 이유는 그 규모 때문이었다. 다시 한번 말하지만, 호스트 매리어트에 관심을 가지지 않는 것은 투자 매력이 없어서가 아니다. 초기의 신문 보도에 인용된 애널리스트의 말에 따르면, 호스트 매리어트는 매리어트 기존 주주들에게 배분되는 지분 전체의 10~15퍼센트만을 차지하며, 나머지는 모두 '수익성 높은' 매리어트 인터내셔널의 차지였다. 시가 총액은 매리어트 총 자산 20억 달러의 일부분에 지나지 않으면서, 부채 부담이 높은 호스트 매리어트 주식은 분명 매리어트 기존 주주 대부분에게 있어 전체의 10~15퍼센트 그 이상을 쳐줄 수 없는 주식이었을 것이다.

또한 호스트 매리어트의 사업 분야는 기관 투자가들 대부분이 매리어트 주식을 보유함으로써 투자하고자 하는 사업 분야가 아니었다. 즉 대부분의 매리어트 투자자들은 호텔 경영 계약 사업을 선호했지만, 호스트 매리어트는 호텔을 소유하는 사업을 펼칠 계획이었다. 상업용 부동산 자산과 호텔을 소유하는 것도 수익성 높은 사업이 될 수 있지만, 대부분의 매리어트 주주는 이와는 다른 분야에 관심을 두고 있었고 배분받은 호스트 매리어트 주식을 매도할 가능성이 높았다. 하지만 단지 이러한 이유로 호스트 매리어트 주식을 판다는 생각은 투자 가치를 꼼꼼히 따져 보고 내린 결정은 아니었고 따라서 나의 관점에서는 좋은 주식을 살 수 있는 기회였다.

(매리어트의 케이스 스터디에서 엄밀히 말하자면 분사되는 사업은 매리어트 인터내셔널이었다 – 전체 지분의 대다수를 차지함에도 말이다. 여기서는 케이스 스터디의 예를 더 잘 이해하기 위해 그리고 기술적인 면보다도 다른 모든 의미에서 정확도를 기하기 위해, 매리어트 총 주식 가치의 10~15퍼센트를 차지하는 호스트 매리어트를 분사 기업으로 보는 것이 더 낫다.)

2. 내부 관계자는 호스트 매리어트를 원한다.

좋은 기업 분할 투자 기회를 가려낼 때 내부 관계자의 동태를 살피는 것은 가장 중요한 요소 중의 하나 – 내게는 가장 중요한 요소 – 이다. 새로운 분사 기업의 경영진은 주주와 마찬가지 수준으로 인센티브를 받는가? 연봉의 대부분을 주식, 제한부 주식(restricted) 혹은 옵션(options)으로 받는가? 이들 경영진이 주식을 더 매입할 계획이 있는가? 분사 계획에 대해 알아야 할 정보가 모두 공개되고 나면 나는 경영진의 동태를 제일 먼저 살핀다.

호스트 매리어트의 경우, 초기 언론 보도에서 나의 눈길을 끈 대목이 있었다. 이 분사 계획의 주창자인 스티븐 볼렌바흐가 호스트 매리어트의 CEO가 될 것이라는 소식이었다. 언론에서 보도한 대로, 볼렌바흐는 곤경에 처했던 도널드 트럼프의 호텔 및 도박 사업을 회생시키는 데 일조했고, 이런 점에서 호스트 매리어트의 CEO를 맡기에 적임자 같았다. 그런데 뭔가 이상한 점이 있었다. 골칫거리였던 부동산과 엄청난 부채를 배 밖으로 던져버림으로써 침몰해 가는 배를 구해야 할 책임이 있는 선장이 이제는 자진해서 구조된 배 매리어트 인터내셔널을 떠나 가라앉고 있는 구명선 호스트 매리어트로 옮겨 탄다니, 말이 되는가?

아마 이렇게 이야기가 전개되었어야 할 것이다. "훌륭한 아이디어입니다, 볼렌바흐씨!", "당신이 우리를 정말 구해 줄 것이라고 믿었지요! 자, 이제 저 부동산과 부채를 배 밖으로 던져 버리는 작업을 다 끝냈으면, 볼렌바흐 씨도 배 밖으로 떨어지지 그래요? 풍덩, 풍덩. 원한다면 저 기울어져가는 구명선에 타세요. 그럼 안녕!"

정말 상황이 이렇게 전개될 수도 있었을 것이다. 그러나 나는 호스트 매리어트가 회생 가능성이 없는 기업이 아니며 볼렌바흐가 분사 기업을 회생시키는 대가로 꽤 높은 인센티브를 받을 것이라고 생각했다. 그리고 미국증권감독위원회(SEC)가 호스트 매리어트와 관련된 정보를 공시하면, 볼렌바흐의 보상 패키지를 확인해 보리라 다짐했다. 볼렌바흐의 주식 인센티브가 많을수록 더 좋은 징조였다. 게다가 분사 이후에도 매리어트 가문은 계속 호스트 매리어트의 지분 25퍼센트를 소유할 계획이었다. 기업 분할의 주된 목적은 매리어트 인터내셔 널을 막대한 부채와 부동산 부담으로부터 해방시키는 것이었지만, 이후에도 호스트 매리어트의 주가가 상승한다면 이는 분명 매리어트 가문에게도 득이었다.

3. 이전까지 숨겨져 있던 투자 기회란 새로 생겨나거나 누군가에 의해 발견 되는 것이다.

이 말은 기업 분할의 결과로 우량 주식 혹은 통계적으로 저평가된 주식이 발견된다는 뜻이다. 그러나 호스트 매리어트의 경우 나는 이와 다른 종류의 기회를 발견했다. 즉 막대한 부채였다.

만약 초기 언론 보도에서 인용한 애널리스트들의 말이 옳다면, 호스트 매리어트의 주식은 주당 3~5달러에 거래되고, 부채는 주당 20~25달러에 이른다. 더 명확히 설명하기 위해 호스트 매리어트 주식이 주당 5달러에 거래되고, 한 주당 부채가 25달러라고 가정하자. 여기서 호스트 매리어트의 총 자산은 주당 30달러가 된다. 따라서 만약 총 자산의 가치가 15퍼센트 상승하면, 그 상승분은 거의 한 주의 주가에 해당한다(0.15×$30=$4.50). 여러분이 이 말을 이해했다면, 다행이다. 그렇다면 자산의 가치가 15퍼센트 하락한다면? 묻지도 마시라.

나는 호스트 매리어트가 저 망망한 대해 한 가운데로 침몰할 것이라고 생각하지 않았다. 적어도 당장은 아닐 것이라고 믿었다. 사실 호스트 매리어트의 주식을 새로 배분받을 주주들로서는 가능한 한 빨리 이 '유독성 폐기물'을 시장에 매물로 내놓을 이유가 충분했다. 그러나 채권단, 직원 그리고 주주들에 대한 책임과 법정 소송의 가능성을 생각했을 때, 호스트 매리어트가 당장 망한다는 시나리오가 분사 계획에 포함될 리는 만무했다. 게다가 '수익성 높은' 매리어트 인터내셔널은 호스트 매리어트에게 6억 달러의 신용 대출을 해줄 의무가 있었고, 매리어트 가문은 여전히 분사 기업의 지분 25퍼센트를 소유할 계획이었으며, 볼렌바흐가 호스트 매리어트를 이끌고 나가기로 되어 있었다. 호스트 매리어트가 살아남아서 번창하는 것이 관계된 모든 사람들의 이해관계에 아주 중요했다. 좀 더 조사를 하고 나니 이처럼 부채 비율이 높은 주식에 투자하는 것이 흥미로운 도박이 되겠다는 생각이 들었다.

독자 여러분이 믿건 말건 간에 이처럼 엄청난 부채는 많은 기업 분할에서 공통적으로 발견할 수 있는 특징이다. 명심하라. 기업이 기업 분할을 실시하는 주된 이유는 매각하기 어렵거나 바람직하지 않은 특정 사업을 분사시켜 그 가치를 제대로 인정받기 위함이다. 모기업의 부채를 분사 기업으로 슬쩍 떠넘기는 것만큼 기업 분할을 통해 큰 가치를 창출할 수 있는 방법이 또 어디 있겠는가? 분사 기업으로 더 많은 부채가 이전되는 만큼 모기업의 가치는 더 증대된다.

그 결과 과다한 부채 부담을 진 분사 기업이 많이 생긴다. 주식 시장에서 이들 분사 기업의 주가를 부채 5달러당 1달러, 6달러당 1달러,

심지어는 10달러당 1달러로 평가한다 해도, 이 1달러는 여러분이 감수할 손실분의 최대치에 지나지 않는다. 개인 투자자는 기업의 부채에 대해 그 어떤 책임도 질 필요가 없다. 이들 분사 기업에 투자하는 전략의 리스크에 대해 여러분이 어떻게 생각할지 모르겠지만 합리적인 사고와 충분한 조사를 통해 투자 결정을 내린다면, 여러분의 수익은 이처럼 부채가 높은 투자 상황에서 몇 갑절 더 크게 증가할 것이다.

다시 여러분의 주의를 환기시키고자 호스트 매리어트에 투자하는 전략을 뒷받침할 그럴 듯한 투자 이론을 만들어 보았다. 호스트 매리어트가 매력적인 투자처가 될 수 있는 이유는

- 제정신인 대부분의 기관 투자가들은 보지도 않고 호스트 매리어트의 주식을 매도할 것이며, 이는 호스트 매리어트의 주가를 큰 폭으로 떨어뜨릴 것이다.
- 더 조사한 결과 호스트 매리어트의 내부 관계자는 호스트 매리어트의 성공에서 큰 수익을 거둘 수 있는 기득권을 가진 듯하다.
- 호스트 매리어트가 처음 생각했던 것보다 더 수익성 있는 기업으로 판명날 경우, 그 막대한 부채는 오히려 여러분의 수익을 몇 배로 증가시킬 것이다.

우리가 예상한 대로 상황이 흘러가고 약간의 운이 보태진다면, 위와 같은 요소를 고려했을 때 호스트 매리어트는 보통 분사 기업에 투

자해서 얻는 평균 수익보다 훨씬 더 높은 수익을 안겨 줄 것이 분명했다.

자, 그러면 과연 결과는 어떠했을까? 기대했던 대로 그리고 희망했던 대로, 수많은 기관 투자가는 매우 낮은 가격에 호스트 매리어트 주식을 매도했다. 그리고 SEC의 보고서에 따르면, 내부 관계자가 큰 기득권을 소유하게 되었는데, 호스트 매리어트 지분의 약 20퍼센트 가까이가 경영진과 직원 인센티브로 돌아갔다. 마지막으로 대부분의 투자자가 호스트 매리어트를 기피했던 이유, 즉 막대한 부채 – 물론, 이는 우리에게 좋은 기회였다 – 는 오히려 호스트 매리어트를 처음 뉴스 보도를 통해 들었던 것보다 훨씬 더 매력적인 투자처로 만드는 요인인 것으로 드러났다.

결국 결과는 꽤 성공이었다. 호스트 매리어트의 주식(즉, 독성 폐기물)은 분사 이후 4개월 동안 거의 3배나 올랐다. 거의 모든 투자자가 손놓고 있었던 상황이라는 점을 감안했을 때, 실로 놀라운 결과가 아닐 수 없다.

여러분은 그냥 포기하고 싶은가? 너무 골치가 아픈가? 해야 할 일이 너무나 많은가? 이처럼 잠재 수익이 높아도 나설 마음이 생기지 않는가? 자, 그러면 여러분은 좀 더 배워야 한다.

숨겨진 보물을 찾아서

이제까지 저자가 성공적인 주식투자를 위해 여러분이 스스로 해야 할 일로 언급한 것은 수익으로 연결될 만한 흥미로운 내용의 신문 기사를 읽는 정도였다. 이제 (자 여기서 감이 잡히지 않는가?) 좀 더 적극적인 자세로 나가 보자. 이제 여러분은 수백 페이지에 달하는 기업 문서와 산더미같이 쌓인 SEC 서류를 뒤지는, 투자 연구 조사의 비밀스런 세계를 향한 다소 골치 아픈 여행을 떠나야 한다.

당황해하지 말고 크게 심호흡을 해보시라. 직장을 그만두면서까지 전념해야 할 필요는 없다. 여기저기 조사하고 자료를 읽는 일 정도야 해야겠지만, 결코 과도하게 부담스러운 일은 아니다. 그저 숨겨진 보물을 찾아 땅을 파는 것이라고 생각하자. 보물이 작은 경우는 아무도 땅을 파는 고생을 하려고 하지 않는다. 그러나 엄청난 보물이 바로 눈앞에 보인다면 땅 파는 일은 성격이 완전히 달라진다. 같은 논리를 투자에도 적용해 보자.

본질적으로 땅파기는 간단한 2단계 과정이다. 우선 보물, 즉 수익성 있는 투자 기회가 어디에 있는지 확인하라. 보물이 숨겨져 있을 장소를 발견했다면(빨간색으로 크게 X자 표시를 해놓으면 더 좋겠다), 확실히 발견했다면, 그러면 이제 땅파기를 시작하라. 보물섬 전체를 다 파는 것처럼 어리석고, 재미없는 일이 또 어디 있을까?

자, 마침내 여러분은 준비가 되었다. 여러분은 기업 분할이라는 수익성 높은 투자 기회를 노리고 있다. 평균을 훨씬 더 상회하는 수익을 올리게 도와줄 그럴 듯한 투자 전략으로 무장했다. 이제 소매를 걷어붙이고 서류더미를 뒤져볼 차례다. 그렇지 않은가? 그렇다고 너무 조급해 할 필요는 없다.

매리어트의 경우, 분사 계획이 발표된 것은 1992년 10월이었다. 그후 몇 개월 동안 수많은 언론보도가 나왔지만 매리어트 분사와 관련된 SEC 문서가 공개된 것은 1993년 6월과 7월 이후의 일이었다.

그리고 실제로 분사가 시행된 것은 그 해 9월 말이 지나서였다. 처음 분사 계획이 발표된 이후 1년의 세월이 걸린 것이다. 보통 분사 계획이 시행되는 데 6~9개월의 시간이 소요되는데, 어떤 경우에는 꼬박 1년이 걸리기도 한다.

여러분이 급한 성미의 소유자라면, 그리고 즉각 행동에 나서기를 좋아한다면, 분사 계획이 완전히 실행되기까지 기다리기 어려울 것이다. 라스베가스에서 경마가 인기를 끌지 못하는 이유를 아는가? 대부분의 도박꾼들은 경주의 판정이 나는 2분 동안을 기다리지 못한다. 경마장 외에 더 즉각적으로 경마와 같은 짜릿한 즐거움을 즐길 수 있는 곳이 너무나 많았다.

흔히 금융 시장 역시 즉각적인 즐거움을 추구하는 이들에게 적합한 장소로 알려져 왔다. 그러나 최신의 통신 기술 등장에 대해 걱정할 필요 없이 충분히 시간을 갖고 여러분의 페이스에 맞춰 편안하게 생각하고 조사할 수 있다는 사실은 프로가 아닌 보통의 아마추어 투자자에게는 분명 큰 이점이다. 게다가 여러분이 흥미로운 기업 분할 투자 기회를 찾아 지난 1년간 〈월스트리트 저널〉 혹은 수많은 다른 경제지를 탐독해 왔다면, 더 조사할 여지가 있는 그리고 좋은 기회가 될 만한, 이전에 발표된 혹은 이제 임박한 분사 계획을 하나나 둘쯤은 언제든지 찾아낼 수 있을 것이다.

여기에서 또 하나의 예를 살펴보자.

기업분할

- **스트라텍 시큐리티(STRATTEC SECURITY)**
- **브릭스 & 스트래턴(BRIGGS & STRATTON)**

1994년 5월 소형 가솔린 엔진(주로 야외용 동력 장치로 사용된다) 생산 업체 브릭스 & 스트래턴(Briggs & Stratton)이 자동차 제륜 장치를 생산하는 사업 부분을 분사시키겠다는 계획을 발표했다. 분사는 1994년 말 혹은 1995년 초 실시될 예정이었다. 후에 스트라텍 시큐러티(Strattec Security)라고 명명된 이 사업은 모회사 브릭스 & 스트래턴의 전체 매출액과 수익에서 10퍼센트도 차지하지 않는 작은 부분이었다.

모회사 브릭스가 시가 총액 10억 달러를 넘는 S&P 500 기업이었기 때문에, 분사가 실시되고 스트라텍 주식이 브릭스의 기존 주주들에게 배분되면 기관 투자가는 스트라텍 주식을 대거 매도할 것이 확실했다. 승용차 및 트럭용 제륜 장치를 생산하는 스트라텍의 사업은 브릭스의 소형 엔진 제조업과 연관성이 없었을 뿐 아니라, 스트라텍의 시장 가치는 1억 달러 미만이 될 가능성이 컸다. 브릭스에 투자하는 기관 투자가 대부분에게 투자하기에는 너무나 작은 규모였던 것이다.

스트라텍은 고전적인 기업 분할 투자 기회가 될 요소를 고루 갖추고 있었지만, 1994년 11월 SEC의 Form 10이라는 문서가 공개되기 전까지는 뒷전으로 밀려나 있었다. 여기서 Form 10은 신생 분사 기업에 관련된 정보 대부분을 담고 있는 공시 문서이다. Form 10은 분사 기업이 모기업에 비해 매우 작은 규모일 때 작성되며, 이처럼 분사 기업 규모가 작을 때는 주주회의의 투표가 필요 없다. 반면 분사 기업이 모기업 자산의 상당 부분을 차지할 경우 모기업 주주가 분사 계획에 대해 투표할 수 있도록 주주총회 보고서(proxy document)가 작성된다. 이 경우 보고서에는 Form 10에 포함된 정보 대부분이 포함되어 있다. (받아적을 필요는 없다. 이처럼 다양한 서류와 보고서를 어떻게 입수할 것인가에 대해서는 7장에서 더 자세하게 다루겠다.)

사실 1995년 1월 초기 누락된 정보와 더 자세한 정보가 담긴 Form 10의 수정본이 공개되기 전까지는 본격적인 조사에 착수할 때가 아니었다. 수정된 Form 10에 따르면, 분사는 2월 27일 실시될 계획이었다. 보통 이러한 서류가 공개되면 나는 주요 경영진과 지배 지분을 소유한 주주들과 같은 내부 관계자와 관련된 정보를 맨 처음 찾아보기 때문에, 도입 부분 이후 바로 첫 번째 페이지에 다음과 같은 정보가 담겨 있어서 매우 흡족했다. "분사의 이유"라는 제목의 글은 브릭스의 이사회가 왜 분사 결정을 내렸는지를 설명하고 있었는데, 매우 전형적인 이유였다: "스트라텍의 주요 직원들에게 브릭스의 일부가 아니라 완전히 독립된 상장 회사인 스트라텍의 사업 성과와 운영 수익에 따라 인센티브를 제공하기 위해서 분사를 실시하고자 한다."

위 글에 따르면 간부급 및 주요 직급의 직원은 분사 기업 주식의 12퍼센트를 인센티브로 받게 된다. 기업 외부인은 이 정도 주식 인센티브가 후하다고 생각할지 모르지만, 내가 알기로는 이사회가 인센티브에 후할수록 주주에게 더 좋다. – 인센티브가 스톡옵션이나 제한부 주식으로 제공된다면 말이다.

사실 매력적인 투자 기회의 공통점은 회사 직원이 회사의 주인인 것처럼 행동하도록 하는 인센티브가 있다는 데 있다. 만약 법적으로 고위 경영진과 주요 직원이 회사에 최소한의 지분을 갖도록 의무화한다면 투자자로서는 더할 나위 없이 좋을 것이다. 그러나 이런 방식의 기업 규제는 현명하지 못할 뿐만 아니라 그 가능성도 희박하므로, 여러분은 주주 가치가 증대되어야 경영진 역시 덕을 볼 수 있는 스트라텍과 같은 회사에 투자하는 전략을 고수함으로써 같은 결과를 얻을 수 있다.

내부 관계자의 동태를 주시하는 것 외에 Form 10, 주주총회 보고서 혹은 이와 비슷한 서류의 처음 몇 페이지를 유심히 살피는 것이 좋다. 보고서의 자세한 목차와 함께 그 다음 수백 페이지에 이르는 내용을 요약한 5~8페이지의 요약본이 있기 때문이다. 여기서 여러분은 흥미가 가는 부분만 골라서 어느 부분을 자세하게 읽을 것인지 선택할 수 있다. 솔직히 〈길리건스 아일랜드(Gilligan's Island)〉 같은 드라마의 재방송이 이들 서류 전체를 꼼꼼히 읽는 것보다 훨씬 더 재미있지 않겠는가? 따라서 선택의 법칙을 적용해야 한다. 이들 보고서에는 내부 관계자가 얻게 될 다양한 경제적 이득에 대한 정보뿐만 아니라 분사 기업의 추정(pro-forma) 손익계산서 및 대차대조표도 실려 있다. (추정 손익계산서 및 대차대조표는 새로 분사되는 기업이 이미 독립된 기업으로 존재했 더라면 그 사업 성과가 어떠했을지 가정해서 보여 준다.)

스트라텍의 경우, Form 10의 요약 부분에 실린 추정 손익계산서 에서 1994년 상반기 회계 연도의 수익은 주당 1.18달러였다. 일부 일 회성 비용을 제외하면 더 최근인 1994년 하반기 수익은 1993년 동기 간에 비해 10퍼센트 상승한다고 했다. 나는 이 제한된 정보로 스트라 텍이 1995년 2월 말 실제로 주식시장에서 거래되기 시작하면 적당한 가격이 얼마나 될지 가늠해 보기로 했다.

자동차와 트럭용 제륜 장치와 키를 생산하는 스트라텍은 Form 10에 따라 그리고 논리적으로 생각할 때 자동차 OEM 산업에 속했 다. 그 다음은 동종 산업의 다른 기업이 수익 대비 어떤 가격에 거래 되는지 알아볼 차례였다. 만약 이 분야의 모든 OEM 제조업체가 연간 수익의 10배 가격에 거래된다면(즉 P/E 비율이 10이라면), 스트라텍의 주 가는 주당 11.80달러쯤 된다(1.18×10=11.80).

후에 이와 같은 가격 비교를 위해 필요한 정보를 제공해 줄 몇몇 참고 자료에 대해서 언급하겠다. 스트라텍의 경우 나는 〈밸류 라인〉 을 이용했는데, 손쉽게 구할 수 있을뿐더러 비교하기가 쉬웠기 때문 이다. 〈밸류 라인〉의 내용은 산업군별로 나뉘어져 있다. '자동차 부 품'(OEM) 군에서 나는 스트라텍이 속한 산업군 기업의 P/E비율이 약

9~13 정도라는 사실을 확인했다. 이 말은 스트라텍의 합리적인 주가가 주당 10.62달러(1.18×9)에서 15.34달러(1.18×13) 사이에서 결정될 수 있다는 뜻이었다. 1994년 상반기 스트라텍의 추정 이익이 거의 10퍼센트나 상승했으므로, 보다 대담하게 추산한다면 이보다 10퍼센트 정도도 더 높은 주가가 합리적일 것 같았다.

이 모든 분석 결과가 좋아 보였지만, 만약 스트라텍의 주가가 매도 압력으로 6~7달러 선에서 시작하지 않는다면, 내가 이제까지 조사한 것에서 부자가 될 가능성은 없었다. 게다가 나는 스트라텍의 산업군에 대해 아는 바가 거의 없었다. 그러나 한 가지 사실은 잘 알고 있었다. 자동차 제조업체에 부품을 공급하는 사업은 일반적으로 '재미없는' 사업으로 간주된다. 분명 내가 스트라텍의 주식을 사기로 마음 먹는다면, 워렌 버핏 같은 투자자와 경쟁해야 할 일은 없을 것이다. (사실 버핏은 보통 1억 달러 이하의 투자는 고려하지도 않는다: 스트라텍의 기업 가치는 총 1억 달러도 채 안 되었다.)

'사업 설명'이라는 제목의 글을 읽는 순간 나는 구미가 더 당겼다. 결코 찾기 어려운 부분이 아니었다. 이 내용에 따르면 스트라텍은 제너럴 모터스에 제륜 장치를 공급하는 최대 규모의 공급업체였고, GM과의 거래가 스트라텍 매출의 약 50퍼센트를 차지했다. 또한 스트라텍은 크라이슬러의 제륜 장치 대부분을 공급하고 있었고, 이는 전체 매출의 16퍼센트를 차지했다. 이 정보로부터 저자는 스트라텍이 꽤 훌륭한 제륜 장치 제조업체라고 유추할 수 있었다. 그런데 그 다음 정보는 더욱 흥미로웠다.

"현재 제품 공급 계약에 근거해 현 계약이 예상대로 성사된다면, 우리 기업(스트라텍)은 1996년 상반기에는 포드가 두 번째로 큰 고객이 될 것으로 생각한다."

이 글에 오래 전 TV 만화 〈배트맨〉에서나 보던 "쿵! 명중!" 같은 강조어가 있는 것은 아니었지만, 내게는 그런 것이나 마찬가지였다. 이제까지 언급된 수익이나 매출 수치에는 포드와의 사업이 전혀 포함되지 않았으므로, 크라이슬러의 주문량 전체보다 더 많은 제륜 장치를 주문할 것으로 예상되는 새로운 고객, 즉 포드의 등장은 정말 큰 뉴스였다.

크라이슬러가 현재 스트라텍의 전체 매출에서 16퍼센트를 차지하는 2대 고객이었으므로, 포드가 이 자리를 차지하기 위해서는 16퍼센트 이상의 매출을 차지해야 했다. (GM은 이미 스트라텍 매출의 50퍼센트 이상을 차지하는 최대 고객이었으므로, 포드가 매출에서 차지하는 비율은 50퍼센트보다 작아야 한다.) 즉 스트라텍의 가치를 대폭 증대시킬 매우 흥미로운 정보를 발견한 것이다. 나는 내가 스트라텍의 주식을 저가에 매입할 수 있을 때까지 이 중요한 정보가 스트라텍의 주가에 반영되지 않기를 바랐다.

질적인 관점에서 스트라텍의 사업이 매력적으로 보였던 또 다른 이유가 있다. 스트라텍은 자동차용 제륜 장치 시장에서 단연코 가장 영향력 있는 기업이었다. GM 제륜 장치의 상당 부분, 그리고 크라이슬러 제륜 장치의 전체를 공급하는 스트라텍은 매우 수익성 높은 틈새시장을 장악한 듯했다. 또한 포드와의 새로운 계약 역시 스트라텍의 제품이 품질과 가격 모두에서 훌륭하다는 사실을 입증했다. 나는 합리적인 스트라텍 주가를 산출하기 위해 비교 대상으로 이용했던 다른 OEM 공급 업체 대부분은 스트라텍보다 더 좋은 시장 위치를 차지할 가능성은 거의 없다고 생각했다. 이 모든 정보를 종합했을 때 스트라텍은 동종 산업군에서 매우 높은 주가이익배수를 기록해야 마땅했다.

물론 그렇더라도 나는 이 회사 주식을 주가이익배수가 높아진 상태에서 살 생각은 없었다. 그러나 포드와의 신규 계약이 반영되지 않은 상태에서 9 정도의 낮은 주가이익배수에서 스트라텍 주식을 살 수 있다면 이는 매우 좋은 투자 기회가 될 것이 분명했다.

결과는 어떠했을까? 주식 시장에서 거래가 시작된 후 몇 달 동안 스트라텍의 주식은 10 1/2에서 12 사이를 왔다갔다 했다. 분명 포드에 대한 매출, 평균을 훨씬 더 상회하는 스트라텍의 시장 위치 그리고 최근 6개월 동안 10퍼센트 이상 상승한 이익과 같은 요소가 반영되지 않았고 산업군에서 낮은 주가이익배수에 해당했다. 즉 손쉽게 스트라텍 주식을 매우 매력적인 가격에 사들일 수 있었다. 이 사실은 1995년 말 스트라텍의 주가가 18달러까지 뛰면서, 즉 8개월도 채 되지 않아 50퍼센트 오르면서 입증되었다. 결코 나쁜 결과가 아니지 않은가? 다행스럽게도 스트라텍은 여느 기업 분할 투자 기회와 같은 패

턴을 보였다.

좋다. 이쯤에서 독자 여러분이 어떤 생각을 할지 뻔하다. 돈 버는 것이야 좋지만, 자동차 부품이라니… 너무 지루하지 않은가! 걱정 마시라. 여러분은 수익과 재미 두 마리의 토끼를 모두 잡을 수 있다.

이제 다음의 예로 홈쇼핑의 놀라운 세계로 여러분을 인도할 테니 말이다.

...

홈쇼핑 노다지

나는 홈쇼핑 세계로의 여행이 이렇게 재미있을 것이라고는 상상하지 못했다. 물론 케이블 채널을 돌릴 때마다 세 번에 한 번은 꼭 등장하는 홈쇼핑 방송에서 나는 다른 이들과 마찬가지로 자기로 만든 강아지 소품이나 다른 쓸모없는 물건을 보아 왔다. 우리 집이 이미 우스꽝스러운 온갖 잡동사니 - 체면을 차리느라 보이지 않는 곳에 숨겨 두었지만 - 로 가득했고, 나는 홈쇼핑의 열렬한 팬도 아니었으므로 과연 누가 이런 물건을 살까 항상 의아해 했었다. 홈쇼핑 주식은 이미 1980년대 악명 높을 정도로 상승세를 탔고 나는 보통 홈쇼핑 채널을 보지 않고 돌려 버리기 일쑤였기 때문에 홈쇼핑 네트워크(Home Shopping Network)라는 기업이 흥미로운 투자 기회를 제공할 것이라고는 생각지도 못했다.

그런데 1992년 4월 〈스마트 머니〉 창간호의 한 기사가 이 모든 것을 바꿔 놓았다. '90년대를 장식할 10대 주식'이라는제목의 기사가 선택한 10가지 유망 종목에 HSN이 포함되어 있었다. 이 기사는 1980년대 높은 주가를 올린 주식의 특징을 연구함으로써, 90년대에 상승세를 탈 주식을 예측할 수 있다는 가정 하에 출발했다. 여기서 유독 HSN이 저자의 눈길을 사로잡은 이유가 몇 가지 있었다. 첫째, 이 10대 주식을 선정하는 데 사용된 기준은 벤저민 그레이엄의 가치 지향 투자 방법이 포함되어 있었다(낮은 주가이익배수 혹은 현금흐름 비율, 낮은 장부가 대비 주가 비율 등). 과거 그토록 고공행진을 기록했던 HSN과 같은 종목이 가치주로 분류될 만큼 주가가 떨어졌다는 것이 참으로 놀라운 일이었다.

둘째, HSN의 주식은 주당 5달러가 조금 넘는 가격에 거래되고 있었다. 주가가 한 자리 숫자냐 아니냐는 그 자체로서는 아무런 의미도 없지만, 중요한 사실은 대다수 기관 투자가가 10달러 이하의 주식에 투자하기 원하지 않는다는 점이다. 미국 주식시장에 상장된 대부분의 기업은 자사 주식이 10~100달러 사이 선에서 거래되기를 바라며, 10달러 이하로 떨어진 주식은 많은 경우 과거의 영광에서 나락으로 떨어진 경우이다. 이 정도 가격대에서는 자연히 시가총액이 낮아지고, 높은 가격에서 대폭 추락한 주식은 인기가 없을 수밖에 없다는 이유 때문에 한 자리 숫자를 기록하는 주가의 주식은 애널리스트의 관심을 받지 못하고, 투자자가 나타나지 않으며 따라서 잘못된 가격이 매겨질 가능성이 크다.

마지막으로 HSN이 유망해 보였던 이유는 - 놀라지 마시라! - 분사를 계획하고 있었기 때문이다. (바로 분사에 관한 이야기를 다루려는 것이 아닌가, 기억하시는가?) 이 기사에 따르면 HSN은 "수익의 질을 개선하기 위해" 방송 부분 자회사를 분사시킬 계획이었다. 이 말이 무슨 의미인지는 후에 다루도록 하겠다. 분명한 점은 모회사인 HSN과 분사될 기업인 실버킹 커뮤니케이션즈(Silver King Communications) 모두 좀 더 연구해 볼 가치가 있었다.

1992년 8월 작성된 Form 10에 따르면, '기업 분할의 이유'라는 제목의 글에서 HSN의 경영진은 아래와 같이 말했다.

"경영진은 금융계와 투자자가 HSN(Home Shopping Network)의 가치를 제대로 평가하지 못하고 있으며, 그 이유는 부분적으로 HSN이 소매 유통 사업과 방송 사업 모두를 겸업하고 있기 때문이라고 생각한다. 방송 기업의 가치는 현금 흐름을 기준으로 평가되나 소매 유통 기업은 주당 수익을 기준으로 평가된다. HSN을 소매 유통 기업 혹은 방송 기업으로 분류할 경우, 위 두 가지 가치 평가 방식을 모두 적용하는 것이 더 합당함에도 오직 하나의 방법만이 적용된다. 예를 들어 HSN의 소매 유통 사업의 가치, 또는 HSN 전체를 소매 유통 사업으로 평가할 경우의 HSN의 가치는 방송 사업의 방송 관련 자산에 대한 많은 감가상각 비용 때문에 상당히 저평가된다. HSN 이사회는 HSN의 (방송) 기업 부분을 분사시킴으로써 투자자가 양 사업 모두를 더잘 이해할 수 있고 투자자와 애널리스트가 더 많은 관심을 기울일 것이라고 굳게 믿는다."

HSN은 1980년대 홈쇼핑 프로그램의 시청자 확보를 위해 UHF TV 방송국 12개를 인수했다. SEC 보고서에 따르면, 이들 방송국의 시청자는 무려 2천7백5십만에 달했으며, "현재 운영되고 있는 미국의 독립 방송사 중 최대의 시청자 수"를 자랑하고 있었다. 문제는 HSN이 이들 방송국을 인수하는 데 천문학적인 액수의 자금을 집어 넣었다는 사실이었다. 그 자체로서는 그다지 나쁠 것도 없었으나, TV 방송국은 이익에 비해서 자산이 그리 많지 않은 기업이라는 데 사실 문제가 있었다. TV 방송국의 가치는 광고 수입에서 비롯하는 현금 흐름에서 창출되는 것이지, 프로그램을 방영하기 위해 쓰인 방송 기기의 가치에서 나오는 것이 아니다.

애석하게도 이익에 비해서 고정자산과 운전자본이 상대적으로 적은 사업을 높은 가격에 인수하면, 인수 기업의 대차대조표에는 영업권의 비중이 커진다. 여기서 영업권이란 인수 가격이 인수 대상 기업의 개별 자산, 즉 방송 기기, 채권 그리고 프로그램 제작 권리 등과 같은 자산의 가치를 능가할 때 발생한다. 이처럼 개별 자산의 가치를 넘어서는 인수 가격의 초과분은 몇 년 간에 걸쳐 상각되어야 한다(공장이나 기기가 감가될 때 발생하는 비용과 비슷하다고 보면 된다. 2001년 이후는 영업권을 감가상각 하지 않고 있다. 연말에 영업권의 가치를 재평가한 후 손상이 있으면 손상액을 손익계산서에 기록한다). 유형자산 감가와 마찬가지로, 영업권의 상각 역시 이익을 줄이는 비현금 비용이다. (위 복잡한 용어들에 대해서는 7장에서 자세히 설명하겠다.)

방송 기업의 경우 기업 가치가 실제로 자산을 얼마나 사용하느냐와 깊이 연관되지 않기 때문에, 그 가치는 보통 회계장부상의 이익이 아닌 현금 흐름(여기서 감가상각의 비현금 비용이 다시 이익에 더해진다)을 기준으로 측정한다. 반면 소매 유통 기업은 이익에 따라 그 가치가 결정된다. HSN에 대한 SEC의 보고서에 따르면, 소매 유통 기업과 방송 기업을 겸하고 있는 HSN의 적당한 투자 이익 배수를 결정하는 것이 매우 어렵다고 했다. 이 보고서에 따르면 HSN의 소매 유통 사업은 이익 배수에 따라, 방송 사업은 현금흐름 배수에 따라 결정되어야 했다.

실버 킹의 손익계산서를 잠시 훑어보니, 이 점이 명확하게 드러났다. 가장 최근 1년 동안 실버 킹의 영업 이익은 4백만 달러가 약간 넘었다. 그러나 현금 흐름은 2천6백만 달러가 넘었다(영업 이익 4백만 달러와 감가상각 비용이 약 2천2백만 달러). 방송 기기는 자주 교체될 필요가 없기 때문에, 신규 공장 및 기기에 소요되는 자본 지출은 3백만 달러밖에 되지 않았다. 이 말은 즉 이자와 세금을 고려하기 전에, 실버 킹은 사실상 사업을 통해 거의 2천3백만 달러에 달하는 수익을 올리고 있었다는 뜻이다: 영업 이익 4백만 달러+감가상각 비용 2천2백만 달러-자본 지출 3백만 달러. (무슨 말인지 좀 헷갈린다면, 7장의 현금흐름 부분을 살펴보아도 좋다.)

물론 여러분은 이익만 살펴서는 HSN의 방송 사업이 이처럼 많은 현금을 창출하고 있었다는 사실을 알아채지 못할 수도 있다. 실버킹의 영업이익은 4백만 달러밖에 되지 않았지만, 앞서 살펴보았듯이 실버킹의 영업활동 현금흐름(operating cash flow)은 무려 2천6백만 달러나 되었다. HSN의 전체 발행 주식수가 8천8백만 주이므로 4백만 달러를 버는 실버킹을 완전히 분사시킬 경우 발생하는 손실은 한 주 당

4.5센트밖에 되지 않는다는 뜻이었다. 그러나 결코 이게 다는 아니었다.

SEC 보고서에 따르면, HSN은 분사 계획의 일환으로 1억4천만 달러의 부채를 실버킹에 넘길 예정이었다. 이자가 9퍼센트라는 점을 감안했을 때, 이 말은 HSN의 연간 이자 비용이 1천2백6십만 달러 정도 경감될 것이라는 뜻이었다(0.09x1억4천만 달러). 요점은 투자자 입장에서 보면 HSN은 실버 킹이라는 방송 사업 부분을 분사시킨 후 더 많은 이익을 올릴 수 있었다! (세전 회계장부 이익은 분사 후 약 860만 달러 더 상승할 듯했다 - 1천2백6십만 달러의 이자 비용이 실버킹으로 넘어가며, 반면 HSN이 실버 킹을 분사시킴으로써 입는 손실은 4백만 달러의 영업이익밖에 되지 않았다.)

물론 HSN TV 방송국의 현금 창출 능력이 대단하다는 점을 감안했을 때, 이러한 방식으로 상황을 보는 것은 옳지 않았다. 그러나 바로 여기가 HSN의 포인트였다. 즉 투자자들은 HSN의 주가에 이들 TV 방송국의 가치를 고려하지 않았다. 사실 투자자는 TV 방송국을 인수하는 데 든 엄청난 비용 때문에 오히려 HSN을 평가할 때 TV 방송국을 마이너스 요인으로 생각했을 수도 있다. (HSN이 TV 방송국을 인수하는 데 많은 돈을 차입했기 때문에, 투자자는 HSN의 주식 가치에서 높은 이자 비용을 빼고, 반면 TV 방송국의 현금 흐름이 아니라 4백만 달러라는 영업이익만을 인정했을 것이다.)

상황을 전체적으로 보았을 때 좋은 투자 기회라는 사실이 너무나 분명하게 드러났다. 분명 실버 킹은 투자자가 주목하지 않는 그리고 제대로 이해하지 못하고 있는 분사 투자 기회일 가능성이 매우 높았다. 분사 후 실버킹의 대차대조표에는 1억4천만 달러의 부채가 이전된다. 그리고 분사된 실버킹의 가치는 HSN의 주식 가치에 비해 상대적으로 작다. 때문에 실버킹 주식을 배정받을 주주들에게 실버킹 주식은 적합하지 않은 혹은 중요하지 않은 주식으로 치부될 것이었다. (이 분사 계획에 따르면, 1:10의 비율로 주식이 배정되었다. 즉 HSN의 주식 10주를 가진 주주에게 실버킹 커뮤니케이션즈의 주식 1주만을 배정받게 되었다.) 게다가 실버킹은 모기업 주주들이 선호하는 소비 유통 기업이 아니라, 방송 기업이었다. 그리고 더 중요한 점은 실버킹이 엄청난 현금을 창출하고 있으나 앞으로 실버킹 주식을 배분받을 주주들은 이 사실을 모를 가능성이 컸다.

이뿐만이 아니었다. 모회사 HSN 역시 투자 가치가 있어 보였다. 회계장부 수익을 근거로 HSN의 주식을 매입한 투자자는 HSN의 방송 사업에 큰 가치를 두지 않았을 가능성이 컸기 때문에, 분사 후에도 HSN의 주가가 크게 내려갈 일은 없었다. 만약 그렇다면 분사 후 HSN과 실버킹의 가치를 합산한 수치는 분사 전 HSN의 가치를 상회할 수 있었다. 게다가 분사를 하고 나면 HSN의 회계장부 수익이 상승할 것이므로, HSN의 주가는 분사 후 오히려 더 상승할 여지가 충분히 있었다.

결과를 말하기 전에 한 가지 더 중요한 점을 짚고 넘어가자. 모기업이 정부 규제가 심한 산업군에 속한 사업(예를 들어, 방송, 보험 혹은 은행)을 분사할 계획을 발표하면, 모기업을 좀 더 세밀히 관찰하는 것이 좋다. 이 분사 계획은 모기업이 타기업에 인수당할 것을 알리는 전주곡이 될 수 있기 때문이다. 물론 심한 규제에서 모기업을 자유롭게 하기 위한 의도로 분사를 추진하는 경우도 있다. 그러나 정부 규제 대상인 사업을 운영하는 기업을 인수하는 데는 절차가 까다롭고 시간이 걸린다. 이런 규제 대상 사업을 분사하는 대외적으로 알려지지 않은 이유는 아마도 모기업을 더 매력적인 인수 대상으로 만들기 위해서일 수도 있다. 혹은 분사 계획의 의도하지 않은 결과로 모기업이 매력적인 인수 대상이 될 수도 있다.

HSN의 경우, 분사 계획과 인수 계획이 맞물린 사례라고 볼 수 있다. 1992년 3월 홈쇼핑 경쟁 기업인 QVC 네트워크와의 인수 협상이 결렬된 후 며칠 지나지 않아, HSN은 적자에 허덕이던 콜 프로세싱 시스템을 생산하는 자회사 프리시전 시스템(Precision Systems)을 분사할 계획을 발표했다. 실버킹의 분사 계획은 그 후 몇 주 후에 발표되었다. QVC 네트워크와의 인수 협상이 결렬되었던 그 시점에, 〈월스트리트 저널〉의 일부 애널리스트는 QVC가 프리시전 시스템이나 실버킹과 같은 이질적인 사업까지 인수하고 싶어하지 않는다고 추측했다. HSN을 더 매력적인 인수 대상으로 만들기 위한 의도 외에도 위 두 사업을 분사시킬 사업적 이유는 충분했으나, 이 두 분사 계획은 분명 HSN을 더 인수하기 쉽고 더 매력적인 인수 대상으로 만드는 효과도 있었다.

좋다, 이제 결론으로 넘어가자. 1992년 12월, 분사가 채 마무리되기도 전에 리버티 미디어(Liberty Media, 미국 최대의 케이블 방송 사업자인 텔레커뮤니케이션즈(Telecommunications)의 분사 기업)가 HSN의 창업주이자 최대 주주인 로이 스피어(Roy Speer)로부터 HSN의 의결 지분을 인수하는 계약에 합의했다. 과거에 리버티 미디어는 이미 QVC를 인수하기 위한 시도를 했었다. 리버티 미디어가 로이스피어의 실버킹 지분을 매입하기로 계약했고, 연방방송통신위원회(FCC)의 승인을 받아야 했지만, 어쨌든 실버킹의 분사는 예정대로 진행되기로 계획되었다. 케이블 사업자는 방송국 소유를 금지하는 규제 때문에 실버킹을 과연 누가 소유하게 될지는 불분명했다. 사실 분사 바로 전, 실버킹은 리버티 미디어가 결국 자사의 지분을 매입할 수 있는 승인을 얻을 수 있을 것 같지 않다고 발표했었다.

실버킹의 분사 계획은 이처럼 빠르게 변하는 그리고 복잡한 환경 속에 1993년 1월 진행되었다. 실버킹의 주가는 분사 이후 첫 4개월 동안 주당 약 5달러를 기록했다. 매우 매력적인 가격이었다. 주당 부채가 매우 높았지만(때로는 우리에게 이점이 되기도 한다) 5달러라는 주가는 실버킹이 이자와 세금을 제한 후에도 현금흐름의 5배도 안 되는 가격에 거래되고 있음을 뜻했다. 그러나 앞으로 실버킹이 어떻게 될지는 확실치 않았다.

과거에 실버킹의 TV 방송국은 HSN의 홈쇼핑 프로그램을 방영하고, HSN의 매출 일부분을 받았다. 만약 HSN이 실버킹의 TV 방송국에 더 이상 HSN의 프로그램을 방영하지 않는다면 어떻게 될까? HSN의 새로운 지배 주주인 리버티 미디어가 케이블 산업에서 발휘하는 영향력이 매우 크므로 아마도 HSN은 실버킹의 TV 방송국을 통하지 않고도 케이블 방송국을 통해 직접 프로그램을 방영할 수 있을 것이다. 그러면 실버킹에게 남는 것은 2천7백5십만 가구가 시청하는 거대 방송국뿐이었다. 그러나 이 역시 그리 나쁘지는 않았다.

그 결과는? 실버킹의 주가는 몇 달 동안 5달러 선에서 거래되다가, 다음해에 10~20달러로 상승했다. 그 이유는 부분적으로 분사 이후의 매도 압력이 약해졌기 때문이었고, 실버킹이 다섯 번째 방송국을 만들기 위해 다른 방송국과 연합하고 있다는 추측(〈월스트리트 저널〉에 보도되었다) 때문이기도 했다. 몇 년 후 유명한 미디어 업계의 큰손 배리 딜러(Barry Diller)가 자신의 새로운 미디어 제국을 세우기 위한 발판으로 실버킹을 인수했다. 물론 나는 상황이 이렇게 전개될 것이라고 예상하고 실버킹의 주식을 산 것은 아니었다. 그러나 투자자가 주목하지 않는 종목을 매우 싼 값에 사들임으로써, 이 종목에 많은 호재가 생기고 마침내 그 진정한 가치를 인정받게 될 가능성이 생겼다.

HSN 역시 분사 이후 주가에 흥미로운 변동이 생겼다. HSN의 주가는 실버킹의 주식을 HSN의 주주들에게 배분한 바로 그 날 상승했다. 보통 분사 기업의 주식이 모기업 주식 1주당 50센트 정도의 가치라면(실버킹의 1주당 주가 5달러의 1/10), 모기업의 주가는 분사 기업의 주식이 배분된 그 날 50센트 떨어지기 마련이다. 그러나 HSN의 경우 오히려 주가는 1주당 25센트 상승했다. 여러분이 실버킹 주식 분배 바로 전날 HSN의 주식을 샀더라면, 바로 그 다음날 여러분은 실버킹의 분사 계획 덕분에 수익을 보았을 것이다. HSN과 분사된 실버킹의 주가를 합산하면, HSN의 주주들은 하루만에 12퍼센트의 이득을 본 셈이었다. 학계에서 주식시장의 효율성에 관해 뭐라고 말하건 간에, 시장에는 비효율적으로 가치가 책정된 주식이 수없이 많다 - 단, 이들 주식이 어디에 있는지 알고 있는 투자자에게만 보일 뿐이다.

아, 잊어버리고 넘어갈 뻔했다. 프리시전 시스템을 기억하는가? HSN이 실버킹을 분사시키기 전에 먼저 시도했던, 적자에 시달리는 콜 프로세싱 제조업체 말이다. 사실 나는 아직도 이 일을 잊어버리려고 노력하고 있다. 그 뒤 나는 이 회사를 결코 쳐다보지 않았다. 분사 이후 몇 달 동안 1달러 선에서 거래되던 프리시전 시스템즈는 1년 내 5달러로 껑충 뛰더니, 그 후 2년 동안 다시 주가가 두 배로 상승했다. 모두 가질 수는 없는 노릇이다. (하지만, 모두 다 가질 수 있다면 얼마나 좋을까!)

십계명

십계명은 "너의 부모를 공경하라"라고 말한다. 논리적으로 생각했을 때도 우리는 마땅히 부모님을 공경해야 한다. 이는 분사 기업의 모기업에도 해당되는 말 같다. 우연의 일치라고? 나는 아니라고 생각한다.

HSN에 애초에 관심을 갖게 된 것은 분사 계획 때문이었지만, 〈스마트 머니〉 지에 실린 기사를 읽고 스스로 조사를 좀 해 본 결과 나는 HSN의 주식 역시 사야겠다고 마음먹게 되었다. HSN의 주가는 실버킹 분사 이전 주당 5달러였으며, 실버킹의 주식시장 가치를 빼면 주당 4.5달러의 가격에 매입할 수 있었다. 분사 계획을 통해 나는 모기업인 HSN의 주식이 헐값에 거래되고 있다는 사실을 명확히 알 수 있었다. 또한 타기업과 비교하기 위해 HSN의 투자 가치를 조사하면서 HSN의 주 경쟁 기업인 QVC에도 관심을 갖게 되었다. 나는 HSN의 주가가 저평가되어 있다고 결론 내렸는데, 사실 QVC의 주가는 더욱 더 저평가된 것 같았다! 두 기업의 주식 모두 그 다음 해 두 배로 뛰었다.

여기서 요점은 내가 어떤 주식으로 얼마만큼 더 돈을 벌었다고 자랑하기 위함이 아니다. (믿어 달라. 나 역시 돈을 잃을 만큼 잃어 보았다.) 요점은 골칫거리 사업을 분사시키려 하는 모기업을 자세히 연구하면, 매우 흥미로운 투자 기회를 발견할 수 있다는 사실이다. 이 점을 염두에 두고 앞으로 나아가 보자.

기업분할

- **아메리칸 익스프레스(AMERICAN EXPRESS)**
- **리만 브라더스(LEHMAN BROTHERS)**

1994년 1월, 아메리칸 익스프레스(American Express)는 투자자의 열화와 같은 성원 속에 리만 브라더스(Lehman Brothers)를 독립, 분사 시키겠다는 계획을 발표했다. 리만 브라더스는 1980년대 초반 아메리 칸 익스프레스가 인수한 월스트리트의 전통 있는 투자 은행 기업이었 다. 그 당시 아메리칸 익스프레스를 이끌던 CEO가 리만 브라더스를 인수하면서 내놓은 아이디어는 아메리칸 익스프레스를 '금융 슈퍼마 켓'으로 만들겠다는 것이었다. 그러나 그 후 10년이 흘렀어도 그 아이 디어는 현실화되지 않았고, 아메리칸 익스프레스의 이사회는 리만 브 라더스를 분사시키기로 결정했다. 1994년 4월 이 분사 계획에 대한 보고서가 올라온 후, 나는 '새로운' 리만 브라더스를 더 자세히 연구 하기로 마음먹었다.

보고서와 광범위한 언론 보도에 따르면, 리만 브라더스는 투자 금 융 산업에서 매출 대비 비용이 가장 높은 기업이었다. 그 이전 해 적 자를 보았으며, 이제까지의 수익 변동성도 매우 극심했다. 게다가, 리만 브라더스의 내부 관계자는 연봉이나 보너스는 후하게 받았지만, 분사 기업의 주식은 상대적으로 거의 소유하고 있지 않았다. 대부분의 기업, 특히 월스트리트에서 직원은 자신의 연봉을 최대한 높이 받고자 노력한다. 그런데 리만 브라더스의 고위 경영진은 연봉의 대부분이 회사 주가와는 관련이 없었다. 나는 이 상황을 이렇게 해석했다: 직원과 주주가 회사 수익을 나눠 가질 시점이 다가오면, 주주가 손해를 볼 가능성이 높다. 리만 브라더스의 장부가치 대비 혹은 다른 투자은행 대비 주가가 대폭 하락하지 않는 이상, 내가 이 기업에 흥미를 가질 이유는 없었다.

그런데 무언가 나의 눈길을 잡은 것이 있었다. 신문 보도에 따르면, 아메리칸 익스프레스가 안고 있는 문제의 하나는 대형 기관 투자가가 아메리칸 익스프레스의 수익이 어떻게 될지 전혀 예측하지 못하고 있다는 사실이었다. 그 원인은 리만 브라더스의 수익 변동성이 매우 심했기 때문이다. 월스트리트가 나쁜 소식보다 더 반기지 않는 유일한 것이 바로 불확실성이다. 수익을 예측하기가 너무나 어렵다는 문제를 해결하기 위해 브라더스를 분사시키려는 것이었다. 앞서 아메리칸 익스프레스가 또 다른 자회사 쉬어슨(Shearson)을 분사시킨 것도 같은 이유 때문이었다. 리만 브라더스 분사 이후, 아메리칸 익스프레스는 리만 브라더스보다 변동성이 작은 핵심 사업 두 가지에만 주력할 계획이었다.

그 중 첫 번째는 아메리칸 익스프레스가 '여행 관련 서비스'라

분류한 것으로, 여행자 수표 사업뿐만 아니라 잘 알려진 차지 카드 (charge card, 신용카드와 비슷하나 매월 카드 사용액을 반드시 갚아야 한다는 점에서 다르다) 사업 그리고 세계에서 가장 큰 여행사 사업을 포함했다. 신임 CEO가 내놓은 계획은 이들 핵심 사업에 집중해 성장을 도모하는 전략이었다. 수년간 비자와 마스터카드가 아메리칸 익스프레스의 시장 점유율을 잠식했지만, 이보다 더 심각한 문제는 경영진의 무관심인 듯했다. 리만 브라더스를 분사시키면 분명 핵심 사업에 더 집중할 수 있었다. 아메리칸 익스프레스의 주력 상품이 매달 카드 대금을 전액 상환해야 하는 차지 카드였기 때문에, 수익 창출의 원천은 카드 사용자와 가맹점이 지불하는 수수료였다. 이는 더 큰 신용 리스크를 부담해야 하는 신용 카드 사업보다 훨씬 더 매력적이었다. 간단히 말해 아메리칸 익스프레스는 고급 시장에서 경쟁력을 갖고 있었으며, 타사가 거의 흉내내지 못할 강력한 브랜드 파워를 갖고 있었다.

두 번째 사업은 투자자 다양화 서비스(Investors Diversified Services, IDS)로, 지난 10년간 연간 20퍼센트 수익 성장을 기록하고 있었다. IDS 사업은 전미 각지의 파이낸셜 플래너가 고객 각자의 필요에 맞추어 전반적인 투자 및 보험 계획을 짜주는 것이다. 이들 플래너는 주로 아메리칸 익스프레스의 연금 상품이나 뮤추얼 펀드와 같은 금융 상품을 추천하고 판매했다. 파이낸셜 플래닝 사업은 단독으로 일하는 혹은 소규모 그룹으로 일하는 플래너가 지배하는, 거의 규제를 받지 않는 사업이기 때문에 IDS(현재는 아메리칸 익스프레스 어드바이저(American Express Advisor))는 다른 곳에서 쉽게 찾아볼 수 없는 편안함, 풍부한 재원 그리고 다양한 금융 상품을 고객에게 제공할 수 있었다. 이처럼 다양한 서비스를 하나의 패키지로 제공할 수 있는 능력 덕분에 IDS의 운용 자산은 급속히 불어났다. IDS의 매출은 주로 고객에게 투자 혹은 보험 상품을 판매하는 데서 발생하는 연간 수수료이다. 요점은 IDS는 가치 있는 고성장 사업이었다.

흥미로운 사실은 1994년 5월 리만 브라더스를 분사시키기 몇 개월 전, 아메리칸 익스프레스는 주당 29달러에 거래되고 있었다는 점이었다. 여기에는 앞으로 분사될 리만 브라더스의 가치 역시 포함되어 있었는데, 일간지는 그 가치를 주당 3~5달러로 추산했다. 이 말은 '새로운' 분사 이후의 아메리칸 익스프레스가 24~26달러 선에서 거래될 것이라는 의미였다. 언론에서 보도한 추정치에 따르면, 분사 후 아메리칸 익스프레스의 이익은 주당 약 2.65달러가 되고, 따라서 이 말은 아메리칸 익스프레스의 주가가 이익의 10배도 채 안 된다는 것이었다.

〈밸류 라인〉지를 참조해 보니, 일부 거대 신용 카드 회사의 평균 P/E 비율은 10 초반이었다. 이렇게 비교해도 정확할지 확실치는 않았지만, 아메리칸 익스프레스는 이와 비교했을 때 30~40퍼센트는 저평가되어 있는 것 같았다. 과거 경영진 시절 주력 사업인 차지 카드 사업이 지지부진했던 것은 사실이었으나, 아메리칸 익스프레스만의 강력한 브랜드 네임과 고급 시장에 대해 새롭게 집중하는 것은 저자를 안

심시키기에 충분했다. 게다가 앞서 언급했듯이, 수수료에 기반하는 아메리칸 익스프레스의 차지 카드 및 연관 사업은 내가 비교 대상으로 선정한 신용 카드 기업이 지닌 더 큰 신용 리스크에 비해서 더 매력적인 것 같았다.

아메리칸 익스프레스 수입의 약 30퍼센트를 차지하는 IDS 사업은 분명 이익의 10배 이상의 P/E 비율을 기록할 만한 가치가 충분한 사업이었다. 10년이라는 기간 동안 20퍼센트의 수익 신장률을 기록하면서 자산 운영 사업에서 꾸준하게 이익이 발생하고 있다는 점을 고려했을 때, 14~15 사이의 시장 배수 대비 대폭 할인된 가격에 아메리칸 익스프레스의 주식을 사는 것은 도둑질이나 다름없었다. 아메리칸 익스프레스는 해외 은행도 운영하고 있었으나(이 사업의 주가는 이익의 10배 배수 정도가 적당했다), 해외 은행 사업이 전체 수익에서 차지하는 비중은 10퍼센트가 채 되지 않았다.

요점은 이랬다: 이익의 10배도 안 되는 가격에 거래되고 있던 아메리칸 익스프레스의 주가는 매우 낮아 보였다. 수익 변동성이 심한 리만 브라더스를 분사하고 나면, 나는 다른 투자자에게도 이 점이 분명하게 드러날 것이라고 생각했다. 단 한 가지 의문은 내가 리만 브라더스에는 그다지 관심이 없었기 때문에 분사가 실시되기 전 아니면 후에 아메리칸 익스프레스의 주식을 사야 할 것이냐였다.

일반적으로 바람직하지 않은 사업이 분사된다는 이유로 기관 투자자가 모기업에 관심을 가진다 해도, 이들은 모기업의 주식을 바로 사지 않고 분사가 실시될 때까지 기다린다. 이렇게 해야 원하지 않는 분사 기업의 주식을 팔아야 하는 번거로움을 덜 수 있고, 분사가 실시되지 않을 리스크도 막을 수 있기 때문이다. 보통 분사 직후 모기업의 주식을 매입하는 기관 투자가의 행태는 주가를 상승시키는 요인으로 작용한다. 그렇기 때문에 일반 투자자들은 모기업이 매력적인 투자 대상이라고 생각되면, 분사가 실시되기 이전에 모기업의 주식을 사는 것이 이득이다. 분사가 실시되기 전 모기업의 주식을 낮은 가격에 사들이는 것이 더 수고스럽기는 하지만, 그만한 가치는 있다. 설사 여러분이 분사 기업 주식을 매도할 때 큰 차익을 보지 못한다 해도 말이다.

리만 브라더스 분사의 경우 나는 24~26달러 선에서 아메리칸 익스프레스의 주가가 형성되는 것만으로도 만족했기 때문에, 분사 실시 전 29달러에 아메리칸 익스프레스의 주가를 매입하기로 쉽게 결정을 내릴 수 있었다. 나는 결국 분사 기업인 리만 브라더스 주식을 그냥 갖고 있었는데(나는 분사 기업 주식을 팔기 싫어한다), 이 주식은 처음 주당 18.5달러선에서 거래되었다. (리만 브라더스의 주식은 1:5의 비율, 즉 아메리칸 익스프레스 주식 5주당 리만 브라더스 1주의 비율로 배정되었는데, 이는 즉 아메리칸 익스프레스 한 주 당 리만 브라더스의 가치가 3.75달러라는 의미였다.)

아메리칸 익스프레스의 주식은 리만 브라더스 분사 후 첫 날 1 5/8만큼 상승했다. 따라서 분사 이전 아메리칸 익스프레스의 주식을 매입하기로 한 것은 좋은 결정이었다. 이는 장기적으로 보았을 때도 좋은 결정이었다. 아메리칸 익스프레스 주식은 분사 이후 첫 해 36달러까지 치솟았으며, 1년 사이 40퍼센트의 수익을 안겨 주었다.

그런데 분사 이후 6개월 후쯤 워렌 버핏은 아메리칸 익스프레스의 지분 10퍼센트를 매입했노라고 선언했다. 분명 리만 브라더스 분사 계획과 비핵심 사업의 매각은 아메리칸 익스프레스를 "워렌 버핏" 기업으로서, 즉 훌륭한 브랜드 파워와 매력적인 시장 경쟁력을 지닌 저평가된 주식으로서의 진면목을 드러나게 했다.

보라. 부모를 공경하면 복을 받을지니.

부분 기업분할(Partial Spinoffs)

나는 투자를 하는 데 너무 많은 노력을 쏟아 붓길 좋아하지 않는다. 따라서 잠재적인 투자 기회가 너무 복잡하거나 이해하기 어려우면, 차라리 그냥 넘겨버리고 더 쉬운 다른 기회를 찾아 나선다. 그렇기 때문에 앞으로 거론하고자 하는 부분 기업 분할이 저자에게는 너무나 매력적인 분야이다. 초등학교 1학년 때 배웠던 수학, 특히 뺄셈 실력을 조금만 발휘하면 성공적인 투자를 할 수 있기 때문이다.

부분 기업 분할이란 한 기업이 한 사업 분야의 일부분만을 분사 혹은 매각하는 것을 일컫는다. 특정 사업의 100퍼센트 지분 모두를 기존 주주에게 배정하지 않고 일부분만을 모기업 주주에게 배정하거나 일반 투자자에게 공개 매각한다. 그리고 모기업은 그 나머지 지분을 보유한다. 예를 들어 XYZ라는 기업이 자사의 위젯(Widget)이라는 사업의 지분 20퍼센트를 기존 주주에게 배정한다면 위젯의 발행 주식 중 20퍼센트만이 주식시장에 풀리고, 나머지 80퍼센트는 XYZ가 계속 보유한다.

기업이 부분 기업 분할을 실시하는 이유는 여러 가지가 있다. 우선 자본을 모으고자 할 때, 경영권을 계속 유지한 채 사업 일부분을 분사시키는 계획은 매력적인 대안이 될 수 있다. 혹은 특정 사업 부분의 진정한 가치를 주식시장 투자자에게 부각시키고 싶어서일 수도 있다.

모기업의 다른 사업 부분과 함께 있을 때는 그 진정한 가치가 잘 보이지 않을 수 있다. 그러나 부분 기업 분할을 통해 주식 일부가 독자적인 가격에 시장에서 거래되면, 투자자는 이 사업의 가치를 모기업과 별도로 평가할 수 있다. 또한 경영진이 이 부분의 사업 성과에 따라서 인센티브를 받을 수 있다.

부분 기업 분할에 투자하면 두 가지 이득이 있다. 첫 번째, 부분 분사되는 사업의 지분이 모기업 주주에게 직접 배정되는 경우, 분사 기업의 주식은 100퍼센트 분사되는 기업의 경우와 마찬가지 이유로 시장 평균을 상회하는 좋은 수익을 낸다. 두 번째, 부분 분사되는 사업의 지분이 시장에서 공개 매각되는 경우(주식 공개 상장, 즉 IPO를 통해), 여러분의 투자 수익은 전자만큼 좋지 못할 수 있다. 그 이유는 이 경우, 부분 분사 기업의 주식을 사는 투자자는 전자와 달리 이 기업의 주식을 '원해서' 매입하기 때문이다. 따라서 이 경우 무차별적인 매도 압력 때문에 주가가 하락하는 현상을 기대하기 힘들다.

부분 분사 기업에 투자하여 이득을 얻을 수 있는 두 번째 기회는 다른 곳에서 온다. 여기서 여러분이 초등학교 1학년 때 배웠던 수학 실력을 발휘해야 한다. 일단 부분 분사 기업의 주식이 시장에서 거래되기 시작하면, 이는 시장이 이 사업의 주가를 효과적으로 평가했다는 말이다. 만약 XYZ의 위젯 사업의 발행 주식이 천만 주인데, 이 중 주 당 20달러에 2백만 주식을 다른 일반 투자자에게 매각했다면 이는 XYZ가 여전히 위젯의 주식 중 8백만 주를 보유하고 있다는 말이다. 그리고 XYZ가 보유한 이 8백만 주의 가치는 1억6천만 달러가 된다. (8백만 주를 20달러로 곱한다 - 아, 그렇다. 생각해 보니 이는 2학년 수학 과정인 듯하다.)

이제 여러분에게 그 두 번째의 기회가 온다. 이처럼 간단한 수학 계산을 통해 여러분은 두 가지 사실을 알 수 있다. 당연히 여러분은 XYZ가 보유한 위젯의 지분 80퍼센트의 가치가 얼마나 되는지 안다. 즉 1억6천만 달러이다. 그런데 여러분은 주식시장이 XYZ의 다른 사업 부분 전체에 대해 매긴 가치가 얼마나 되는지도 안다. 즉, XYZ의 시장 가치에서 1억6천만 달러를 뺀 만큼이 되는 것이다! 자, 좀 더 자세히 살펴보자. 만약 XYZ의 시장 가치가 5억 달러이고, 위젯의 지분 80퍼센트의 시장 가치가 1억6천만 달러라면, XYZ의 나머지 사업 부분의 가치는 3억4천만 달러가 되는 것이다.

별로 대단해 보이지 않는 이 간단한 계산이 과연 여러분에게 어떤 수익을 안겨다 줄 수 있을까? 다음의 예를 통해 보자.

부분 기업분할

• 시어즈(SEARS)의 저평가된 사업 부문

1992년 9월, 시어즈는 자회사 두 곳의 지분 20퍼센트를 일반 투자자에게 매각할 계획을 발표했다. 시어즈의 경영진은 몇 년 동안 주가를 상승시키라는 압력에 직면해 왔던 터였다. 시어즈는 딘 위터(Dean Witter-디스커버(Discover) 포함)와 올스테이트 보험(Allstate Insurance) 두 자회사의 가치가 자사의 주가에 제대로 반영되어 있지 않다고 생각했다. 딘 위터의 경우, 시어즈는 1993년쯤 딘 위터의 나머지 지분 80퍼센트를 주주에게 직접 배정하겠다고 발표했다.

여기서 흥미로운 요소는 과연 무엇이었을까? 위 발표가 나기 전 시어즈는 딘 위터, 올스테이트 그리고 유명한 백화점 체인을 소유한 재벌 기업이었다. 시어즈가 이들 사업을 몇 년간 소유해 왔다는 사실에는 전혀 비밀스러울 것이 없었다. 게다가 시어즈는 월스트리트의 애널리스트들 대부분이 주목하는 기업이었다. 그런데 왜 이렇게 갑작스럽게 시어즈의 분사 계획이 좋은 투자 기회로 다가오게 된 것일까? 시어즈는 단지 이미 소유하고 있던 사업의 지분을 매각 혹은 배정하려던 것뿐이었는데 말이다.

그 대답은 시어즈가 딘 위터와 올스테이트의 부분 분사를 통해 이 두 기업의 시장 가치를 드러낼 뿐만 아니라, 다른 무언가를 밝히려고 했기 때문이다. 시어즈의 주가에서 딘위터와 올스테이트의 지분의 시장 가치를 뺌으로써 나머지 시어즈 자산, 특히 백화점 사업의 진정한 가치를 계산할 수 있었던 것이다. 대단한 기회라고? 아주 대단한 기회이다. 그 이유를 살펴보자.

시어즈는 딘 위터의 지분 20퍼센트를 1993년 2월 매각했다. 시어즈의 대외적인 의도는 딘 위터의 나머지 지분 80퍼센트를 향후 몇 개월 이내 기존 주주들에게 직접 배정함으로써 완전 분사를 실시하겠다는 것이었다. 6월 초 시어즈는 올스테이트의 지분 20퍼센트를 주당 27달러에 매각했다. 7월 초 시어즈가 딘 위터의 나머지 지분을 모두 배정하기 바로 전 상황은 이러했다: 딘 위터의 주가는 약 37달러를 기록하고 있었고, 올스테이트의 주가는 29달러 정도였다. 그리고 시어즈의 주가는 약 54달러였다.

계산을 해보면 이랬다. 시어즈는 딘 위터의 잔여 지분 80퍼센트를 배정하겠다고 발표했다. 이 발표에 따르면, 시어즈 주식 100주당 딘 위터의 주식 40주가 배분될 계획이었다. (시어즈는 딘 위터 주식 1억3천6백만 주를 배정할 계획이었고, 시어즈의 발행 주식은 약 3억4천만 주였다 – 즉 136/340 혹은 0.4의 비율로 딘 위터의 주식이 배정될 예정이었다.) 따라서 7월 중순 시어즈의 주주는 일인당 0.4(발표된 배분 비율)×37달러(딘 위터의 주가) 가치의 딘 위터 주식, 즉 소유한 시어즈 주식 1주당 15달러 분의 딘 위터 주식을 배정받을 수 있었다.

딘 위터 주식 배정 전 시어즈의 주가가 54달러였으므로, 이는 딘 위터를 뺀 시어즈의 나머지 가치가 39달러라는 말이었다. 여기서 나머지 가치란 무엇을 말하는 것일까? 주로 시어즈의 올스테이트 잔여 지분 80퍼센트, 국내외의 백화점 사업 그리고 다양한 부동산 사업(콜드웰 뱅커(Coldwell Banker) 포함)이었다. 그런데 우리는 여기서 또 다른 사실을 알고 있다: 시어즈의 올스테이트 지분 80퍼센트의 시장 가치이다.

시어즈는 3억4천만 주 가량의 올스테이트 주식을 보유하고 있었다. 우연히도 시어즈의 총발행 주식수도 3억4천만 주였다. 이 말은 만약 여러분이 시어주의 주식 한 주를 소유하고 있다면, 올스테이트의 주식 한 주 역시 간접적으로 소유하고 있다는 말이다. 올스테이트 주가가 약 29달러였으므로, 여러분은 10달러라는 주가에(시어즈의 순 가치 39달러 − 올스테이트 주가 29달러) 국내외 시어즈 백화점 사업과 부동산 사업의 일부를 소유할 수 있는 것이었다. 이 정도면 헐값이지 않은가?

유명한 펀드 매니저 마이클 프라이스(Michael Price)는 헐값이라고 생각했다. 1993년 7월 5일 〈배런(Barron)〉 지와의 인터뷰에서, 프라이스는 시어즈에 대한 자신의 의견을 솔직하게 피력했다.

"54달러짜리 시어즈 한 주에는 28달러의 올스테이트 한 주가 포함되어 있다. 따라서 올스테이트를 뺀 시어즈의 주가는 26달러가 된다. 여기에는 딘 위터의 주식이 0.4만큼 포함되어 있으며, 그 가치가 15달러이다. 그러면 나머지 시어즈의 가치는 10 혹은 11달러가 된다. 이 중 2~3달러는 시어즈 멕시코와 시어즈 캐나다의 몫이다. 그러면 이제 8달러가 남는다. 여기서 콜드웰 뱅커가 또 2~3달러를 차지한다. 그러면 5달러가 남는데, 즉 270억 달러의 매출을 올리는 시어즈의 시가 총액이 15억 달러라는 말이다. 새로운 경영진은 핵심 사업에 정말 주력하고 있는 듯하다. 부동산 관련 기회가 엄청난, 부채는 거의 없는 유통 기업인 것이다."

여러분에게 말했다시피 나는 투자를 하는 데 너무 많은 노력을 기울이기를 좋아하지 않는다. 잠시 눈여겨보기만 해도 프라이스가 옳다는 사실을 알 수 있었다. 시어즈의 주가는 헐값이었다. 매출 270억 달러에 3억4천만 주의 유통 주식을 보유한 시어즈는 주당 79달러의 매출을 올리고 있었다. 만약 이 정도 매출을 올리는 기업의 주식을 단 5달러에 살 수 있다면(게다가 시어즈는 부채도 거의 없다), 시어즈가 올리는 매출 전체의 6퍼센트밖에 되지 않는 돈으로 시어즈 주식을 한 주 살 수 있다는 이야기였다(5를 79로 나눈 값이다). 반면 경쟁 기업인 JC 페니 (JC Penny)를 보면, 주당 매출이 78달러였는 데 비해 주가는 44달러, 즉 매출의 56퍼센트에 달하는 돈을 들여야 JC 페니 주식 한 주를 살 수 있었다. 물론 여기서 상대적 가치를 측정하기 위한 다른 많은 수단

(예를 들어 이익)이 있다. 그러나 모든 상황을 고려했을 때, 주식시장에서 시어즈의 국내 유통 사업은 놀랄 만치 헐값에 거래되고 있었다.

그런데 사실 나는 여러분이 스스로 해야 할 일을 해야 한다고 강력히 주장하고 있지만, 그렇다고 해서 타인의 좋은 아이디어를 '훔치는 데' 반대한다는 말은 아니다. 세상은 너무나 넓고 여러분이 모든 사건을 스스로 조사할 수는 없는 노릇이다. 그렇기 때문에 이 책에서 다루는 유형의 투자 기회에 해당하는 자료를 읽게 되면, 좀 더 자세히 살펴보는 편이 생산적이다. 그 내용이 논리적으로 구미가 당긴다면 혹은 몇 안 되는 신뢰할 수 있는 전문가(후에 그 이름을 언급하겠다)로부터 조언을 얻게 된다면, 그 아이디어를 '훔치는 행위'는 높은 수익을 올리는 데 일조할 수 있다.

물론 여기서 '훔치는 행위'는 엄밀히 말해 무력을 사용하지 않고 타인의 아이디어를 훔치는 것이다. 애석하게도 여러분은 여전히 스스로 해야 할 일을 해야 한다. 시어즈의 경우 〈배런〉지의 기사 외에도, 마이클 프라이스는 6월 중순 〈포춘〉지와 비슷한 내용의 인터뷰를 했다. 따라서 여러분이 처음 언론화된 후 몇 달 동안 시어즈의 분사 계획을 알지 못했더라도 – 혹은 기사를 읽고서 스스로 간단한 셈을 해보지 않았더라도 – 좋은 투자 아이디어를 훔칠 수 있는 쉬운 기회가 적어도 두 번은 있었던 셈이다. 부분 분사처럼 여러분이 눈여겨보고자 하는 상황이 어떤 유형인지 알고 있다면, 이러한 기회를 발견하는 일은 훨씬 더 쉬워질 것이다.

시어즈의 주식투자는 꽤 괜찮은 수익을 올렸다. (실패 사례들도 나중에 다룰 것이다.) 딘 위터 지분을 배분한 후, 나머지 39달러의 시어즈 주식은 그 후 몇 달 사이 무려 50퍼센트가 상승했다. 동기간 올스테이트는 29달러에서 33달러로 상승했을 뿐이었다. 분명 주식시장이 시어즈의 기타 자산에 숨겨진 진정한 가치에 주목하기 시작한 것이다.

(고급반 학생을 위해: 그렇다. 시어즈의 주식을 사는 동시에 올스테이트의 주식을 공매도해 헐값임이 분명했던 시어즈의 주식만을 남기는 전략 역시 가능했다. 때로 특히 헐값인 사업 부분, 즉 시어즈 백화점 체인 가격 5달러가 전체 가격에서 딘 위터 주식을 배정한 후 남은 39달러의 작은 일부분만을 차지할 때, 이는 현명한 전략이다. 그러나 이 경우, 시어즈 백화점 사업의 헐값과 진정한 가치 사이의 간극이 너무나 컸기 때문에, 공매도와 같은 복잡한 전략을 사용할 필요가 없었다.)

내부 관계자에 관한 조언: DIY 투자를 위한 안내

내부 관계자. 나는 내부 관계자의 행동을 살피는 것이 수익성 있는 기업 분할 투자 기회를 찾아내기 위한 좋은 방법이라고 이미 언급했다. 그 근거는 만약 내부 관계자가 자사의 주식이나 옵션을 다량 소유하고 있다면, 이들의 이익과 주주의 이익이 일치할 가능성이 크기 때문이다. 그런데 여러분은 분사 기업의 주가가 낮아도 내부 관계자가 이득을 볼 때가 있다는 사실을 아는가? 여러분이 새로운 분사 기업의 주식을 사지 않을 때도, 오히려 이를 매입하는 내부 관계자가 있다는 사실을 아는가? 이러한 상황을 눈여겨봄으로써 상당히 유리한 고지를 점할 수 있다. 그렇다. 이 모두는 사실이다.

기업 분할이란 참으로 독특한 성질을 지녔다. 보통 회사가 처음 주식을 공개할 경우 힘든 협상을 해야 한다. 회사 공개를 주도하는 투자 금융 회사인 인수 주간사와 기업의 소유주는 주식 공개 가격을 협상한다. 시장 요소에 근거해 가격을 산정한다고 해도 대부분의 경우 많은 주관이 개입된다. 기업의 소유주는 주식을 높은 가격에 팔아 최대한 많은 자금을 확보하려고 하며, 인수 주간사는 투자자가 수익을 볼 수 있도록 더 낮은 가격을 선호한다(이렇게 해야 이 주간사가 다음에 인수하는 회사의 주식 발행이 더 쉬워진다). 어쨌든 서먹서먹한 협상이 오고가고 가격이 결정된다. 그러나 분사라면 이런 협상이 필요없다.

대신 분사 기업의 주식이 모기업의 주주에게 직접 배정되며, 분사 기업의 주가는 시장의 힘이 결정한다. 종종 경영진의 스톡옵션은 이 최초의 주가에 의해 결정된다. 분사 기업의 주가가 낮을수록, 스톡옵션 행사권의 가격 역시 낮아진다(예를 들어 분사 기업의 최초 주가가 5달러라면, 분사 기업 경영진은 자사 주식을 주당 5달러에 매입할 수 있는 권리를 갖게 된다. 만약 주가가 처음에 8달러에서 시작한다면, 경영진은 자사 주식을 주당 8달러에 매입할 수 있는 권리를 갖게 된다). 이러한 상황에서는 시장에서 분사 기업의 주가가 이미 결정되고 난 뒤가 아니라 그 전에 지분을 늘리는 것이 경영진에게는 더 이득이 된다.

다시 말해 경영진의 스톡옵션 행사 가격이 결정되기 전까지는 새로운 분사 기업에 대한 낙관적인 선언이나 발표를 기대하지 말라. 이 행사 가격은 거래 시작 하루 후, 일주일 후, 한 달 후 혹은 더 오랜 시간이 지난 후에 결정될 수 있다. 때때로 신생 분사 기업의 매력에 대해 경영진이 입을 다물고 있어도, 꼭 나쁜 소식이란 법은 없다. 때때로 이 침묵은 황금 기회일 수도 있다. 여러분이 어떤 기업 분할 투자 기회에 주목하고 있다면, 언제 경영진의 스톡옵션 행사 가격이 결정될지에 대해 SEC의 보고서를 찾아보는 것이 좋다. 경영진의 스톡옵션 규모가 크다면, 경영진이 신생 분사 기업의 주가를 올리기 전에 그 기업의 주식을 사두는 것이 좋다. 결국 경영진과 주주 모두 한 팀에서 뛰는 공동 운명체이지만 이 '게임'이 언제 시작될지 알아두는 것은 큰 도움이 된다.

내부 관계자가 새로운 상장 기업을 탄생시키는 데 이처럼 일방적으로 통제권을 행사하는 투자 기회는 거의 없다. 그렇기 때문에 기업 분할 투자 기회에서 내부 관계자의 행동과 그 원인을 분석하는 작업은 특히 가치가 있다. 모기업의 주주 모두 신생 분사 기업의 주식을 배정받거나 혹은 그 주식을 살 수 있는 동등한 권리를 부여받기 때문에, 모기업과 분사 기업 간에 자산과 부채를 나누는 데 있어 공정성에 대한 문제가 제기되는 적은 거의 없다. 그러나 내부 관계자는 상대적으로 제한을 덜 받는 가운데 분사의 구조와 조건을 자신에게 유리하게 만들 수 있다. 이처럼 경영진과 기타 내부 관계자의 행동 원인에 초점을 맞춤으로써 여러분은 내부 관계자가 누리는 유리함을 바로 여러분의 유리함으로 바꿀 수 있다. 특히 신생 분사 기업을 탄생시키는 다음의 새로운 방법을 분석할 때 내 말이 사실임을 확인할 수 있을 것이다.

기업분할을 통한 유상증자

모기업이 분사 기업의 주식을 무상으로 기존 주주에게 배정하기보다 자회사 혹은 특정 사업 부문의 주식을 매수할 수 있는 권리를 주는 경우가 있다. 이를 유상 증자(rights offering)라고 부른다. 대부분의 투자자는 분사와 상관이 없는 유상 증자에 더 익숙하다. 그러나 가끔 기업 분할의 효과를 내기 위해 유상 증자가 이용되는 경우가 있는데, 이 때 특히 주의를 기울여야 한다.

유상 증자를 실시하는 가장 주된 이유는 추가적인 자본 조달이다. 보통의 경우 증자에 참여할 수 있는 권리는 기존 주주에게 배정된다. 이러한 권리는 주주에게 보통 현재 시장에서 형성된 가격보다 더 낮은 가격으로 추가로 주식을 매입할 수 있게 해준다. 모든 주주에게 주식을 할인된 가격에 매입할 수 있는 권리(그러나 의무는 아니다)를 배정함으로써, 기업은 필요한 자본을 확보하는 한편 모든 주주에게 새로 발행한 주식을 매입할 수 있는 동등한 권리를 부여한다. 만약 기존 주주가 추가로 주식을 매입할 수 있는 권리를 행사함으로써 유상 증자에 참여하고자 한다면, 기업이 할인된 가격에 신주를 매각한다고 해서 이들의 이익이 희석될 일은 없다. 만약 주주가 추가 주식 매입을 원하지 않는다면, 이들은 자신에게 배정된 신주를 살 수 있는 권리를 팔고 공개 시장에서 더 싼 가격에 주식을 매입할 수 있다. 주주가 행사하지 않거나 팔지 않은 권리는 일정 기간이 지나면 그 효력이 소멸한다.

유상 증자는 폐쇄형 펀드(closed-end fund) 가입자에게는 익숙하겠지만 이는 결코 반갑지 않은 손님과 같다. 주식 혹은 채권의 폐쇄형 펀드는 펀드가 발행하는 주식의 수가 고정되어 있다는 점을 빼면 뮤추얼 펀드와 같다(예를 들어 주당 10달러에 2천만 주가 공개 매각되면, 이 2천만 주는 하나의 보통주처럼 시장에서 매매된다). 폐쇄형 펀드가 자본을 확충

하기 위한(그리고 펀드 매니저의 수수료를 높이기 위한) 한 가지 방법은 유상 증자를 통해 더 많은 주식을 발행하는 것이다. 일반적으로 이러한 유형의 유상 증자에서 이득을 보는 사람은 폐쇄형 펀드의 펀드 매니저뿐이다.

자, 이제 좋은 소식을 전해 줄 차례다. 기업 분할의 경우 유상 증자는 여러분과 같은 초보 투자자에게 대단히 좋은 기회가 될 수 있다. 유상 증자는 애매하며 때로는 혼란스럽기도 하다. 여기에 대부분의 기관 투자가가 분사 기업에 대해 보이는 무관심과 무시를 더하면, 여러분은 그야말로 대단한 투자 기회를 얻게 된다. 일반적으로 모기업은 주주에게 분사 기업의 주식을 매수할 수 있는 권리(신주인수권)를 무상으로(free of charge) 나누어준다. 이 권리를 소유하게 된 주주는 고정된 가격에 혹은 다른 주식의 특정 분량에 해당하는 만큼의 주식을 분사 30일 혹은 60일 이내에 매입할 수 있는 권리가 생긴다. 이 권리는 보통 양도가능하며, 이는 분사 기업의 주식을 매입하고자 하지 않는 주주가 공개 시장에서 자신의 권리를 팔 수 있으며 모기업의 주주가 아닌 투자자도 시장에서 이 권리를 매입함으로써 이 기업의 유상 증자에 참여할 수 있다는 의미이다.

유상 증자의 시기, 조건 그리고 자세한 사항은 모두 다르다. 그런데 여기서 기억해야 할 점은 바로 이것이다: 유상 증자를 통해 이루어지는 분사에 대한 기사를 읽으면, 당장 하던 일을 멈추고 기사를 자세히 들여다보라. (걱정 마시라. 이런 경우는 흔하지 않다.) 기사를 보는 것만으로도 이미 여러분은 소수의 엘리트 (그리고 이상한) 그룹에 속하는 것이다. 그러나 더 중요한 사실은 여러분이 보통 기업 분할보다도 훨씬 더 높은 수익을 낼 수 있는 분야에 투자하고 있다는 점이다. 게다가 너무 많은 노력을 들일 필요도 없다. 이 특별한 투자 상황에 대해 보다 자세히 알아보기 전에, 유상 증자의 몇 가지 표면적인 특징과 내부 관계자의 동기를 잠시 살펴보자. 다음 내용을 읽고 나면 여러분은 좀 더 연구를 해봐야겠다는 생각이 들거나 아니면 차라리 다른 데 시간을 쏟겠다는 생각이 들 것이다.

그렇다면 기업 분할과 유상 증자가 결합되면 그토록 수익성 높은 투자 기회가 되는 이유는 무엇일까? 분사 기업의 주가가 대폭 하락하는 현상 - 모기업 주주들이 원하지 않는 분사 기업 주식을 무차별적으로 매도하는 현상 - 은 유상 증자에서는 찾아볼 수 없다. 사실 유상 증자의 경우, 정반대의 일이 일어나게 마련이다. 주식을 매입할 수 있는 권리를 행사하는 주주는 사실상 신생 분사 기업의 주식을 사기로 긍정적인 결정을 내리는 것이다. 이 경우 보통 유상 증자에 존재하는 가격 할인의 요소도 작용하지 않는다. 보통의 유상 증자와 달리 이 권리는 싼값에 주식을 매입할 수 있는 권리를 보장하지 않는다. 그 이유는 권리를 부여받을 당시에는 아직 분사 기업의 주가가 유상 증자 시 결정되는 구입 가격보다 더 높게 형성될지 아니면 더 낮게 형성될지 확실하지 않기 때문이다. 그렇다면 수익 기회는 과연 어디에서 나오는 것일까?

그 답은 유상 증자의 기본 특징에 있다. 만약 모기업이 유상 증자를 통해 분사 기업의 주식을 매각한다면, 모기업은 다른 대안을 추구하지 않기로 결정한 것이다. 여기서 대안이란 분사 기업을 다른 회사에 매각하거나, 분사 기업의 주식을 주식 공개를 통해 더 넓은 일반 대중에게 매각하는 것을 말하는데, 이 두 가지 대안 모두 모기업의 경영진이 수탁인(fiduciaries)으로서 분사 기업의 자산을 가능한 한 높게 팔려는 것이다. 그러나 만약 모기업이 유상 증자를 통해 분사 기업을 기존 주주에게 넘기려 한다면, 이처럼 가능한 한 주가를 높게 끌어올리려고 노력할 필요가 없다. 사실 분사 기업의 주식을 처음 매입하는 투자자를 모기업 주주와 공개 시장에서 주식 매수 권리를 매입하는 투자자들로만 한정지우는 것은 분사 기업의 사업을 가능한 높은 가격에 팔기 위한 최선의 방법은 아니다. 그러나 유상 증자를 하면 모기업의 모든 주주가 분사 기업의 주식을 매입할 수 있는 동등한 권리를 갖기 때문에 – 설사 분사 기업의 주식을 할인된 가격에 판다고 해도 말이다 – 모든 주주는 평등하고 공정한 대접을 받는다.

분사 기업을 유상 증자할 경우 분사 기업의 주식을 매력적인 가격으로 살 수 있는 경우가 많지만(주의: 공개 시장에서 주식 매수권을 사는 투자자는 총 비용 계산 시 권리 구입 비용과 주식의 가격을 합해야 한다) 유상 증자의 구조를 살펴보면 중요한 단서를 더 얻을 수 있다. 유상 증자 가격이 충분히 낮은지 아닌지를 구분하는 중요한 요소 중 하나는 초과청약권(oversubscription privileges)이 포함되어 있는지 살펴보는 것이다.

초과청약권이란 유상 증자하는 분사 기업의 주식을 구입한 투자자에게 유상 증자가 완전히 이루어지지 않은 경우, 남아 있는 분사 기업의 주식을 더 매수할 수 있도록 하는 권리이다. 분사 기업의 신주 매수권은 그 성격이 분명하지 않고 신경도 더 많이 써야 하고, (모기업 주식의 가치에 비해) 값이 얼마 되지 않으며 거래도 잘 되지 않으므로 권리를 부여받은 투자자가 권리를 행사하지도 않고 권리를 팔지도 않을 경우가 종종 있다. 예를 들어 3백만 주에 대한 권리가 배정되었는데, 이 중 백만 주에 대한 권리가 행사되지 않은 채로 그 효력이 상실되었다면, 초과청약권은 유상 증자에서 주식을 매수한 권리 소지자들이 이 나머지 백만 주를 추가로 매수할 수 있도록 해준다.

헐값에 신생 분사기업의 지분을 늘리고자 하는 내부 관계자는 유상 증자에 이 주식 청약권을 포함시키기도 한다. 어떤 경우 내부 관계자는 SEC 보고서에서 신생 분사 기업의 주식에 대해 초과 청약권을 신청하는 자신의 의도가 무엇인지 밝혀야 한다. 이런 유형의 공시가 시사하는 바는 명확하다. 한 가지 더 명심하자. 초과청약권이 포함되어 있다면, 유상 증자가 일반 투자자에게 덜 알려질수록(그리고 권리의 거래 가격이 더 낮을수록), 권리 소지자가 유상 증자의 주식을 매입할 가능성은 더 낮으며, 반면 내부 관계자와 모험심이 강한 투자자(enterprising investors)가 헐값에 분사 기업의 주식을 매입할 수 있는 기회가 더 커진다.

유상 증자 과정이 엄청난 분사 수익으로 이어지는 다른 방법들을 살펴보겠지만, 한 가지 간단한 개념을 반드시 명심해야 한다. 즉 유상 증자 거래가 어떻게 구조화되어 있든, 이 거래가 내부 관계자에게 어떤 이득을 가져다 줄 것인지 알아낼 수 있다면, 여러분은 최고의 기업 분할 투자기회를 찾아내기 위한 가장 중요한 요소 중 하나를 발견한 것이다. 이 다음의 예 - 사상 최고로 복잡하고 사상 최대의 이익을 낸 유상 증자 거래 - 에서 무슨 일이 일어나고 있는지 알아내는 유일한 방법은 내부 관계자의 동태를 주시하는 것뿐이었다.

사실 이 예에서 기업 분할은 너무나 복잡하고 매력이 없는 듯 보였기 때문에 저자는 과연 내부 관계자들이 기업 분할을 이러한 방식으로 진행하려고 계획했을지 의심스러웠다. 이해하기 힘든 투자 상황을 피하려고 노력하는 편이지만, 이 경우 예외 조항을 둘 충분한 이유가 있었다. 내부자들이 내가 신생 분사 기업의 주식을 사지 않기를 바란다는 생각이 들자 나는 과연 무슨 일이 일어나고 있는지 이해하기 위해 많은 노력과 시간을 들였다.

대부분의 투자자에게 너무나 난해한 상황일지 모르나, 이는 중요하지 않다. 심지어 전문가조차 이를 매력적이지 않은 투자 기회로 치부해 버렸다. 여러분이 이 예에서 얻을 수 있는 중요한 교훈은, 내부 관계자의 동기를 확인하는 것을 결코 잊으면 안 된다는 사실이다. 이 점을 확실히 기억해야 한다.

그러면 이제 다음의 예를 자세히 살펴보자.

유상증자

- **리버티 미디어(LIBERTY MEDIA)**
- **텔레-커뮤니케이션즈(TELE-COMMUNICATIONS)**

질문: 어떻게 하면 2년 이내 5억 달러를 벌 수 있을까?

답: 5천만 달러를 갖고, 존 맬론(John Malone)에게 물어 보라. 존 맬론은 2년 이내 5억 달러를 벌었다.

텔레커뮤니케이션즈의 CEO 존 맬론은 기업 분할을 이용해 사상 최대의 기업 분할 투자 기회를 만들어냈다. 텔레케뮤니케이션즈의 분사 기업 리버티 미디어의 유상 증자에 참여한 투자자 모두 2년도 채 안 돼 초기 투자금의 10배에 달하는 수익을 거둘 수 있었다. 텔레커뮤니케이션즈(TCI)의 주주 모두 이 유상 증자에 참여할 수 있는 동등한 기회가 있었지만(그리고 다른 일반 투자자 모두 같은 권리를 매입할 수 있었지만), 이 사례의 경우 유상 증자는 증자에 참여한 이들이 최대한의 잠재 수익을 얻을 수 있게 고안된 반면, 대부분의 투자자가 이 기회를 이용하지 못하도록 단념시키는 요소 또한 갖고 있었다.

〈월스트리트 저널〉은 이 분사 계획에 대한 기사 대부분을 일면에

싣는 등 분사 과정 전체를 밀착 취재했으나 거의 대부분의 투자가가 단기간에 대박을 터뜨릴 수 있는 이 황금 기회를 놓쳤다. 다음에 또 이런 기회가 다가와도 이들은, 즉 여러분을 제외한 나머지 투자자들은 모두 이 기회를 놓쳐 버릴 것이다.

　사건의 발단은 1990년 1월 시작되었다. 미 최대의 케이블 사업자인 TCI는 약 30억 달러에 이르는 QVC와 패밀리 채널과 같은 프로그래밍 관련 자산 그리고 케이블 TV 시스템에 대한 소수 지분을 분사시키겠다는 예비 계획을 발표했다. 이 발표는 거대 케이블 사업자, 특히 TCI의 케이블 산업에 대한 영향력을 축소시키고자 하는 미국 정부의 계속되는 압력 때문이었다. 존 맬론이 CEO로 취임한 이후, TCI는 케이블 산업계의 공룡 기업이 되었으며, 이 힘을 이용하여 어떤 업체가 어떤 조건으로 자사의 케이블 시스템에 프로그램을 내보낼 것인지를 결정했다. 전체 케이블 시청 가구의 25퍼센트를 차지하는 거대한 규모 때문에 TCI는 새로운 케이블 채널의 성공 여부를 결정하고 어떤 경우에는 그 힘을 사용하여 새로운 채널의 지분을 매입하기도 했다. 케이블 산업에서 멜론의 강력한 영향력을 줄이기 위해 워싱턴 정가에서는 케이블 시스템 운영업체가 프로그램 제작 업체의 지분을 마음대로 늘리지 못하도록 제한을 두는 법안이 논의되었다.

　TCI의 분사 계획의 표면상 목표는 정계에서 오는 압력을 줄이고 프로그램 제작 자산을 정부의 규제에 속한 케이블 시스템에서 분사하여 TCI의 운신의 폭을 넓히고자 함이었다. 또 다른 분사의 이유는 다른 많은 경우와 마찬가지로 바로 주주 가치 증대였다. 즉 분사를 통해 프로그램 제작 자산 및 다른 케이블 시스템에 대한 모기업의 소수 지분의 가치를 부각시킨다는 것이었다. 이들 자산의 가치는 TCI의 거대한 케이블 자산 포트폴리오에 묻혀 제대로 평가받지 못하고 있다는 것이 TCI의 생각이었다.

1990년 3월, 〈월스트리트 저널〉에 새로운 국면으로 접어든 분사 계획에 대한 기사가 실렸다. TCI가 통상의 분사 과정과 달리 유상 증자를 통해 프로그램 제작 및 케이블 관련 자산을 분사시키는 효과를 내고자 한다는 것이었다. 그러면 TCI의 주주는 자신이 소유한 모기업의 지분 일부를 신생 기업의 주식과 교환할 수 있는 권리를 배정받게 된다. 이러한 유상 증자 과정을 선택한 것은 세제상의 이유 때문이었다(유상 증자 계획을 제대로 세우면 주주는 신주인수권의 가치에 대해서만 세금을 내게 된다). 또한 이 발표를 통해 분사 기업의 규모가 처음에 이야기했던 것만큼 크지 않을 것이라는 사실도 밝혀졌다. TCI는 터너 브로드캐스팅(Turner Broadcasting)의 지분 10억 달러를 분사시킬 계획을 취소한 지 오래였다. 1990년 10월 예비 SEC 보고서가 작성되기 바로 전, TCI의 디스커버리 채널(Discovery Channel) 지분 50퍼센트를 주주에게 배정하기로 한 계획 역시 취소되었다. 분사될 사업은 원래 예상치의 50퍼센트도 안 되는 수준으로 감소했다. 사실 1990년 11월 작성되고 1991년 1월 수정된 SEC 보고서를 보면 분사될 TCI 자산, 즉 리버티 미디어의 자산 규모는 약 6억 달러 정도로 줄어들었다. TCI

의 기업 가치가 약 150억 달러(주주 가치 60억 달러+부채 90억 달러)였으므로, 리버티 미디어의 자산 규모는 TCI 전체에 비추어 보았을 때 빙산의 일각에 지나지 않았다. 즉 리버티 미디어는 대부분의 기관 투자가에게는 중요하지 않은 곁가지에 지나지 않았다(그러나 우리에게는 전형적인 분사 기업 투자 기회였다).

1991년 1월 뉴스 기사에 따르면, 리버티 미디어의 자산 포트폴리오에는 160만 시청자를 확보한 케이블 프랜차이즈 14개의 소수 지분과 패밀리 채널, 아메리칸 무비 클래식, 클랙 엔터테인먼트 텔레비전 그리고 QVC 쇼핑 네트워크의 소수 지분뿐만 아니라 지역 스포츠 네트워크 11개를 포함한 26개 다른 사업체의 지분도 포함될 예정이었다. TCI의 추산에 따르면, 이들 자산은 총 6억 달러 정도의 가치를 지니고 있었으며, 여기서 케이블 관련 지분과 프로그램 제작 관련 지분의 비율은 거의 동등했다. 〈월스트리트 저널〉은 "리버티 미디어는 일부 예상했던 것보다 훨씬 더 작은 기업이 될 것이며, 약 2백만 주의 주식만 발행할 것이다. 완전 희석화된(fully diluted) 기준으로 TCI 발행 주식수는 4억1천5백만 주이다"라고 보도했다. 〈월스트리트 저널〉에 따르면, 애널리스트는 리버티 미디어의 400페이지에 이르는 공모 안내서를 "유상 증자를 통한 분사 계획서 중 가장 복잡한 계획서의 하나"로 손꼽았고 투자자에게 혼란을 조장할 것이라고 말했다. TCI의 터너 브로드캐스팅과 디스커버리 채널의 지분이 제외되었기 때문에, 일부 애널리스트들은 "리버티 미디어는 투자 매력이 적다"라고 생각했다. 또한 〈월스트리트 저널〉은 "추정치(pro forma)로 볼 때 1990년 9월 30일 이전의 9개월 동안 리버티 미디어는 우선주 배당을 실시한 후 2천4십만 달러의 손실, 즉 주당 9.77달러의 손실을 기록했다"라고 보도했다.

요약하자면 대부분의 투자자에게 리버티 미디어는 "들어와요, 물이 얼마나 좋다구요!"라고 말하는 것 같지 않았다. 이 정도만으로도 투자자들을 단념시키기에 충분했지만, 수없이 많은 나쁜 소식이 더 있었다. TCI의 주주는 보유한 주식 200주 당 하나의 양도가능한 주식 매입권(transferable right)을 받게 되어 있었다. 그리고 하나의 주식 매입권과 함께 TCI 주식 16주를 주면 리버티 미디어 한 주를 받을 수 있었다(이 매수권은 30일 이후 소멸되었다). TCI 주식이 한 주당 16달러였으므로, 이 말은 리버티 미디어의 주식이 한 주당 256달러라는 의미였다(16달러×TCI 주식 16주). 앞서 말했듯, TCI의 완전 희석된 주식이 약 4억1천5백만 주 있었고, 리버티 미디어 주식 한 주를 매입할 수 있는 권리는 TCI 200주 당 하나씩 배정될 것이었으므로 약 2백1십만 주의 리버티 미디어 주식이 발행될 것이라고 해석할 수 있었다.

기관 투자가들은 보통 4백만 주 이상인 기업이라야 투자하므로 총 2백만 주밖에 되지 않는 주식은 위험하고 적합하지 않을뿐더러 유동성이 너무 부족해 포트폴리오에 편입시키기에 부적합하다. 또한 한 주당 250달러가 넘는 가격 역시 너무나 이상한 일이었다. 유동성이 매우 풍부한 4백만 주 이상의 주식 대신 유동성이 매우 적은 소량의 주식을 택할 기관 투자가는 거의 없을 것이다. 26달러에 2천만 주를, 혹은 13달러에 4천만 주를 발행하는 대신 256달러에 2백만 주만을 유통시키려는 리버티 미디어의 목적이 무엇인지 설명한 SEC 보고서를 보니, 다음과 같은 점이 드러났다: "TCI 주식과 리버티 미디어 주식을 교환하는 비율은 오직 주식 공모시 발행될 리버티 미디어의 보통주 총 수를 최대 약 2백만 주로 제한하기 위해서다. 이 비율은 리버티 미디어 주식의 가치를 측정하기 위한 지표로 삼으려는 것이 아니다." 나의 해석은 이랬다: "우리가 2백만 주만을 유통시키기로 한 이유는 리버티 미디어 주식이 TCI 주주들에게 매력적으로 보이지 않기를 원하기 때문이다."

내가 이런 말을 하는 이유는 무엇인가? 리버티 미디어가 투자자에게 매력적이지 않은 투자처로 보임으로써 얻는 이득은 무엇일까? 우선 유상 증자 계획은 리버티 미디어 주식의 수를 행사된 주식 매수권의 수와 같게 맞추는 것이었다. 즉 만약 리버티 미디어 주식을 매입하기 위한 권리가 백 개만 행사된다면, 리버티 미디어의 주식 역시 모든 TCI 주주가 자신의 권리를 행사할 경우 이론적으로 가능한 최대 2백만 주가 아니라, 백만 주만 발행될 것이었다. 256달러어치 TCI 주식을 리버티 미디어 한 주와 바꾸어 주므로 리버티 미디어의 보통주 1백만 주를 발행한다는 것은 리버티 미디어 보통주 모두를 2억5천6백만 달러에 사는 것과 마찬가지였다(만약 2백만 주 모두를 매입했을 경우는 5억1천2백만 달러가 되었을 것이다). 리버티 미디어가 보유한 자산에는 변동이 없을 것이기 때문에 보통주가 1백만 주 발행되든 2백만 주 발행되든, 리버티 미디어의 주가가 상승할 여력에 주로 관심이 있는 투자자라면 이 가능성이 더 적은 수의 주식에 분산되는 편을 선호할 것이다.

여기에 또 눈여겨볼 점이 있었다. 리버티 미디어의 보통주가 유상 증자를 통해 모두 팔리지 않을 경우, 남는 것은 우선주로 발행하여 TCI에 팔릴 계획이었다. 리버티 미디어의 주식이 2억5천만 달러만큼 매각되든 5억 달러만큼 매각되든 TCI가 리버티 미디어에 분사시키는 자산의 규모에는 변함이 없기 때문에 만약 2억5천만 달러의 차이가 생긴다면, 이는 TCI에 2억5천만 달러어치의 리버티 미디어 우선주를 발행함으로써 상쇄할 계획이었다. 그리고 발행될 우선주의 조건은 리버티 미디어에 매우 유리했다.

결론은, 리버티 미디어 유상 증자에 더 적은 수의 TCI 주주가 참여할수록 리버티 미디어의 주식 상승 여력(leveraged upside potential)은 더 높아진다. 게다가 이 상승 여력은 부채를 통해서가 아니라, 비용이 더 적게 드는 우선주 발행을 통해 생기는 것이었다. 이 우선주는 15년 동안 어떤 현금 지불도 요구하지 않았고, 6퍼센트의 낮은 금리를 적용했으며, 만기 상환 금액(redemption)이 고정되어 있었기 때문에 리버티 미디어의 보통주 입장에서는 부채를 지는 위험 없이도 남의 돈을 이용하는 혜택을 보는 매력적인 방법이었다.

이처럼 혼란스러운 상황에서 TCI 내부 관계자들은 어떻게 하고 있었을까? 무엇보다 이들은 공짜로 이처럼 좋은 투자에 대한 조언을 주지 않았다. 〈월스트리트 저널〉 보도에 따르면, "TCI의 경영자 밥 매그니스(Bob Magness) 회장과 존 맬론 사장은 각자 소유한 리버티 미디어 주식 매입권 중 적어도 50퍼센트를 행사하고자 한다고 TCI에게 알렸다." 물론 투자자들을 고무시킬 만한 말은 아니었지만, 좀 더 자세히 살펴보면 유용한 정보를 얻을 수 있었다.

유상증자를 위해 발행된 공모 안내서를 보면, "경영진 보상"이라는 제목의 글에 아래와 같은 내용을 발견할 수 있었다: "존 맬론 사장의 고용 계약과 관련, 리버티 미디어에서 존 맬론 사장이 수행한 임무를 현금으로 보상하는 대신, 존 맬론 사장은 주당 256달러의 가격에 리버티 미디어의 주식 십만 주를 매입할 수 있는 비양도성 권리를 받게 될 것이다." 이 말은 존 맬론이 유상 증자 시 구입할 리버티 미디어의 주식을 제외하고도 2천5백만 달러어치의 리버티 미디어 주식을 살 수 있는 권리를 부여받았다는 뜻이었다. 같은 SEC 보고서에 따르면 존 맬론은 약 5천억 달러어치의 TCI 주식을 보유하고 있었으므로, 리버티 미디어의 성공 여부는 그에게 있어 매우 중대한 의미를 지니고 있었다. 만약 리버티 미디어 주식이 2백만 주 발행된다면, 10만 주에 대한 존 맬론의 권리는 리버티 미디어 지분 전체의 5퍼센트에 해당된다. 리버티 미디어가 백만 주만 발행한다면 존 맬론은 리버티 미디어 총 지분의 10퍼센트를 소유하는 셈이었다.

더 자세히 들여다보니 리버티 미디어는 처음 언론 보도에서 떠들어댔던 것처럼 나빠 보이지 않았다. 추정 손익계산서에 근거했을 때,

리버티 미디어가 최근의 9개월 동안 주당 9.77달러의 손실을 입었다는 것만이 이야기의 전부가 아니었다. 추정 손익계산서에서 드러난 수익(혹은 손실)은 리버티 미디어 자산의 아주 작은 일부분의 사업만을 포함한 것이었다. 리버티 미디어의 자산 대부분이 타기업의 지분으로 구성되었기 때문에 이들 지분의 수익과 매출이 리버티 미디어의 손익계산서로 통합되지 않았다(이들 지분은 리버티 미디어의 대차대조표에 원가로 표시되었을 뿐이다). 심지어 내가 즐겨 읽는 〈포브스〉조차도 이 사실을 완전히 무시했다: 〈포브스〉는 리버티 미디어의 매출과 수익이 낮다는 점을 지적하면서(아마 SEC 보고서를 읽지 않은 모양이다) "여러분이 TCI 주주라면, 유상 증자를 통해 TCI 주를 리버티 미디어 주로 바꾸지 말라. 여러분이 리버티 미디어를 매입할 것을 고려하고 있다면… 그러지 말라." 따라서 새로운 아이디어를 찾기 위해 경제지를 읽는 것은 좋지만, 기억해야 할 제1의 법칙이 있다: 해야 할 일을 스스로 하라는 것이다. (독자 여러분에게는 미안하지만, 여기에는 최소한 추정 재무제표를 읽는 일이 포함된다.)

또한 리버티 미디어와 관련해 흥미로워 보이는 사실이 더 있었다. 공모 안내서에 따르면 TCI 경영진은 "리버티 미디어의 보통주의 가격은 초기에는 리버티 미디어 향후 성장의 가치만을 반영할 것으로 기대"하고 있었다. 이 말이 무슨 뜻인지 살펴보자. TCI는 약 150억 달러의 케이블 사업 자산을 보유하고 있었다. 그리고 리버티 미디어는 같은 TCI 경영진에 의해 운영될 계획이었다. 리버티 미디어는 TCI의 프로그래밍 벤처 회사의 하나였다. 만약 존 맬론이 리버티 미디어 주가 상승에서 상당 부분 이득을 보게 되어 있다면, TCI는 그 막강한 영향력을 이용해 리버티 미디어를 도와줄 수도 있었다. 분명 새로운 케이블 채널의 탄생은 리버티 미디어의 분사로부터 이득을 얻을 수 있었다. 어쩌면 이를 통해 이 새로운 케이블 채널은 TCI의 방대한 케이블 네트워크의 전파를 탈 수 있을지도 몰랐다. 혹은 리버티 미디어가 스스로 케이블 채널 사업을 시작할 수도 있었다. 이들 새로운 케이블 채널은 만약 모든 TCI 가입자를 대상으로 할 수 있다면, 굉장히 유리한 고지를 점하는 셈이었다. 음… 그렇다면 리버티 미디어의 상승 여력은 얼마나 될까?

그 대답은 얼마나 많은 TCI 주주가 자신의 TCI 주를 리버티 미디어의 주로 바꿀 권리를 행사하기로 마음 먹느냐에 달려 있었다. 한 언론 보도를 통해 이 상황에 대한 일반 투자자의 심리를 잘 요약한 기사를 접할 수 있었다: "리버티 미디어의 문제점은 주식 유동성이 매우 부족하고, 자산과 자본 구조가 끔찍하게 복잡하며, 투자에서 초기 현금 흐름을 기대할 수 없다는 데 있다."〈베어 스턴즈(Bear Stearns)〉의 애널리스트는 "우리는 리버티 미디어의 유상 증자가 대부분의 펀드 매니저에게 매우 제한적인 매력만을 지닐 것이라고 생각한다"라고 덧붙였다. 쉬어슨 리만(Shearson Lehman)은 "TCI 주식을 가치가 매우 불확실하고 유동성이 제한적인 리버티 미디어의 주식과 맞바꾸는 것은, 그 가격이 아무리 싸더라도 대부분의 기관 투자가에게 있어 그다지 좋은 투자 전략이 될 수 없을 것이라고 생각한다"라고 말했다. 따라서 리버티 주식을 매입할 수 있는 권리 중 오직 36퍼센트만이 행사되었고, 2백만 주 중 오직 7십만 주만 발행되었다는 사실에는 전혀 놀랄 것이 없다.

256달러어치의 TCI 주식 한 주당 리버티 미디어 주식 한 주를 살 수 있는 권리는 공개 시장에서 거래되었으며 30일 이내 이 권리를 행사하고자 하는 투자자라면 누구나 매입할 수 있었다. 이 권리의 가격은 1달러도 채 되지 않았다. 즉, TCI 주식을 200주 소유한 투자자(3천 달러어치 TCI 주식을 소유한 투자자)는 1달러도 채 되지 않는 가치의 권리를 배정받은 것이다.

대부분의 TCI 주주는 이 권리를 행사하지도, 팔지도 않았다. 물론, TCI의 밥 매그니스 회장과 존 맬론 사장은 결국 리버티 미디어의 주식을 매입할 수 있는 자신들의 권리 모두를 행사했다. 10만 주의 옵션을 가진 존 맬론은 리버티 미디어 지분의 약 20퍼센트를 보유할 수 있었다(반면 존 맬론의 TCI 지분은 2퍼센트도 채 되지 않았다). TCI와 리버티 미디어 모두의 CEO 자리를 겸직했지만, 존 맬론은 TCI의 막강한 케이블 산업에서의 영향력을 이용해 리버티 미디어가 번영하도록 만들 만한 충분한 동기가 있었다. 다시 말하지만 모든 TCI 주주는 리버티 미디어의 향후 성장에 참여할 수 있는 동등한 권리가 있었다. 비록 상황을 올바로 볼 수 있는 기회는 없었지만 말이다.

케이블 산업을 다루는 멀티채널 뉴스는 아래와 같이 보도했다.

"TCI 간부는 리버티 미디어 유상 증자에 참여하는 주식이 50퍼센트도 되지 않을 것이라고 예상했다. 그러나 TCI가 자세한 계획을 발표하자 월 스트리트는 리버티 미디어의 비유동적인 주식, 복잡한 자산 및 자본구조 그리고 초기 현금 흐름의 부족을 질타했다.

리버티 미디어의 회장이자 TCI의 CEO 겸 사장인 존 맬론은 월 스트리트가 리버티 미디어의 유상 증자에 큰 관심을 보이지 않는 데 실망하지 않았으며 관심도 없다고 말했다.

리버티 미디어의 주주 총회는 '전화기 부스 한 대' 안에서 열릴 수 있을 정도로 주주의 수가 적었지만, 맬론은 이번 유상 증자를 계획하면서 TCI 경영진은 이미 그 많은 투자자가 참여하지는 않을 것을 알고 있었다고 말했다.

존 맬론은 "모두 각자 결정을 내리는 겁니다. 다른 투자자를 리버티 미디어에 투자하라고 강제로 설득해서 괜히 문제를 만들 필요는 없지요"라고 말했다.

물론이다. 너무나 이치에 맞는 말이다. 여러분이 2년도 안 되는 기간 동안 초기 투자금의 10배가 넘는 수익을 거둔다면(공정하게 말하자면 존 맬론조차도 이 정도 수익이 날 것이라고는 예상치 못했을 것이다), 여러분은 엄청난 수익에 대한 세금 문제로 괴로울 것이다.

덧붙이자면 유상 증자를 실시한 후 1년이 채 되지 않아 리버티 미디어는 20:1의 비율로 주식 분할을 실시했으며, 기관 투자가와 애널리스트 모두에게 어필할 만한 유동성을 확보할 수 있었다.

기업 분사 요약

기업분할을 다룬 이번 장을 마무리하기 전에, 몇 가지 요점을 짚고 넘어가 보자.

1. 일반적으로 분사 기업은 시장 평균을 상회하는 수익을 올린다.
2. 분사 기업 중 여러분이 자신 있고 잘 아는 기업을 찾아라. 그러면 보통의 분사 기업에 투자해 얻는 수익보다 훨씬 더 높은 수익을 얻을 수 있을 것이다.
3. 매우 좋은 기업 분할 투자 기회를 알려 주는 몇 가지 특징이 있다.
   1) 기관 투자자가 관심을 두지 않는다(그리고 그 이유는 투자 가치가 없기 때문이 아니다).
   2) 내부 관계자는 기업 분할을 원한다.
   3) 분사를 통해 이전까지 숨겨 왔던 투자 기회가 드러난다(예를 들어 주식이 헐값에 거래되어 왔다든지, 사업이 매우 건실하다든지 혹은 리스크/수익 상황에서 부채가 크다든지 하는 사실이 드러난다).
4. 경제지와 SEC 보고서를 읽으면 새로운 분사 기업 관련 투자 기회를 찾아내고 분석할 수 있다.
5. '모기업'에 관심을 기울이면 꽤 높은 수익을 거둘 수 있다.
6. 부분 기업 분할과 유상 증자는 독특한 투자 기회를 제공한다.

7. 아, 맞다. 내부 관계자의 동태를 주시하라. (이미 언급했는가?)

그리고 몇 가지 덧붙일 점이 있다.

1. 길리건스 아일랜드 재방송은 지루하다.
2. '훔치기'가 수익으로 연결될 수 있다.
3. 뤼테스에서 바보 같은 질문을 하지 마라.

이런, 이 요점을 서두에서 정리할걸 그랬나?

YOU CAN BE A STOCK MARKET GENIUS:

UNCOVER THE SECRET HIDING PLACES OF STOCK MARKET PROFITS

제4장

리스크 아비트리지와 합병 증권

Risk Arbitrage and Merger Securities

"집에서 이러면 안 된다."

- 막 3루를 훔친 선수에게 3루 코치가 하는 말

리스크 아비트리지

리스크 아비트리지(risk arbitrage)는 인수 합병의 대상이 되는 기업의
주식을 매입하는 투자 행위를 말한다. 최고로 악명 높은 아비트리저
(arbitrageur) 이반 보에스키(Ivan Boesky)와 수없이 많은 내부자 거래
스캔들이 만들어낸 일반적 개념과 달리 리스크 아비트리지는 합병이
이미 선언된 후 해당 기업의 주식을 매입하는 것을 일컫는다. 가장 간
단한 예를 들어 보자. A라는 회사는 B라는 기업을 주당 40달러에 모
두 인수하겠다고 발표한다. 이 발표가 나기 전 B 기업의 주가는 25달

러였다. 발표가 난 후 B 기업의 주식은 A 기업이 제시한 인수가인 40달러가 아니라 38달러에 거래된다. 여기서 B 기업의 주식을 38달러에 매입하려는 투자자를 좀 어려운 용어로 아비트리저라 부르는데, 이들 아비트리저는 이 38달러와 40달러 사이의 차익에 투자의 승부를 건다. 리스크 아비트리지는 결코 리스크 없는 거래가 될 수 없으며, 아비트리저는 크게 두 가지 리스크를 감수한다.

첫째, 인수 계획이 수포로 돌아갈 이유는 수없이 많다. 규제 문제, 자금 조달 문제, 사업상의 이례적인 변화, 실사 과정에서 새로 발견된 문제점(실사란 여러분이 집을 구입할 때, 집의 상태를 조사하는 과정에 비유할 수 있다), 개인적인 문제 혹은 보통 사람들이 마음을 바꿀 때 내세우는 법적으로 정당한 그 모든 이유가 여기에 포함된다. 만약 위의 예에서 인수 계약이 무효화된다면, B 기업의 주가는 발표 이전의 25달러 혹은 이보다 더 낮은 가격으로 곤두박질 칠 수 있으며, 아비트리저는 큰 손실을 입게 된다.

둘째, 아비트리저는 타이밍의 리스크를 감수한다. 인수합병 계약의 종류와 연관 산업에 따라 인수 합병 거래가 타결되기까지 한 달에서 최장 18개월이 걸릴 수 있다. 아비트리저가 노리는 2달러의 차익 일부분은 이 거래가 성사(A 기업이 B 기업의 주식 전량을 40달러에 사는 것을 말한다)되기 전 B 기업의 주식을 38달러에 매입하면서 들인 시간의 가치에 대한 대가이다. 아비트리저는 인수합병 거래가 마무리되기까지 걸릴 시간을 예상해야 한다.

지난 10년간, 수십 개의 투자 회사가 한때 증권업에서 찬밥 신세였던 리스크 아비트리지 사업에 뛰어들었다. 인수 합병 건수가 많아도 리스크 아비트리지 사업은 경쟁이 매우 심해졌다. 이들 기업이 하루 종일 인수합병 건의 추이를 지켜보고, 반독점 전문가, 증권 전문 변호사, 그리고 산업별 투자 전문가의 조언으로 무장하는 탓에 개인 투자자가 리스크 아비트리지를 시도하기란 매우 어려운 일이다. 게다가 날로 치열해지는 경쟁 때문에 주가와 인수가 사이의 차액이 상대적으로 적어졌고 이는 리스크를 감안한 수익이 더 낮아졌다는 뜻이다.

그래도 리스크 아비트리지를 해보고 싶은가? 내가 여러분이 재미 좀 보겠다는데 찬물을 끼얹고 있다고 생각하는가? 다음의 몇 가지 예를 살펴보면, 여러분도 나와 같은 생각을 하게 될 것이다.

리스크 아비트리지

- **플로리다 사이프러스 가든**(Florida Cypress Gardens)
- **하코트 브레이스 조바노비치**(Harcourt Brace Jovanovich)

내가 주식투자 사업에 뛰어들면서 맨 처음 손을 댄 거래 중의 하나가 바로 플로리다 사이프러스 가든과 하코트 브레이스 조바노비치의 합병 건이었다. 1985년 4월, 시월드(Sea World)라는 놀이 공원을 경영하고 있던 출판업체 하코트 브레이스 조바노비치(HBJ)는 플로리다 사이프러스 가든을 인수하겠다는 계획을 발표했다. 어릴 적 사이프러스 가든에 놀러가 좋은 시간을 보낸 추억을 갖고 있던 나로서는 플로리다 사이프러스 가든의 주식을 매입한다는 것이 잘 알고 이해하는 기업에 투자하는 것 외에도 가슴 속에서 따뜻한 감정을 불러 일으켰다. 사이프러스 가든은 진기하고 이국적인 정원, 아름다운 산책로 그리고 멋진 수상스키 쇼(수상스키를 타는 산타 클로스와 코러스 걸들도 볼 수 있었다)를 즐길 수 있는 독특하고 특별한 곳이었다. (좋다. 잠시 내버려 두라 - 그 당시 나는 겨우 일곱 살이었고, 그때 얼마나 즐거웠는지 좀 이야기해 보려는 것뿐이다.)

합병 조건을 보면, 플로리다 사이프러스 가든 한 주에 HBJ 0.16주를 주었다. 이 계약이 성사되려면 몇 가지 선결 조건이 있었는데, 여기에는 플로리다 사이프러스 가든 주주의 승인이 포함되었다. 주주 총회는 합병 계약이 체결된 후 약 3개월 후에 열리기로 되어 있었다. 사이프러스 가든의 회장이 발행 주식의 44퍼센트를 소유하고 있었기 때문에 주주 총회가 합병의 걸림돌이 될 것 같지는 않았다. HBJ 쪽을 살펴보면 플로리다 사이프러스 가든과의 합병 건은 전체 HBJ의 규모에 비해 그 비중이 너무나 작았기 때문에 주주 투표를 거칠 필요조차 없었다.

분명 이 합병 건은 플로리다 사이프러스 가든 주주에게 이득이 되는 것 같았다. 합병이 발표되기 전 플로리다 사이프러스 가든의 주가는 고작 4.5달러밖에 되지 않았다. HBJ의 주가가 51.875달러였으므로, 합병 조건 하에서 HBJ 0.16주에 해당하는 사이프러스 가든 한 주의 매입가는 8.3달러가 되는 셈이었다(0.16×51.875달러). 발표 후, 사이프러스 가든의 주가는 3달러 상승한 7.5달러가 되었다. 즉 주가가 66퍼센트나 올랐음에도(종전가 4.5달러에서 3달러가 올랐으므로 66퍼센트 상승한 것이다), 아비트리저들이 꽤 짭짤한 수익을 거둘 가능성은 여전히 남아 있었다. 아비트리저는 사이프러스 가든 주식을 7.5달러에 살 수 있었고, 만약 합병이 성사되면 한 주당 80센트의 차익을 남길 수 있었다. 3개월 후면 7.5달러에 매입한 사이프러스 가든 주식이 8.3달러어치의 HBJ 주식과 교환될 것이기 때문이었다. 7.5달러를 투자해 80센트의 수익을 올렸으니, 3개월에 10.67퍼센트의 수익률을 기록한 것이며, 이를 복리로 계산하면 연수익률이 거의 50퍼센트에 달했다(1.1067 ×1.1067×1.1067×1.1067 - 여러분이 한 번 계산해 보라. 복리는 참으로 위대하다. 그렇지 않은가?).

여기에 단 한 가지 결함이 있었는데, 매입가 8.3달러가 현금이 아닌 주식으로 결제된다는 사실이었다. 만약 HBJ 주식이 합병이 마무리되기 전 3개월 동안 5퍼센트나 10퍼센트만 하락해도, 기대했던 80센트의 수익은 크게 줄거나 아예 사라질 수도 있었다. 이러한 리스크를 없애기 위해, 아비르리저는 보통 플로리다 사이프러스 가든의 주식을 매입하는 동시에 HBJ의 주식을 공매도(sell short)하는 전략을 사용한다. HBJ의 주식을 공매도한다는 말은 브로커로부터 HBJ 주식을 빌려 이를 공개 시장에서 매도한다는 뜻이다. 주식을 공매도하면 투자자는 후에 빌린 주식을 되갚아야 할 의무가 있다. 월 스트리트에 오래 전부터 내려오는 말이 있는데, "자신의 것이 아닌 주식을 파는 이는 후에 이를 되사거나 아니면 감옥에 가야 한다!"가 그것이다. 그런데 아비트리저의 경우에는 이와 좀 다르다.

보통 아비트리저는 7.5달러에 매입한 사이프러스 가든 한 주 당 HBJ의 주식 0.16(8.3달러)만큼을 공매도한다(예를 들어, 사이프러스 가든을 5천 주 매입했으면, HBJ의 주식을 800주 공매도하는 것이다). 합병이 마무리되면, 사이프러스 가든의 주주는 각각의 사이프러스 가든 한 주에 HBJ의 주식 0.16주를 받게 될 것이다. 즉 사이프러스 가든의 주식을 5천 주 소유한 주주는 HBJ의 주식 800주를 받는다. 그러면 아비트리저는 앞서 빌린 HBJ의 주식을 합병을 통해 받은 HBJ의 주식으로 되갚는다. (보라, 여기서 아비트리저는 빌린 주식을 갚아야 하지만, 만약 합병이 성사되면 빌린 주식을 다시 사들일 필요는 없는 것이다.) 합병이 성공적으로 마무리되면, 아비트리저는 손에 아무런 주식도 없으며 대신에 사이프러스 가든 한 주 당 80센트의 수익(연수익률 50퍼센트!)을 얻게 된다.

그렇다면 뭐 나쁠 게 있는가? 아주 구미가 당기지 않는가?

그런데 여기서 한 가지 빠뜨린 점이 있다. 바로 리스크이다. 만약 합병이 성사되지 않는다면, 80센트의 수익 대신 무려 3달러에 이르는 손해를 보아야 한다(7.5달러 투자에 말이다). 만약 HBJ가 합병에서 손을 떼기로 결정한다면, 사이프러스 가든에서 무언가 결정적으로 중대한 결점을 발견했기 때문일지 모른다. ('진짜' 산타는 수상스키를 탈 수 없다든지, 장식된 꽃이 조화라든지, 장부가 조작되었다든지 하는 것들이다. 이런 일들은 자주 일어난다.) 이 경우, 사이프러스 가든의 주가가 4.5달러 아래로 곤두박질칠 수도 있으며, 그러면 여러분의 리스크는 3달러보다 훨씬 더 커진다.

그러나 내가 보기에 이 합병이 무산될 가능성은 희박해 보였다. 우선 이 합병 계획은 합리적이었다. HBJ는 사이프러스 가든에서 얼마 멀지 않은 올랜도에 시월드라는 테마 파크를 이미 운영하고 있었다. 따라서 HBJ는 관광지를 운영하는 데 꽤 익숙해 있으며, 이번 합병은 일부 신문 보도에서 언급되었듯이 이 두 사업을 연관시킬 수 있는 좋은 기회였다. 둘째, 자금 조달 리스크가 없었다. HBJ는 사이프러스 가든의 매수 대금을 자사 보통주로 지급할 계획이었으며, 게다가 HBJ 전체 규모를 놓고 보았을 때 사이프러스 가든은 레이더 스크린 위에 반짝거리는 점 하나에 비유될 수 있을 만큼 작은 규모였다. 또한 규제 측면에서 문제될 것도 없는 듯했다. 분명 여기서 반독점 문제는 상관이 없는 듯했다. 그리고 마지막으로, 앞서 언급했지만 플로리다 사이프러스 가든 주주의 투표 문제가 있었는데 이는 이미 해결된 것이나 마찬가지였다.

자, 그럼 결과는 어떠했을까? 별로 놀랄 일은 아니었다. 합병이 마무리되기 불과 몇 주 전, 사이프러스 가든의 땅이 꺼져 버린 것이다. 이 전까지 나는 정말 땅이 꺼진다는 것이 어떤 의미인지 몰랐다(분명 미국 전역의 일부 지역에서는 이 같은 지반 함몰 현상이 발생한다.) '땅꺼짐 리스크'는 사이프러스 가든의 합병에 투자하기로 결정했을 때 내가 고려한 요소의 리스트에 포함되어 있지 않았다. 분명 사이프러스 가든의 주주가 아닌 〈월스트리트 저널〉의 보도는 이 상황에서 유머를 찾아낸 듯했다. "플로리다 사이프러스 가든 사무실은 오늘 힘든 하루를 보냈다." 첫 문장은 이렇게 시작되었다. 후에 '주전시관만' 지반이 함몰된 것으로 드러났다. 사이프러스 회장의 말에 따르면, " …시끄러운 소리가 좀 나더니, 일부 시멘트 블록이 밖으로 터져 나왔다." 〈월스트리트 저널〉의 보도는 다음과 같았다.

인명 피해는 없었다… 하지만 사이프러스 가든은 시설물이 파괴

되어 사용이 중지됨에 따라 "올해 매출의 감소가 있을 것이며 현재로서는 얼마가 될지 알 수 없다"고 말했다.

사이프러스 가든은 자사를 인수하기로 한 HBJ의 임시 합병 계약(tentative agreement)이 영향을 받을 것으로 내다보았다. 피해 정도를 추정하고 보험 대상을 결정하는 데 적어도 45일이 소요될 것이다. 플로리다 사이프러스 가든은 이에 따라 SEC에 제출할 보고서와 HBJ와의 합병에 관련된 주주총회 보고서(proxy statement) 작성이 연기될 것이며 어쩌면 내용이 수정될 것이라고 말했다.

상황이 이렇게 되니 문제가 생겼다. 우선 대체 '임시 계약'이라니, 이게 도대체 무슨 말인가? 내 사전에 계약은 계약이지 임시 계약이라는 말은 없었다! 두 번째로, 내가 깜빡 잊고 언급하지 않은 리스크가 있었다. 합병 발표 후 내가 나름대로 수지타산을 계산하고 아비트리저가 된 후(즉, 사이프러스 가든 주식을 매입하고 HBJ 주식을 공매도했을 때는) 땅꺼짐 현상이 발생하기 전, HBJ의 주가는 60.75달러로 상승해 있었다. 만약 결국 합병이 무산된다면, 내가 매입한 사이프러스 가든의 주식 대신 HBJ의 주식을 받을 수 없게 될 것이므로, 나는 앞서 공매도한 HBJ의 주식을 되사든지 아니면 감옥에 가야 했다. 기억하는가? 여기서 문제는 나는 8.3달러로 오를 것을 기대하며 HBJ 주식을 공매도했지만(51.875달러 HBJ 주식의 0.16퍼센트 지분) 이제 이 주식을 되사려면 9.72달러를 내야 했다는 사실이다(0.16×60.75달러). 따라서 사이프러스 가든 주식으로 입은 3달러의 손해 외에도 나는 1.42달러를 더 손해 볼 지경에 이르렀다(9.72달러에 사야 하고 8.3달러에 팔았으니 말이다). 즉, 7.5달러 주식에 투자해 4.42달러를 손해 볼 상황이었다. 그런데 여기서 잠깐! 만약 합병 계약이 무산될 정도로 사이프러스 가든의 피해가 심각하다면, 사이프러스 가든의 주가는 3.5달러 혹은 2.5달러까지 곤두박질 칠 수도 있었다. 만약 2.5달러까지 주가가 하락한다면, 저자는 7.5달러 주식에 투자해 6.42달러를 손해 보는 꼴이었다. 그리고 이 모든 리스크를 감수하는 대가로 얻을 수 있는 수익은 고작 80센트였다. 갑자기 따뜻하고 포근한 느낌, 어린 시절의 추억 그리고 내 돈이 마찬가지로 땅으로 꺼져 사라지는 듯했다.

결국 결과가 이처럼 참혹하지는 않았다. 분명 사이프러스 가든의 장기적 피해는 그리 심하지 않았다. 한 달여를 초조하게 보낸 끝에, 합병은 HBJ 한 주의 0.16퍼센트 지분과 맞바꾸는 대신, HBJ 주식 7.9달러어치의 지분과 맞바꾸는 것으로 수정되었다(합병 성사 전 HBJ의 10일 동안 주가의 평균치에 근거한 수치였다). 사이프러스 가든의 주주 투표와 합병 마무리는 8월 중순으로 미루어졌다. 땅꺼짐 사건이 발표되었을 당시 나는 공매도했던 HBJ의 주식을 다시 매입하거나 HBJ의 주가가 더 오를 경우 더 큰 손해를 감수해야 했지만 결국 앞서 이야기했던 대로 매입한 사이프러스 가든 주식 한 주 당 약 1.42달러 정도만을 손해 보는 선에서 그칠 수 있었다. 그리고 사실 내가 매입한 사이프러스 가든 한 주당 7.9달러어치 HBJ 주식을 교환할 수 있었으므로, 애초 매입가인 7.5달러와의 차익 40센트를 벌 수 있었다. 요약하자면 다섯 달 동안 나는 7.5달러 투자에서 1달러를 손해 보는 선에서 그칠 수 있었다. 내가 입는 손해가 훨씬 더 클 수 있었으므로 마침내 합병이 성사되었을 때 나는 큰 안도의 한숨을 쉴 수 있었다. 어린 시절의 행복한 추억에 대해서는… 그 누구도 이런 따뜻한 추억에 가격을 매길 수는 없다. 특히 1주당 1달러라는 보잘것없는 손해 앞에서는 말이다.

리스크 아비트리지에 대한 더 많은 나쁜 소식

물론 대재앙으로 커질 뻔한 이 사건이 일어난 지도 10년이 넘었다. 이제 누구나 땅꺼짐 현상을 리스크 목록에 올려놓았을 테니, 다시 리스크 아비트리지를 시도해 보아도 괜찮지 않을까? 조금만 투자해 보는 건 어떨까? 사실을 말하자면 리스크 아비트리지 투자 상황은 오히려 더 악화되었을 뿐이다. 오늘날 만약 사이프러스 가든의 합병이 처음의 조건대로 발표되었더라면, 80센트의 차익이 아니라 그 차익은 30센트 정도로 훨씬 줄어들 것이다(그리고 복리로 따진 연간 수익률은 17퍼센트이다). 이처럼 수익이 줄어든 데는 부분적으로 금리가 낮은 데 원인이 있지만, 가장 큰 이유는 리스크 아비트리지 시장의 경쟁이 심화되었기 때문이다.

여러분, 명심하라. 수익률은 투자 등식의 일부분에 지나지 않는다. 리스크/수익 문제, 즉 어떤 상황에서 여러분이 얻을 수 있는 수익에 대해 입을 수 있는 손해의 비율을 따지는 것이 장기 수익성을 따질 때 훨씬 더 중요한 요소이다. 경쟁이 매우 치열한 분야에서는 단기적인 고수익을 올리기 위해 이 요소가 너무나 자주 무시된다. 특히 계산기가 깊은 사고를 너무나 쉽게 대신할 수 있는 은행, 보험 그리고 주식시장과 같은 분야에서는 더욱 그렇다. 그렇기 때문에 나는 시스템에 내재한 특징상 높은 수익을 기대할 수밖에 없는 분야로 여러분을 인도하고자 하는 것이다. 솔직히 말하면 리스크 아비트리지는 여기에 해당하지 않는다.

내가 리스크 아비트리지를 너무 혹평하는 것인지도 모른다. 하지만 투자 상황을 제대로 모니터하기 위해 계속 관심을 기울여야 하고 다른 투자 대안이 얼마든지 있다는 점을 고려했을 때, 나는 리스크 아비트리지를 대부분의 투자자가 무시해도 좋을 분야라고 믿는다. 하지만 아직 여러분이 리스크 아비트리지에 미련이 남아 있다면, 아래의 예를 함께 살펴보자.

리스크 아비트리지

- **컴바인드 인터내셔널**(Combined International, CI)
- **라이언 보험 그룹**(Ryan Insurance Group)

항상 우익수만 담당해야 했던 소년을 기억하는가? 공이 날아오면 그 주변을 빙빙 맴돌면서 "잡았다! 잡았다! — 이런, 놓쳤네!"라고 외치곤 하던 소년 말이다. 이번 건의 경우, 내가 바로 그 소년이었다. 진지하게 말하지만 이런 상황은 전혀 재미있지 않다.

1982년 6월, 컴바인드 인터내셔널은 라이언 보험 그룹을 주당 34달러 현금 혹은 34달러어치의 자사 주식으로 인수하는 계약을 체결했다. 이 계획에 따르면 라이언 보험의 회장 패트릭 라이언(Patrick Ryan)이 새로 탄생할 합병 기업의 신임 CEO가 될 예정이었다. CI의 창업주인 80세의 클레멘트 스톤(Clement Stone)은 합병이 마무리되면 CEO 직에서 물러나기로 했다. 이 계약이 성사되려면 최종 계약 체결, 양 기업 주주의 승인 그리고 보통 규제상의 승인 절차가 남아 있었다. 패트릭 라이언과 그 가족이 라이언 보험 지분의 55퍼센트를 소유하고 있었기 때문에, 적어도 라이언 보험 측의 주주 표결은 무난히 진행될 것 같았다.

계약은 최단 기간 내 순조롭게 진행되었으며, 양 기업의 주주 표결은 8월 말로 예정되었다. 이 계약에서 얻을 수 있는 차익이 크지는 않았지만(저자는 라이언 보험 주식을 약 32달러에 매입했다), 수익률은 괜찮아 보였다. 결국 32달러에 매입한 주식에서 두 달 만에 2달러의 차익을 얻는다면, 6.25퍼센트의 수익률이라는 말이었다. 복리로 따지면, 연간 44퍼센트의 수익률에 달했다. 계약 발표 전 라이언 보험의 주가가 18달러밖에 되지 않았지만, 그리 나쁠 것 없는 투자였다. 44퍼센트라는 수치는 만약 계약이 성사되지 않을 경우 14달러를 손해 볼 수 있다는 리스크에도 불구하고 저자가 2달러라는 수익밖에 보지 못하도록 만들었다. 손해 볼 수도 있다는 사실을 알고 있었지만, 여기서는 상대적으로 리스크가 적은 듯했다. 8월 말이 되어 주주 투표가 다가왔을 때쯤, 모든 상황이 순조롭게 진행되고 있는 듯했다. (물론 이 모든 일은 저자가 땅꺼짐 현상을 경험하기 이전의 일이다.)

보통 경쟁자가 없는 합병에서 특별 주주 회의에 참석하는 것은 중요치 않다. 결론은 이미 나 있는 의례적인 절차에 불과하기 때문이다. 그런데 애석하게도 클레멘트 스톤의 생각은 달랐다. 긍정적인 마음가짐(positive mental attitude) 철학으로 유명하며 닉슨 대통령의 대선 캠페인에 중요한 조력자였던 스톤은 조용히 물러나고 싶지 않은 듯했다. 회의에서 흘러나온 이야기에 따르면, 스톤은 마이크를 잡고 마음을 바꿨노라고 선언했다고 한다. 그리고 CI를 이끌 수 있는 사람은 "팻 라이언도 아니고 다른 그 누구도 아니다"라고 말했다고 한다. 어쩌면 이 말대로 스톤이 계속 CEO 직에 남아 있어야 했을지 모른다. 회의를 지켜보았던 한 관계자는 "마지막 순간에 이 80살 먹은 노인이 자신의 회사를 포기하는 데 겁이 났나 보더군. 얼굴에 그런 기색이 역력했어"라고 상황을 요약했다. 사실 나는 아무것도 보지 못했다. 나는 책상에 앉아 글러브를 끼고서 그저 공이 제대로 떨어지기만을 기다리고 있었기 때문이다. 그 친구 덕분에 그 날 오후 저자가 알게 된 유일한 사실은 뭔가 문제가 생겼고 주주 회의가 연기되었다는 소식이었다. 그 당시 회사에 매인 몸이었고 이는 나의 개인적인 투자였으므로, 아마 내 안색이 창백해졌던 것 같다. 왜냐하면 아무런 말도 안 했지만 상사가 다가와 무슨 문제가 있냐고 물었기 때문이다. 리스크 아비트리지 투자에서 2달러라는 수익은 그다지 큰 것이 아니다. 이게 바로 리스크 아비트리지 투자의 성격이다. 한 군데 1달러, 다른 한 군데 2달러 식으로 작은 수익이 모두 모여 큰 수익이 된다. 하지만 한 번에 14달러를 잃는다면, 이건 큰일이다. 이런 투자를 여러 군데 할 수도 없는 노릇이고, 오래 기다릴 수도 없는 노릇이다. 이 한 번의 실패로 입은 손해를 만회하려면 적어도 10번은 더 좋은 투자 기회가 다가와야만 할 수도 있었다. 나는 지난 두 달간 자신 있게 "잡았다! 잡았어!"라고 외치고 있었기 때문에, 이제 와서 "이런!"이라고 실수를 인정할 수 없었다. 상사가 무슨 문제가 있냐고 물어 보았을 때, 나는 "약간 문제가 있습니다. 하지만 모든 게 결국 다 잘될 거예요"라고 얼버무리듯 대답했다. 하지만 속은 바짝바짝 타고 있었다.

결국 스톤과 라이언은 사태를 해결했고, 그 날 오후 주주총회는 성공적으로 마무리되었지만, 이미 주식시장은 폐장한 후였다.

결국 해피 엔딩으로 끝났지만, 리스크 아비트리지의 문제는 요기 베라(Yogi Berra)의 말을 빌리자면 "끝을 볼 때까지는 결코 끝난 것이 아니다"라는 점이다. 모든 일이 매순간 척척 박자가 맞아야 한다. 만약 여러분이 하루 종일 보통의 리스크 아비트리지 투자를 한다면, 여러분은 합리적인 수준의 수익을 거둘 수 있을 것이다. 왜냐하면 모든 일이 잘못될 수는 있어도 대부분의 인수합병이 어쨌든 실제로 일어나기 때문이다. 하지만 연속으로 불운한 투자를 만나거나 주식시장의 붕괴나 석유 파동과 같은 거시경제적인 사건이 발생하면, 리스크 아비트리지 투자로 구성된 포트폴리오는 기업 분할과 같은 특수한 상황을 모아 놓은 포트폴리오에 비해 더 빠르게 그리고 더 오래 수익이 곤두박질칠 수 있다. 인수 합병이 무산될 때 그 누구도 이를 예상하지 못한다. 굳이 여러분 자신, 여러분의 돈 그리고 여러분의 정신적 평화를 희생할 필요가 없다. 하지만 여전히 리스크 아비트리지에 관심이 있다면 시도해 보라. 하지만 수익을 내고 싶다면 더 쉽고 더 안전한 방법이 얼마든지 있다.

예를 들자면 다음과 같은 방법 말이다.

합병 증권(Merger Securities)

　여기 여러분이 스스로 시도해 보고 싶을 만한 투자 방법이 있다.
바로 합병 증권이다. 합병시 인수 기업이 주주에게 현금이나 주식
으로 지불하는 것이 가장 흔한 방법이지만, 때로는 다른 종류의 증
권으로 지불할 때도 있다. 여기에는 각종 채권, 우선주, 신주인수권
(warrants), 그리고 유상 증자 참여권(rights)이 포함된다. 보통 이 같은
'다른' 증권은 지불의 일부분에만 이용되고, 인수가의 대부분은 현금
이나 주식으로 지불된다. 많은 경우 합병 증권이 사용되는 이유는 인
수 기업의 현금 동원 능력이 이미 고갈되었거나 추가로 보통주를 더
발행하고 싶어하기 때문이다. 다른 경우 합병 증권은 거래를 성사시키
거나 경쟁 기업이 있을 경우 다른 인수 후보를 물리치기 위한 '감미료'
로 사용된다.

　일반적으로 합병 증권을 원하는 투자자는 없다. 로드니 데인저필
드*(Rodney Dangerfield, 미국의 유명한 코미디언 배우)처럼 합병 증권은
신망을 얻지 못한다. 생각해 보라. 여러분이 어떤 생각에 골똘히 잠겨
길을 걸어가고 있는데 갑자기 여러분이 가장 큰 돈을 투자한 기업, 아
크미 포테이토(Acme Potato)의 인수 발표가 들린다. 합병의 시너지가
클 것으로 판단한 토핑(Toppings, Inc)이라는 기업이 여러분의 주식 한
주당 현금 22달러와 액면가 3달러의 2010년 만기에 9퍼센트 이자율

의 자사 회사채를 주는 대가로 아크미를 인수하기로 결정했다. 아크미 포테이토의 주가가 16달러였으므로, 이 합병 계약은 여러분에게 이득이 되는 것 같다. 하지만 계약이 성사되고 난 후 여러분은 받은 돈으로 무엇을 할 것인가? 현금이라면 문제될 것이 없다. 다른 기업, 예를 들어 제너럴 포테이토 주식에 투자하거나 홈쇼핑 채널의 모든 상품을 싹쓸이하면서 하루를 보낼 수도 있다. 그러나 채권으로는 무엇을 할 것인가? 2010년 만기인 9퍼센트 이자율의 액면가 3달러 토핑 회사채 말이다(이 말은 2010년까지 3달러 액면가의 9퍼센트에 해당하는 이자를 지급하며, 만기인 2010년에 회사채 소지자는 3달러를 현금으로 받을 수 있다는 의미이다).

자, 회사채도 좋은 투자 수단이 될 수 있다. 하지만 아닐 수도 있다. 요점은 여러분이 계속 신경을 써야 한다는 사실이다. 여러분이 아크미 포테이토에 투자했을 때, 여러분은 감자 회사에 관심이 있어서, 헐값 주식에 관심이 있어서 혹은 아크미 포테이토가 다른 기업에 인수당할 수도 있다는 생각에서 아니면 위의 세 가지를 모두 합친 이유에서 그런 것이지, 만기에 상관없이 타기업이 발행한 9퍼센트 이자율의 회사채에 투자하고 싶어서는 아니었다. 자, 여러분은 이 회사채를 어떻게 할 것인지 잘 알고 있다. 즉 팔아 버리는 것이다. 그것도 받자마자 팔아 버릴 것이다. 사실 이런 회사채를 소유하고 있다는 것만으로도, 어느 기업의 회사채이건 간에 여러분의 불편은 가중될 뿐이다. 여러분은 브로커에게 전화해서 "여봐요, 나는 이 회사채들 필요 없어요. 어서 팔아서 진짜 현금을 만지게 해줘요"라고 소리칠 것이다.

자, 이제 우리는 여러분이 어떻게 할지 안다. 하지만 고도의 투자 전략을 펴는 기관 투자가는 어떨까? 어서 계산기를 꺼내 들고, 만기 수익률(yield to maturity, 회사채를 만기까지 보유할 경우 얻게 될 수익률)을 계산하고, 이자보상배율(interest-coverage, 회사의 이익이 지급 이자에 비해 얼마나 많은지를 계산한 비율)을 컴퓨터로 계산하고, 합병의 시너지와 회사채 발행 기업인 신생 '감자와 토핑'의 전략적인 시장 위치를 철저히 분석할 것이다. 분명 수익이 될 듯하다. 어쨌든 진짜 프로들은 이런 복잡해 보이는 일을 하는 대가로 돈을 버는 것 아닌가, 그렇지 않은가? 이 말이 옳건 아니건 간에, 사실은 전혀 그렇지 않다. 이들 역시 여러분과 마찬가지로 회사채를 팔아 버릴 것이다. 차이점이 있다면 더 빨리 팔아 버린다는 점이다.

감자 기업에 투자하는 기관 투자가는 새로 탄생할 대기업의 회사채에 아무런 관심도 없을뿐더러, 대부분의 경우 회사채에 투자할 수도 없다. 연기금 및 뮤추얼 펀드의 매니저 대부분은 주식 또는 채권 중 어느 하나에만 특화해 투자한다. 일반적으로 이들은 둘 다가 아니라 이 중 하나에만 투자하도록 제한을 받고 있다. 주식과 채권 모두에 투자할 수 있다 해도, 투자 가능한 채권 대상 중에서 토핑의 채권이 제일 유망한 투자 종목으로 올라갈 가능성은 거의 없다. 따라서 결국 어리버리한 개인 투자자건 숙련된 기관 투자자건 합병 증권을 받는 거의 모든 투자자가 한 배에 탔다 - 그리고 모두들 그 배 밖으로 뛰어

내리고 싶어한다.

　바로 여기에 여러분의 투자 기회가 있다고 말해도 놀라서는 안 된다. 분사 기업의 다이내믹함과 상당히 비슷하게 합병 증권의 무차별적인 매도가 매우 좋은 매수 기회를 형성하기 때문이다. 분사 기업과 합병 증권 모두 원래 완전히 다른 무언가에 투자했던 투자자에게 배정된다는 점에서 같다. 또한 이를 받는 투자자들이 달가워하지 않는다는 점에서도 같다. 투자 가치에 관계없이 매도된다는 점도 같다. 결과적으로 분사와 합병 증권 모두 여러분에게 고수익을 안겨줄 수 있다. (놀랍지 않은가!) 이제 여러분이 내 말을 믿기 시작한다면 참 좋겠다. 하지만 만약을 대비해 몇 가지 실제 예를 들어 보겠다.

합병증권

• 수퍼 라이트 푸즈(Super Rite Foods)

여러분은 일류 투자자가 되고 싶다는 생각을 해본 적이 있는가? 큰돈이 필요한가? 여기 합병 증권에 투자해 결국 투자계의 거물들과 한 배를 타게 된 예가 있다. 게다가 그 기회는 손쉽게 입수할 수 있는 보고서 그리고 항상 그렇지만 다른 투자자는 모두 무시했던 보고서에 너무나 상세하게 나타나 있었다.

1989년 1월, 수퍼 라이트 푸즈의 회장이 이끄는 한 투자 그룹이 식료품점 체인인 수퍼 라이트(Super Rite)의 주식 한 주를 현금 18 달러와 액면가 5달러인 신규 발행 우선주를 주고 매입하겠다고 제안했다(이 우선주는 매년 75센트를 배당한다. 즉 배당 수익률은 15%이다). 이처럼 내부 경영진이 나서서 일반 투자자가 소유한 특정 기업의 주식 모두를 매입하는 행위를 일반적으로 사기업화 거래(going-private transaction)라고 부른다. 사기업화가 특별히 흥미로운 이유는 내부 관계자가 해당 기업의 지분을 모두 매입하기로 마음 먹었다는 사실인데, 이것은 이들이 기업의 미래에 대해 매우 확실한 신념을 품고 있다는 반증이다. 합병 증권의 매입을 통해 사기업화 거래에 참여하는 것은 고려해 볼 만한 가치가 충분하다.

이 경우는 신문에 보도된 대로, 수퍼 라이트의 지분 47퍼센트는 대규모 약국 체인점을 운영하는 라이트 에이드(Rite Aid) 주식회사의 소유였다. 수퍼 라이트의 회장이자 경영진을 이끌던 알렉스 그래스(Alex Grass)는 또한 라이트 에이드의 회장이기도 했다. 그래스의 말에 따르면, 라이트 에이드의 이사회가 "수퍼 라이트의 지분을 청산하기로" 마음 먹었기 때문에 자신을 포함한 경영진이 나머지 지분과 함께 수퍼 라이트 지분 전체를 인수하는 데 흥미를 갖게 되었다. 그리고 경영진이 택한 방법은 차입 매수, 즉 LBO(leveraged buyout)였다. LBO란 많은 사기업화 거래에서 이용되는 방법으로, 작은 규모의 투자자 그룹이 인수할 기업의 가치를 담보로 돈을 빌려 해당 기업을 인수하는 것이다. 여기서 경영진은 상대적으로 적은 양의 현금을 출자 자본으로 투자하고, 수퍼 라이트 주주에게 지불해야 할 현금의 나머지, 즉 주당 18달러의 나머지 부분은 차입금으로 해결할 계획이었다. 또한 현금 외에 액면가 5달러의 신규 우선주를 수퍼 라이트 주주에게 배정하기로 했다.

경영진은 수퍼 라이트의 미래 이익으로 차입금의 이자를 갚고 우선주의 배당금을 지불할 수 있을 것으로 생각했다. (사무용 건물을 매입할 때와 유사하다고 보면 된다: 계약금으로 20퍼센트를 현금으로 우선 지불하고, 나머지 80퍼센트는 주택을 담보로 대출 받는다. 그리고 세입자에게서 받는 임대료가 모기지(mortgage, 주택 담보 차입)의 원금과 이자를 갚을 만큼 충분히 들어올 것이라고 기대하는 것이다.) 만약 수퍼 라이트의 사업이 잘만 된다면, 차입금을 갚아 나가고 사업의 가치가 상승함에 따라 경영진의 초기 투자 가치 역시 몇 배로 상승할 것이었다. 여기서 한 가지 좋은 소식은 주주총회 보고서(proxy document)에 특히나 유용한 정보가 많이 담겨 있었다는 점이었다. 대부분의 사기업화 거래에서 그렇듯이, 경영진과 일반 주주(이 경우에는 라이트 에이드도 포함된다)의 이익이 상충할 가능성이 있으므로 SEC는 중요한 정보가 올바로 공개되는지 합병 서류 (merger documents)를 특히 자세히 살펴본다.

그런데 1월 인수 계획이 발표되고 난 후 상황은 경영진에게 유리하게 풀리지 않았다. 수퍼 라이트를 노리는 매수 경쟁자가 많이 나타났고, 이사회는 수퍼 라이트를 경매에 부쳐야 한다는 압박을 받았다. 3월 경영진과 새로운 계약이 체결되었는데, 이번에는 인수 가격이 대폭 올랐다. 수퍼 라이트를 인수하기 위해서는 이제 주당 현금 25.25달러, 액면가 2달러이고 연수익률 15퍼센트인 신규 발행 우선주, 그리고 새로 탄생할 사기업 지분의 10퍼센트를 매입할 수 있는 워런트가 필요했다. 경영진 매수(bid)에 대한 더 자세한 정보는 수퍼 라이트 주주에게 주주총회 보고서가 배포될 때까지 공개되지 않았으므로, 이 단계에서는 사실상 명심해야 할 점이 단 한 가지였다: "음, 주식 매입에 현금만 동원하는 건 아니군. 다른 것들도 동원될 모양이야. 과연 무얼까?"

일반적으로 수퍼 라이트와 같은 투자 기회에 관해 읽게 된다면, 여러분의 머릿속에는 반드시 이런 생각이 스쳐야 한다. 〈월스트리트 저널〉과 기타 발행물들도 같은 정보를 공개했지만, 이들은 위 정보에 초점을 맞추지 않았다. 바로 그렇기 때문에 여러분은 그 정보에 주목해야 하는 것이다. 합병 증권이 놀라운 수익을 거둘 수 있다는 사실을 알고 있는 것만으로도 벌써 여러분은 유리한 고지를 점한 셈이다. 수천 명의 사람들이 같은 기사를 읽겠지만, 여러분은 대부분의 사람이 무시하는 부분에 주의와 노력을 기울일 것이다. 그리고 대부분의 투자자가 이들 합병 증권을 매도하는 편을 택할 것이므로 설사 여러분이 아는 비밀을 역시 알고 있는 투자자의 수가 늘어난다 해도 여러분이 수익을 거둘 수 있는 합병 증권은 여전히 많이 있다. 원래 시스템이 그런 것이다. 좋은 투자 기회에 집중하고 약간의 수고만 한다면 여러분은 이 시스템을 이용해 수익을 올릴 수 있다.

수퍼 라이트의 경우는, 주주총회 보고서에 담긴 정보의 일부를 읽는 것만으로도 수익을 올리는 데 큰 도움을 받을 수 있었다. 8월 주주에게 배포된 이 서류는 합병 증권 두 종류에 대한 설명을 포함해 인수 계획의 조건에 대한 정보가 담겨 있었다. 여기서 현금 25.25달러에 대한 부분은 명확히 이해할 수 있었다. 그런데 액면가 2달러이며 연수익률 15퍼센트인 우선주(주주총회 보고서에서는 "선순위 누적적 상환 가능 교환 가능 우선주"(Senior Cumulative Redeemable Exchangeable referred Stock)라고 불렀다)는 조금 달랐다. 이 우선주에서 흥미로운 점은 수퍼 라이트 주주는 수퍼 라이트 한 주당 겨우 액면가 2달러의 우선주를 배정 받는다는 사실이었다. 현금으로 25달러가 넘는 금액이 지불된다는 점과 비교했을 때, 이 거래에서 수퍼 라이트 주주가 받는 전체 가치 중 우선주는 매우 작은 부분에 지나지 않았다. 이는 수퍼 라이트 주주가 우선주의 투자 가치를 무시해 버릴 가능성을 더 키우는 요소의 하나였다.

그 다음으로 '추가 지출 없이' 인수 주체 기업(the acquiring company) 지분의 10퍼센트를 매입할 수 있는 신주 인수권은 더욱 더 흥미로웠다. 일반적으로 신주 인수권이란 특정 가격에 기업의 주식을 매입할 수 있는 권리를 말한다. 이 경우 주식 매입가가 제로였기 때문에, 인수권 소지자는 사실상 경영진과 함께 LBO에서 주주가 되는 셈이었다. 수퍼 라이트 주주는 한 주 당 정해진 양만큼의 신주 인수권을 배정받게 되어 있었다. 수퍼 라이트 인수가 마무리되면 신주 인수권이 공개 시장에서 거래될 것이었으므로, 이 LBO에 참여하고 싶은 투자자라면 누구나 신주 인수권을 팔려는 수퍼 라이트 주주로부터 공개 시장에서 이 신주 인수권을 살 수 있었다. 주주총회 보고서에 따르면 수퍼 라이트 주주는 수퍼 라이트 21.44주 당 하나의 신주 인수권을 배정받는다. 수퍼 라이트가 고용한 투자 은행의 계산에 따르면 이는 수퍼 라이트 한 주에 포함되어 있는 신주 인수권의 가치는 25~50센트에 해당했다. 수퍼 라이트 주주가 별 생각 없이 배정받은 우선주를 매도한다면, 신주 인수권이 차지하는 비중은 우선주보다 훨씬 더 작으므로 이들이 신주 인수권 역시 별 생각 없이 매도해 버릴 가능성이 컸다.

사실 인수가 마무리된 후 몇 달 동안 신주 인수권은 헐값에 거래되었다. (이 신주 인수권은 수퍼 라이트 경영진에 의해 탄생할 인수 주체 기업의 주식 한 주를 매수할 수 있는 권리였다.) 신주 인수권 하나에 수퍼 라이트 주식 21.44개가 필요했으므로, 이 기간 동안 6달러 선에서 거래된 신주 인수권 하나는 수퍼 라이트 한 주당 신주 인수권의 가치가 약 28센트였다는 의미이다(6달러를 21.44로 나눈 값이다). 실로 얼마 되지 않는 비중이었다. 물론 6달러는 신주 인수권이 시장에서 거래된 가격이었다. 그 진정한 가치는 얼마일까? 바로 여기서 주주총회 보고서를 읽어보는 것이 도움이 되었다.

"향후 예상"(Certain Projections)이라는 제목의 글에서, 수퍼 라이트의 경영진은 3년 후 수퍼 라이트가 새로 개척한 고객에게서 연간 8천만 달러가 넘는 매출을 올릴 것이라고 예상했다. 이 글에 따르면 수퍼 라이트 인수를 통해 새로 탄생한 기업은 3년 후 주당 5달러의 세후 자유 현금 흐름(free cash flow)을 창출할 것이었다. (자유 현금 흐름이란 무엇인가? 이익과 비슷한데, 사실 이익보다 더 낫다. 아직 이해가 가지 않는다 해도 걱정 마라 - 그리 어렵지 않을뿐더러 제7장에서 설명하겠다.) 주당 자유 현금 흐름의 10배로 보더라도, 새로 발행될 주식의 가치는 50달러가 넘었다. 즉 6달러에 거래되고 있는 신주 인수권이 사실은 50달러의 가치를 지니고 있었다(추가 비용 없이 50달러 가치의 주식을 살 수 있는 권리는 사실상 50달러만큼의 가치를 지닌 것이다). 나는 장기 전망에 회의적인 편이지만, 이 경우에는 인수 주체 기업의 경영진이 기업의 미래에 굉장히 큰 희망을 품고 있다고 느꼈다. 게다가 3년 후 기업의 실제 가치가 주당 50달러를 훨씬 더 밑돈다 해도, 신주 인수권 보유자가 큰 수익을 올릴 수 있는 여지는 충분했다. 간단히 말해 6달러에 신주 인수권을 매입하는 투자는 투기적인 성격이 있기는 해도 매우 좋은 투자 같았다.

인수가 마무리되기 전 수퍼 라이트의 주식을 샀더라면 어땠을까? 나는 합병이 막 마무리되기 전인 9월 수퍼 라이트의 주식을 25.50달러 혹은 26달러에 매입해 신주 인수권과 우선주를 사실상 훨씬 더 싼 가격에 살 수도 있었다. 합병이 마무리되면 수퍼 라이트 한 주당 현금 25.25달러를 손에 쥘 수 있었으므로, 수퍼 라이트 주식을 26달러에 매입한다는 것은 75센트만 내고 액면가 2달러어치의 우선주와 신주 인수권(혹은 적어도 28센트의 값이 나가는 신주 인수권) 모두를 살 수 있었던 것이다. 하지만 어떤 이유로든지 인수 계획이 물거품으로 돌아가 버린다면, 수퍼 라이트 주가는 인수 계획이 발표되기 이전의 17달러 혹은 더 아래로 떨어질 수 있었다. 여기에 26달러를 투자한 대가로 얻을 수 있는 신주 인수권의 가치가 고작 28센트밖에 되지 않을 수도 있다는 생각을 하자, 나는 합병 전 주식을 매입할 마음이 싹 사라져 버렸다. 결국 합병 성공 후 공개 시장에서 신주 인수권과 우선주를 매입하는 편이 가장 좋은 것 같았다.

결과는 어땠을까? 간단히 말해 매우 좋았다. 수퍼 라이트는 합병

후 2년 만에 다시 공개 상장하기로 결정했다. 6달러 선에서 거래되었던 신주 인수권의 가치는 경영진이 매입했던 주식이 일반 투자자에게 풀린 이후 40달러를 껑충 뛰어 넘었다. 우선주 역시 성적이 좋았다. LBO 이후 몇 달 동안 우선주는 액면가의 50~60퍼센트 가격에 거래되었으나 다시 공개 상장 된 후에는 액면가의 100퍼센트 가치로 상승했다(여기에는 액면가 기준 연 15퍼센트의 배당금은 포함되지 않았다). 여러분, 명심하라. LBO의 주식에 투자하는 것은 리스크가 높은 투자다. 그러나 개인 투자자가 경영진과 거물급 투자자와 함께 투자할 수 있는 기회가 자주 찾아오는 것은 아니다. 주식시장에서 거래되는 그리고 헐값에 매입할 수 있는 주식을 통해 그럴 수 있다는 것은 더욱 더 흔치 않은 일이다.

합병 주식 – 놓치지 말라 – 알로하!

합병증권

- **파라마운트 커뮤니케이션즈**(Paramount Communications)
- **비아콤**(Viacom)

아직 여러분이 훌라 치마를 입고 있다면, 거의 6개월 동안 신문 지면을 장식했던 처절한 한 인수전을 살펴보자. 운 좋게도 이 피 튀기는 인수전은 수십억 달러의 합병 증권을 남긴 채 마무리되었다. 파라마운트 커뮤니케이션즈가 벌인 인수전이 그토록 언론의 스포트라이트를 받았건만, 대부분의 투자자는 수익을 거둘 기회를 놓치고 말았다.

1993년 9월 비아콤은 주식과 현금을 통해 파라마운트를 인수하기로 했다. 섬너 레드스톤(Sumner Redstone)이 이끄는 비아콤은 MTV, 니켈로디언(Nickelodeon) 그리고 쇼타임과 같은 케이블 방송 서비스, 케이블 시스템, 방송국 그리고 TV 프로그램 배급과 생산 사업을 아우르는 미디어 재벌 기업이었다. 대부분의 애널리스트는 파라마운트와 비아콤이 환상의 궁합을 이룰 것이라고 생각했으며, 합병을 통해 영화와 TV 프로그램 제작 및 배급의 선두 기업, 출판업(사이몬 앤슈스터(Simon & Schuster)), 더 많은 케이블 채널과 방송국 그리고 스포츠 구단 두 개가 창출될 것이라고 생각했다. 특히 비아콤 입장에서 매력적인 점은 파라마운트가 앞으로 제작할 영화와 TV 프로그램뿐만 아니라 과거의 방대한 영화 및 TV 쇼 히트작을 손에 넣을 수 있다는 사실이었다.

폭스 TV의 창시자이자 Q홈쇼핑의 회장인 배리 딜러 역시 자신의 미디어 제국을 확장시키기 위한 노력의 일환으로 비아콤의 인수 발표 한 주 후 파라마운트 인수전에 참가하겠다는 뜻을 밝혔다. 5개월여의 인수전 끝에 비아콤은 승리했으나 애초의 인수 가격이 대폭 상승하고 조건 역시 상당히 바뀐 후였다. 이 기간 동안 인수안에 힘을 더하기 위해 비아콤은 블록버스터 엔터테인먼트(Blockbuster Entertainment) 와의 합병을 발표했다. 블록버스터 엔터테인먼트와의 합병은 파라마 운트 인수가 성공적으로 마무리되면 그 직후 바로 마무리될 예정이었 다. 연관된 기업 모두 언론의 유명세를 타고 변호사와 투자 은행 간의 알력 때문에 1994년 2월 승리자가 결정되기 전까지 파라마운트 인수 전은 언론에 흥미진진한 기사거리를 제공했다. 그 당시 비아콤은 현금 으로 파라마운트 발행 주식의 50.1퍼센트를 매입할 수 있었다. 인수 전이 끝나고 파라마운트는 언론의 관심에서 사라져 갔지만, 이 합병 계약에서 수익을 올릴 수 있는 기회는 이제 막 생겼을 뿐이었다.

파라마운트와 비아콤의 합병은 1994년 6월 파라마운트 주주 총 회가 열린 직후에야 마무리되었다. 비아콤이 2월 파라마운트 지분 50.1퍼센트를 매입했기 때문에, 합병 승인을 위한 주주 총회는 형식 에 불과했다. 그러나 남은 지분 49.9퍼센트를 어떤 방식으로 매입할 것이냐는 그렇지 않았다. 첫 50.1퍼센트 지분은 현금으로 매입했으나, 합병의 백엔드(backend)라 불리는 나머지 지분 49.9퍼센트를 사는 데는 현금을 제외한 나머지 모든 수단이 동원되었다. 〈월스트리트 저널〉에 보도된 바에 따르면, 나머지 파라마운트 지분을 인수하는데 (1) 비아콤 보통 주, (2) 비아콤 주식으로 교환가능한 후순위채, (3) CVR(contingent value rights)이라는 증권(합병에서 배정될 비아콤 보통 주 1주당 하나의 CVR이 배정된다), (4) 주당 60달러에 비아콤 보통주를 매입할 수 있는 3년 만기 신주 인수권, (5) 주당 70달러에 비아콤 보통주를 매입할 수 있는 5년 만기 신주 인수권이 동원될 예정이었다.

합병과 이처럼 기이한 합병 증권의 조합에 관한 모든 정보는 6월 파라마운트 주주에게 배포된 주주총회 보고서에 담겨 있었다. 손쉽게 구할 수 있는 정보였으나, 대부분의 파라마운트 주주는 이 서류가 의미하는 바가 과연 무엇인지 알아내는 데는 관심이 없었다. 파라마운트 주주의 대다수는 연예 재벌 기업의 주식 혹은 인수 후보 기업의 주식을 소유하는 데 관심이 있었다. 비아콤 우선주가 일부 주주의 관심을 끌었을 수는 있지만 교환가능 후순위채, CVR 그리고 다른 두 종류의 신주 인수권은 주주총회 보고서를 보지도 않고 그리고 그 진정한 가치를 고려해 보지도 않고 매도해 버릴 가능성이 컸다. 파라마운트 주주가 계속 보유할 가능성이 가장 컸던 비아콤 보통주조차도 큰 매도 압력에 직면할 것 같았다. 주주총회 보고서에 따르면 합병 계획의 일환으로 일반 투자자에게 발행된 비아콤 주식수는 비아콤 주식의 유통 물량을 거의 세 배 증가시킬 것이었다.

주주총회 보고서는 분량이 꽤 길었지만 합병 증권에 관한 부분은 그다지 방대하지 않았다. 사실 만약 여러분이 "도대체 이 합병 증권이 다 뭐지?"라는 질문에 대한 답을 얻고 싶다면, "파라마운트 합병"이라는 제목의 3페이지 글에 잘 요약되어 있었다. 기대했던 것처럼 합병 증권 각각은 매우 흥미로웠다.

예를 들어 비아콤 보통주 한 주와 CVR 하나를 함께 매입하면 매우 독특한 투자 기회가 창출되었다. CVR은 비아콤이 파라마운트 주주에게 합병을 통해 배정받을 백엔드 증권의 가치를 보장해 주기 위해 발행한 것으로, CVR이야말로 비아콤이 파라마운트 인수전에서 '승리'를 거둘 수 있었던 주요 요인이었다. CVR을 설명하자면 다음과 같다. 만약 파라마운트 합병이 마무리된 1년 후 비아콤 보통주 주가가 48달러 이하로 떨어지면, 비아콤은 CVR 소지자에게 그 차액을 보상한다(즉 합병 1년 후 비아콤 주가가 44달러라면 비아콤이 각 CVR당 4달러씩 지급하고, 만약 38달러라면 10달러씩 지급한다).

소유하고 있는 비아콤 주식 한 주당 하나의 CVR을 매입하면, 투자자는 1년 후 이 둘의 합산 가치가 적어도 48달러는 될 것이라고 확신할 수 있었다. 만약 비아콤 주식이 48달러를 상회해 예를 들어 55달러에 거래된다면, CVR은 아무런 가치도 없게 되지만 이 둘의 합산 가치는 처음 보장된 48달러를 훨씬 상회하는 55달러가 된다. 합병이 마무리된 바로 직후 하나의 CVR과 비아콤 보통주 한 주를 매입하는 데 37달러만 있으면 되었으므로, 일 년 후 48달러를 보장한다는 약속 – 즉 리스크는 거의 없고 주가가 더 상승해도 아무런 제약이 없는 30퍼센트의 연수익률 – 은 꽤 그럴 듯해 보였다. 물론, 저자가 언급하지 않은 몇 가지 사소한 조건이 있었다. 우선 비아콤은 CVR에 지급할 차액을 최고 12달러로 제한했다. 하지만 그렇다 해도 CVR과 비아콤 주식을 총 37달러에 매입한 투자자가 손해를 보려면 비아콤 주식이 25달러까지 떨어져야 했다. 다른 또 한 가지는 비아콤은 CVR의 지급일을 연장할 수 있었는데, 이는 지급액을 12달러 이상으로 할 경우에 한했다.

CVR과 관련해 더 많은 세부 사항이 있었지만, 그 자세한 정보보다 명심해야 할 더 중요한 사실이 있다. 나는 경영대학원에서 CVR에 대해 배우지 않았다. CVR이 무엇인지 설명한 책을 읽어 본 적도 없다. 그 누구도 나에게 CVR을 사라고 말하지도 않았다. 그저 CVR이 어떤 매커니즘인지 설명한 보고서를 읽었을 뿐이다. 그러나 나는 이 모든 상황에서 유리한 고지에 있었다. 다른 투자자들은 거의 알지 못하는 무언가를 알고 있었기 때문이다. 즉 합병 증권을 눈여겨보면 수익으로 연결될 수 있다는 사실을 알고 있었다! 파라마운트의 인수 사례는 합병 증권에 관심을 기울이는 것만으로도 눈앞에 펼쳐질 수 있는 투자 기회가 무엇인지 보여 주는 가장 좋은 예였다. 물론 CVR 외에도 파라마운트 합병에서 제시된 다른 합병 증권이 있었다. 이들 역시 눈여겨볼 만한 가치가 있었다.

이 중 비아콤 주식을 한 주당 70달러에 매입할 수 있는 5년 만기 신주 인수권이 특히 흥미로웠다. 이는 신주 인수권 소유자가 5년의 기간 내에 비아콤 주식을 70달러에 매입할 수 있는 권리를 가진다는 뜻이다. 1994년 7월 비아콤 주식이 약 32달러에 거래되고 있었으므로 (비아콤 신주 인수권이 파라마운트 주주에게 배정된 바로 직후), 비아콤 주식을 70달러에 매입할 수 있는 권리는 그다지 매력적인 투자가 아닌 듯했다. 이런 상황에서 나는 왕 앞에 불려가 사형을 선고받은 한 농부의 이야기를 떠올리곤 한다.

이 농부는 "부디 제발 황제 폐하, 소인을 살려 주십시오! 1년만 시간을 주신다면, 궁중의 말에게 말하는 법을 가르치겠사옵니다"라고 애걸했다.

이게 도대체 무슨 말일까 의아해 하며 왕이 대답했다. "좋다. 짐의 말에게 1년 안에 말하는 법을 가르칠 수 있다면, 네 놈을 풀어 주마."

왕궁을 나가는 길에, 왕의 경호부대 한 명이 농부에게 다가와 물었다. "왕에게 왜 그런 말을 한 거요? 1년이 지나면 분명 왕은 당신을 죽일 거요."

농부가 대답했다. "나도 잘 모르겠소. 하지만 1년은 긴 시간 아니오? 1년이 지나면, 왕이 마음을 바꿀 수도 있고, 혹은 왕이 죽을지도 모르지요. 아니면 그 말이 죽을지도 모르고 혹은 내가 죽을 수도 있소. 또 혹시 누가 압니까? 1년이 지나면 말이 정말 말을 하게 될지!"

이처럼 1년 안에 무슨 일인가가 일어날 수 있다면, 5년 후 비아콤 주식이 어떻게 될지 상상해 보라! (비아콤 주식은 잊고, 왕이 죽을 가능성, 농부가 죽을 가능성 그리고 말이 말을 할 가능성을 생각해 보라!) 결국, 비아콤은 파라마운트 인수를 위해 많은 돈을 차입했다. 매우 많은 차입금 덕분에 비아콤의 주가는 비아콤 자산 가치가 증가함에 따라 비약적으로 상승할 수 있다. 또한 비아콤 보통주를 대부분 소유하고 있는 섬너 레드스톤은 합병의 성공에 수십억 달러에 달하는 자신의 전 재산을 걸었다. 또한 합병 10개월 전 비아콤 주가는 최고 60달러까지 치솟았었다. 게다가 헐값에 거래될 것이 분명한 합병 증권도 있었다. 이 모두 그럴 듯한 이유 같지만 사실 비아콤 주식을 70달러에 매입할 수 있는 5년 만기 신주 인수권이 흥미로워 보였던 이유는 딴 데 있었다.

그 이유는 파라마운트 합병을 설명한 3페이지짜리 글에서 찾아볼 수 있었다. 이에 따르면, 이 5년 만기 신주 인수권 소지자는 향후 5년 안에 그 어떤 시점에서도 비아콤 주식을 70달러에 매입할 수 있었다. 보통의 신주 인수권의 경우 이 말은 인수권 소유자가 70달러를 현금으로 내는 대신 비아콤 보통주 한 주를 받을 수 있다는 뜻이다. 그러나 비아콤 신주 인수권은 좀 달랐다. 이 경우 신주 인수권 소유자는 선택권이 있었다. 70달러를 현금으로 지불하거나 혹은 액면가 70달러 어치의 다른 파라마운트 합병 증권으로 지불할 수도 있었다. 그렇다면 어떤 합병 증권일까? 내가 앞서 언급한 교환 가능 후순위채이다.

여기서 좋은 소식은 파라마운트 합병이 마무리된 직후, 이들 합병 증권이 액면가의 60퍼센트 선에서 거래되고 있었다는 사실이다. 이 말은 내가 액면가 70달러의 합병 증권을 42달러만 내도 살 수 있었다는 뜻이다(70달러의 60퍼센트는 42달러이다). 또한 주주총회 보고서에서 언급된 특정 상황에서 5년 만기 비아콤 신주 인수권을 매입한다면 나는 비아콤 주식을 70달러가 아닌, 고작 42달러어치의 합병 증권으로 살 수 있었다. 그리고 이 권리를 5년간 소유할 수 있었다. 그 당시 비아콤 주가는 32달러였다. 5년간 42달러에 주식을 매입할 수 있는 권리는 70달러에 주식을 살 수 있는 권리보다 훨씬 더 큰 가치가 있다. 만약 내가 주주총회 보고서에서 합병 증권을 설명한 부분을 읽어 보지 않았더라면, 이런 좋은 기회가 존재한다는 사실조차 몰랐을 것이다.

아직까지 합병증권에 관심을 가지고 있는 독자에게는 더 좋은 소식이 있다. 만약 나중에 비아콤과 블록버스터 간의 합병이 이루어진다면(실제로 합병이 일어났다), 신주 인수권의 조건이 바뀌며 교환가능 후순위채의 가치가 대폭 상승할 예정이었다. 그 자세한 사항에 대해 말하지는 않겠다. 다만 요점은 어쨌든 간에 신주 인수권과 후순위채 모두를 매입하는 것이 성공적인 투자 전략이었다는 사실이다.

복잡해 보이지만 여기서 세부 사항은 중요치 않다. 중요한 점은 내가 위 정보를 학교에서 배운 것이 아니라는 사실이다. 파라마운트 합병 증권에 위와 같은 특징이 있다고 말해 준 사람은 아무도 없었다. 그저 내가 주주총회 보고서의 합병 증권 부분에 관심을 기울일 만큼 주식시장에 대해 알고 있었을 뿐이다. 그리고 이 보고서에 합병 증권이 어떤 성질을 지니는지 모두 나와 있었다. 아마 앞으로 등장하는 합병 증권은 이와는 완전히 다른 특성을 갖고 있을 것이다. 여러분이 기억해야 할 사실은 이들 정보를 읽어 봐야 한다는 점이다. 수익성이 있어 보이고 여러분이 이해하고 있는 투자 기회에만 투자하라. 물론 합병 증권과 같은 잠재 수익 분야에서 헐값으로 나온 상품만을 찾음으로써, 다른 투자자를 앞서 갈 수도 있다. 파라마운트와 같은 언론의 유명세를 탄 인수건의 경우에도 대부분의 투자자는 합병 증권에 관심을 기울이지 않았다. 대부분의 기업 인수가 몇 개월에 걸쳐 언론의 스포트라이트를 받는 경우는 흔하지 않기 때문에, 대부분의 경우 합병 증권이 완전히 무시당한다. 다행히 대부분의 합병 증권은 파라마운트 경우보다 훨씬 더 이해하기 쉽다. 하지만 여러분이 이들 정보를 읽어 보는 수고를 기울이지 않는다면, 매우 수익성이 높은 분야에서 수익을 거둘 수 있는 기회를 놓쳐 버릴 것이다.

합병 증권 – 놓치지 말라 – 아, 그런데 이 말은 이미 하지 않았던가?

리스크 아비트리지와 합병 증권 요약

1. 리스크 아비트리지 – 절대 안 된다!

2. 합병 증권 – 좋다!

3. 직각삼각형에서 빗변의 제곱은 나머지 두 변의 제곱의 합과 같다.

   (정리가 너무 짧은 것 같아 한 번 집어넣어 보았다.^^)

YOU CAN BE A STOCK MARKET GENIUS:

UNCOVER THE SECRET HIDING PLACES OF STOCK MARKET PROFITS

제5장

부도와
구조조정

Bankruptcy and Restructuring

기업 부도

부도, 파산법 제11장… 표현법이야 수없이 많다. 어떻게 표현하든 간에 부도난 기업은 기회의 땅과는 거리가 멀어 보인다. 그러나 실제로는 그럴 수도 있고… 아닐 수도 있다. 부도가 나려 하거나 부도의 단계를 밟고 있거나 혹은 이미 부도가 난 기업은 좋은 투자 기회를 제공할 수 있다 – 그리고 지뢰도 함께 제공한다. 나의 아버지가 말씀하셨듯이 부도난 기업에 투자하기 위한 가장 최상의 방법은 열린 사고를 하되 결코 미친 짓은 하지 않는 것이다. 부도 과정에 있는 기업의 주가가 실제 가치를 제대로 반영하지 못하는 경우가 많은 것은 사실이지만 그렇다고 해서 이러한 기업의 주식이 모두 헐값이라는 말은 아니다.

부도 기업에 투자할 때는 여러분이 자신 있는 분야를 택하는 것이 스스로 '부도'를 막는, 즉 빈털터리가 되는 것을 막는 유일한 방법이다. 앞으로 우리가 이 책에서 기업부도의 세계에서 가능한 여러 가지 투자 방법들을 검토하고 나면 여러분은 부도 영역에서 좋은 투자 대상을 찾을 수 있는 능력을 갖게 될 것이다.

기업이 도산하는 이유는 수없이 많다. 기업 실적 부진은 그 중 하나일 뿐이다. 그 외 경영상의 실수, 과도한 사업 확장, 정부의 규제, 생산물 책임제도(product liability) 그리고 산업 여건의 변화 등을 기업 부도의 이유로 들 수 있다. 특히 지난 10년간 수익성 높은 매력적인 기업이 합병 혹은 LBO의 결과 과도한 부채를 지게 되어 어쩔 수 없이 파산을 신청하는 경우가 증가했다. 이런 기업 중 일부는 영업 실적이 경기에 너무나 민감해 제때 부채를 갚을 수 없거나 향후 실적을 지나치게 낙관적으로 예측한 탓에 과도한 부채를 견디지 못하고 도산하는 경우도 있다. 이처럼 매력적이지만 부채가 과도한 기업에서 가장 흥미로운 투자 기회를 찾을 수 있다.

그러나 특정 기업에 대한 여러분 각자의 전망과는 상관 없이, 최근 도산을 신청한 기업의 보통주를 매입하는 것은 그다지 썩 좋은 생각이 아니다. 도산한 기업의 주식을 보유하고 있다면, 여러분은 도산 절차의 먹이 사슬에서 맨 아래에 있는 셈이다. 직원, 은행, 채권자, 매입처(대부분 공급업체) 그리고 국세청이 주주보다 앞서 도산한 기업의 자산을 먼저 나눠먹기 때문이다. 연방 파산법 제11조는 도산하는 기업에게 법적 보호 장치를 마련해 줌으로써 이 기업이 사업을 계속하면서 채권단과 해결책을 마련하도록 도와준다. 기업은 도산을 신청함으로써 구조조정을 단행할 수 있는 시간을 벌 수 있지만, 주주의 입장에서 보면 부도 기업이 다시 일어선다 해도 주주들에게는 별로 남는 것이 없다. 그럼에도 불구하고 도산 기업의 주식은 이해하기 어려운 매우 높은 가격에 거래된다. 그 이유로는 낮은 주가 수준, 무시 혹은 무절제한 투기 때문일 수 있다. 그러나 이런 이유가 중요한 것이 아니다. 여러분이 기억해야 할 사실은 부도 기업의 보통주를 매입하는 것이 결코 수익성 있는 투자 방법이 아니라는 점이다. (만약 여러분이 태워도 좋을 만큼 돈이 넘쳐난다면, 당장 밖으로 나가서 이 책을 한 권 더 사길 바란다.)

　도산 기업의 주식을 매입하는 것이 좋은 투자 방법이 아니라면 도산 기업에서 살 수 있는 것은 무엇인가? 대답은 - 그 외 모든 것이다. 우선 도산 기업이 발행한 회사채가 있다. 어떤 경우 이들 회사채는 액면가의 20~30퍼센트밖에 되지 않는 가격에 거래된다. 보통 기업은 선순위 보증채(senior secured bonds), 후순위채(junior bonds), 제로쿠폰채(zero-coupon bonds) 그리고 그 외 각종 다양한 채권을 발행한다. 그리고 이들 채권은 모두 다른 권리를 보장하며 또 각기 다른 가격에 거래된다. 또한 은행 채무가 있다. 그렇다. 부도 기업이 은행에 진 빚 말이다. 지난 몇 년간 도산 기업의 부실 채무를 다루는 시장이 급성장했다. 부진한 실적에 시달리는 기업의 은행 채무를 거래하는 데 특화한 증권 회사가 수없이 많다. 물론 은행 채무 역시 선순위 채무, 보증 채무, 무보증 채무 등 도산 기업의 먹이 사슬 각 단계에 따라 각기 다른 성격을 지니고 있고 다른 가격에 거래된다. 이 은행 채무 역시 원래 가치에서 대폭 할인된 가격에 거래되기도 한다.

거래가 활발한 은행 채무의 종류에는 공급자 청구권(trade claims)도 포함된다. 공급자 청구권이란 도산업체에 물품, 자재 혹은 서비스를 공급한 업체가 받지 못한 대금을 청구하는 권리를 말한다. 공급자 청구권의 매수와 판매는 매우 복잡하지만, 부도 증권 거래에 특화한 많은 증권 회사들은 공급자 청구권 매매를 다루고 있다.

여러분이 부도 기업의 회사채, 은행 채무 혹은 공급자 청구권을 매입할 수 있다고 해서 꼭 그래야 한다는 말은 아니다. 보통 기업이 파산 신청을 하면, 기업과 채권단 사이뿐만 아니라 채권단 내부에서도 각자 속한 집단에 따라 상대적으로 다른 요구와 우선순위 사이에 수많은 법적 그리고 재무 문제가 발생한다. 이를 해결하기 위해 열리는 협상의 내용은 각각의 부도 상황에 따라 모두 다르며 기업이 처한 환경에 따라서도 다르다. 벌처 투자자(vulture investor)라고도 불리는 도산 기업 투자를 전문으로 하는 투자자는 도산에 관련된 법적 그리고 재무 문제를 해석하고 이해하는 데 능숙한 이들이다. 많은 경우 기업 부도 초기에는 기업에 관한 재무 정보가 거의 공개되지 않고 법적인 문제나 타이밍의 문제가 너무나 불확실하기 때문에 이들 노련한 벌처 투자자마저도 과거의 경험을 잣대로 스스로 판단하는 수밖에 없다. 게다가 리스크 아비트리지와 마찬가지로 이 분야 역시 지난 10년간 경쟁이 너무나 치열해졌다. 도산 기업의 증권에 투자하고 싶다면 여전히 기회는 많겠지만 여러분이 전문적인 프로 벌처 투자자로 전업할 생각이 아니라면, 다른 곳에 관심을 기울이는 편이 더 낫다.

그렇다면 어디로? 자, 찾아보자. 부도 기업의 증권에 관해 이제까지 늘어놓은 이야기가 그저 여러분의 시간을 낭비하는 데 그친다면 과연 내가 왜 그러겠는가? 그렇지 않은가?

도산 과정에서 모든 복잡한 문제가 해결되는 단계가 있다면? 앞으로의 사업 운영에 대한 경영진의 계획과 더불어 도산 과정의 결과를 매우 잘 요약하는 공시 서류를 손쉽게 손에 넣을 수 있다면? 원하지도 않고 결코 원한 적도 없는 도산 기업의 증권을 손에 넣게 된 투자자로부터 이를 매입할 수 있는 기회가 있다면? (기업 분사와 합병 증권이 기억나는가?) 그렇다면 이제 투자할 마음이 생기는가?

자, 간단하게 답하자면 분명 그런 단계는 있고 이러한 공개 서류도 입수가능하며, 여러분은 이런 증권을 매입할 수 있다. 부도 단계에 있는 기업의 증권에 투자하는 전략에는 갖가지 종류의 문제와 리스크가 수반되지만, 새로우면서도 더 친숙한 종류의 투자를 할 수 있는 기회가 종종 찾아온다. 은행 채무, 회사채 혹은 공급자 청구권 등 무엇이든 도산 기업의 채무를 소유한 투자자는 투자액을 현금으로 되돌려 받지 못한다. 우선 파산 신청을 한 기업 대부분은 현금 여력이 많지 않다. 선순위 채무 소지자는 일부 현금을 손에 쥘 수도 있지만, 대부분의 채무 소유자(debt holders)는 새로 발행된 회사채 혹은 보통주와 같은 증권을 받는다. 따라서 이제 막 부도에서 벗어난 기업의 주식 및 채권 소유자는 이전의 채권자이다. 파산 신청 이전에 해당 기업의 주식에 투자했던 주주는 보통 그 권리를 완전히 무시당하거나 혹은 신생 기업의 몇 푼 안 되는 신주 인수권이나 보통주를 배정받는다.

여러분의 투자 기회는 이 신규 보통주를 분석하는 데 있다. 신규 보통주의 거래가 시작되기 전 도산 절차, 기업의 과거 실적 그리고 새로운 자본 구조에 대한 모든 정보를 공시 서류에서 손쉽게 구할 수 있다. 기업은 이와 같은 보고서를 파산 법정에 제출해야 하며, 이 보고서는 해당 기업으로부터 직접 또는 이러한 보고서 제공을 전문으로 하는 기업을 통해(7장을 참조하라), 혹은 어떤 경우에는 등록 신고서(registration statement)라는 SEC 보고서를 통해 입수할 수 있다. 공시 서류는 기업 실적에 대한 경영진의 전망을 담고 있으므로 사실상 신규 주식 발행을 위해 제출하는 등록 신고서보다 더 많은 정보를 담고 있는 셈이다. 즉 파산 과정에서 일어난 과거 문제에 대한 정보가 낱낱이 공개되는 한편, 기업의 미래, 적어도 경영진이 예상하는 가장 낙관적인 미래가 모든 투자자에게 공개되는 것이다. 하지만 새로운 주주 대다수는 이에 신경도 쓰지 않을 것이다.

신규 주식은 우선 은행, 이전 채권 소유자 그리고 공급자 채권단에 우선적으로 발행되므로 보통주를 갖게 된 이들 투자자가 장기적으로 이 기업의 주식을 갖고 있을 가능성은 거의 없다. 상황이 불운하게 돌아간 탓에 이들 이전 채권단은 원하지 않던 상품에 투자하게 된 것이다. 결과적으로 이들 투자자는 신규 주식을 받자마자 화가 나

매도해 버릴 가능성이 크다. 사실 은행, 채권 소유자 그리고 공급업체가 배정받은 도산 기업의 우선주를 가능한 한 빨리 매도해 버릴 이유는 충분하다. 이 시나리오가 그럴 듯해 보이고 종종 우리가 헐값에 이들 보통주를 매입할 수 있는 기회를 갖게 되는 것도 사실이나, 도산한 기업의 신규 주식에 투자할 때 내가 항상 되뇌는 매우 소중한 교훈이 있다: 여러분이 자신 있는 분야를 택하라! (주의: 세상에는 세 종류의 사람이 있다 - 셈을 할 수 있는 사람과 그렇지 못한 사람.)

분사 기업의 경우와 달리, 최근 도산을 극복한 기업의 주식을 충분한 확신 없이 매입하는 전략이 장기적으로 더 뛰어난 투자 수익을 거둘지는 의문이다. 이런 의문에는 아마 몇 가지 이유가 있을 것이다. 우선 대부분의 기업이 파산 법정까지 가는 데는 분명 이유가 있다. 대다수가 사양 산업 혹은 불경기 산업에 속해 있거나, 경쟁력이 없거나 혹은 시장 점유율이 줄어들고 있기 때문이다. 부도를 겪으면서 채무를 떨쳐버린 이후에도 경쟁력을 갖출 만한 자본이 없는 경우도 많다. 만약 부도 기업의 매각이 가능하다면, 많은 경우 채권단은 기업이 도산 과정에 처해 있을 때 억지로라도 매각을 추진한다. 결과적으로 많은 경우, 도산을 극복하고 살아남는 기업은 질적인 측면에서 그리 대단하지 않으며, 이들 기업의 주식 역시 장기적으로 이 사실을 반영한다. (물론 정말로 '쓰레기' 같은 기업은 대부분 청산되며 부도에서 살아남지 못한다.)

그러나 매도 압력에 시달리는 부도 기업의 주식은 적어도 처음에는 낮은 가격에서 시작하기 마련이다. 사실 에드워드 앨트먼(Edward Altman), 앨런 에버하트(Allan Eberhart) 그리고 리나 애거월(Reena Aggarwal)의 1996년 연구에 따르면, 부도에서 벗어난 기업의 주식은 시장 평균을 대폭 상회하는 성적을 기록했다. 연구가 실시되었던 1980년에서 1993년 동안, 도산 기업이 새로 발행한 주식은 거래가 시작된 첫 200일 동안 관련 주식시장 지수를 20퍼센트나 넘는 성적을 올렸다. 그런데 이 수치에서 주의해야 할 점은 언제나 이런 성적이 나오는 것은 아니며 특히 대기업이 도산할 경우에는 그 가능성이 낮다는 사실이다. (이 연구에 따르면, 주식시장 지수를 큰 폭으로 넘어선 주식의 대부분은 시장 가치가 가장 낮은 기업의 주식이었다. 따라서 대형 기관 투자자는 이 연구로부터 얻을 것이 별로 없어 보인다.)

지난 몇 년간 앞서 언급한 벌처 투자자는 도산 기업 시장에 점점 더 큰 영향력을 행사해 왔다. 벌처 투자자는 도산 과정에 있는 기업의 은행 채무, 회사채 그리고 공급자 청구권을 새로 발행하는 주식 및 채무와 교환되기 전에 매수한다. 이들 새로운 주식과 채무가 높은 가격에 거래되어 수익을 남길 수 있다고 믿는다. 이들 벌처 투자자는 도산 기업의 채무를 사들임으로써 신규 주식의 가격을 매력적인 선에서 '형성'하고자 한다. 따라서 어떤 의미에서는 도산 기업이 신규 발행한 주식은 더 전통적인 방법을 고수하는 주식 투자자가 관심을 기울이기도 전에 이미 벌처 투자자가 갖고 있다.

그러면 왜 힘들게 최근 도산한 기업이 새로 발행하는 주식에서 헐값에 거래되는 주식을 찾는가? 그 이유는 이들 주식을 노리는 벌처 투자자들이 있기는 하지만, 이들 주식의 가격이 잘못 매겨졌을 가능성이 크기 때문이다. 이들 벌처 투자자는 도산과 관련한 재무적이고 법적인 복잡한 문제를 능숙하게 다룰 수 있을지는 몰라도, 장기적 가치를 중요하게 여기는 투자자의 시각이나 시야를 갖고 있지는 못하다. 또한 벌처 투자자가 도산 기업 채무를 몽땅 매수하는 것도 아니다. 따라서 은행, 채권 소유자 그리고 공급업체, 즉 주식시장의 영웅이 되기를 원하지 않는 그룹은 바로 팔아 버릴 많은 양의 주식을 손에 넣게 되는 것이다.

여기에 월스트리트도 고려해야 한다. 월스트리트는 자선 단체가 아니며 공짜로 일하지 않는다. 일반적으로 기업이 주식 공모를 통해 주식을 매각할 경우, 증권 회사가 고객에게 이 신규 주식을 매각하는 임무를 맡는다. 이들 증권 회사는 억지로 임무를 맡은 것이 아니라, 주식 매각 수수료라는 인센티브를 받는다. 주식 매각을 담당하게 된 증권 회사는 자사의 증권 리서치 부서에 이 신규 주식을 분석할 것을 지시한다. 경영진은 전국을 다니며 로드쇼(road show)를 통해 기업의 전망을 홍보한다. 이와 반대로, 월스트리트는 보통 부도에서 벗어난 기업의 주식은 무시하는 경향이 있다. 그 누구도 이들 기업의 주식을 홍보하는 데 열을 올리지 않는다. 커미션도, 분석 보고서도, 로드쇼도 없다. 그렇기 때문에 이들 기업의 주식은 '고아 주식'(orphan equities)이라고도 불린다. 단기 투기에만 관심이 있는 주주와 월스트리트의 냉대 속에서, 도산 과정에서 발행한 주식은 해당 기업의 전망을 정확히 반영하는 데까지는 상당한 시간이 걸린다.

만약 이들 기업의 주가가 잘못 평가될 수도 있다면, 여러분은 알짜 헐값 주식과 상승 여력이 없는 부실 주식을 어떻게 구분할 수 있을까? 한 가지 방법은 워렌 버핏의 충고에 따라 건실한 기업(good business)을 찾는 것이다. 그러면 선택의 대상이 훨씬 더 줄어들 것이다. 앞서 언급했듯이 인수 혹은 LBO 때문에 벌어진 과다 채무로 파산 신청을 한 기업부터 시작하는 것이 좋다. 어쩌면 견실한 기업이 단기적 문제 때문에 부진한 영업 실적을 기록하거나 과다한 채무 때문에 어쩔 수 없이 파산을 신청하는 경우도 있다. 실패로 끝난 LBO에 관여한 기업의 수익 성장세가 처음 예상했던 만큼 빠르게 상승하지 않아 파산 신청을 하는 경우도 있다. 대형 인수를 성사시킨 기업이 '전리품' (trophy) 자산을 인수하는 과정에서 지나치게 높은 인수 대금을 치르느라 도산해 버리는 경우도 있다.

건실한 기업이 어쩔 수 없이 파산을 신청하는 또 다른 이유는 자사를 생산물 책임 소송으로부터 보호하기 위해서이다. 만약 단종된 혹은 일부 라인의 제품에 대해 생산물 책임 소송이 제기되면, 이는 보통 도산 과정을 통해 해결될 수 있으며 기초가 탄탄한 기업은 다시 재기할 수 있다. 월터 산업(Walter Industries)이 자사의 석면 제품에 제기된 생산물 책임 소송을 파산 신청을 통해 성공적으로 해결한 것이 좋은 사례이다. 가끔은 수익성 낮은 사업을 정리하고 전망이 밝은 한

두 개의 수익성 높은 사업에만 전력투구함으로써 도산을 극복하는 기업도 있다. 이러한 전략을 통해 비중이 작지만 매력적인 사업 부분이 도산 이후 기업의 핵심 사업으로 탈바꿈한다. 토이저러스(Toys R Us)의 주가가 수백 배 상승한 것이나 인터스테이트 백화점(Interstate Department Store)의 도산에서 살아남은 사업 부문이 고아 주식에 어떤 일이 일어날 수 있는지를 보여 주는 가장 좋은 예이다.

마지막으로 여러분이 여전히 헐값 주식을 찾고 있다면, 즉 워렌 버핏의 충고를 따르고 싶지 않다면, 그저 그런 싼 주식에서 후보감을 찾을 수 있다. 이들 기업이 매우 건실하거나 투자자로부터 큰 인기를 끌지는 못한다 해도, 도산 과정에서 발생하는 다이내믹 때문에 동종 산업의 경쟁 기업과 비교해 주가가 매우 낮을 수 있다. 파산한 기업의 신규 주식은 상대적으로 저평가되는 경향이 있는데, 그 이유는 월스트리트 애널리스트가 아직 다루지 않고 있거나 기관 투자가가 아직 모르고 있거나 혹은 단순히 해당 기업의 파산 신청이 남긴 어떤 상처를 여전히 안고 있기 때문이다. 혹은 투자자가 보기에 자본 구조가 개선되기는 했으나 여전히 위험하다고 생각하기 때문일 수도 있다. 그러나 이런 경우 많은 양의 채무는 경영 실적이 호전될 경우 오히려 주주에게 상당한 이익을 가져다주는 요인이 된다.

고아 주식이 저평가되는 이유가 또 있는데, 바로 기업의 시장 가치가 낮다는 점이다. 소규모 기업이 벤처 투자자의 관심을 끌지 못하는 이유는 이들 기업의 규모가 작아서 벤처 투자자가 필요한 조사를 하는 데 소요되는 시간과 노력을 정당화할 수 있을 만큼 많은 양의 채무를 제공할 수 없기 때문이다. 이는 월스트리트의 주식 애널리스트와 기관 투자자의 경우도 마찬가지이다. 이 경우 해당 기업의 주식은 정말 '고아 주식'으로 전락해 버리며 다시 발견되기 전까지 헐값에 거래된다.

그러나 결국 대부분의 투자자는 건실한 기업의 특성을 갖춘, 도산을 극복한 소수 기업에 투자하는 것이 가장 좋다. 즉 시장 점유율이 높고, 브랜드 파워가 강력하고, 프랜차이즈나 산업 내에서 선두 위치를 차지한 기업에 투자하라는 말이다. 월스트리트가 별 관심을 기울이지 않는 고아 주식에 버핏의 투자 원칙을 적용하는 것이 최선이다.

다들 승선하셨는지? 좋다. 이제 할말은 모두 다 했으니, 실제 예를 들여다보자.

기업 부도

• **차터 메디컬 주식회사(Charter Medical Corporation)**

여기 사업 전망이 불확실함에도 투자했던 예가 있다(워렌 버핏에게 는 미안한 일이다). 살얼음판을 걷는 것이나 마찬가지라는 사실을 알고 있었지만, 주가 수준과 상승 가능성이 너무나 긍정적이었기 때문에 나는 뛰어들기로 결심했다.

1992년 12월, 차터 메디컬 주식회사의 주식에는 몇 가지 눈여겨 볼 만한 점이 있었다. 물론 바로 몇 달 전 도산을 극복한 기업이었으 므로 고아 주식의 전형적인 사례였다. 도산에서 벗어난 초기 최고 8 달러에서 최저 4.75달러 사이를 왔다갔다 하던 차터 메디컬의 주식은 내가 관심을 갖게 되었을 때 7달러가 조금 넘는 선에서 거래되고 있 었다. 일반 병원 10개와 정신 병원 78개를 운영하고 있는 차터 메디컬 주식이 이 가격대에 거래되고 있는 것은 경쟁 기업과 비교해 보았을 때 너무나 저평가되어 있다고 생각했다. 한편 도산 절차를 밟으면서 부채가 많이 줄어들기는 했으나 차터 메디컬의 부채는 여전히 어마어 마했다. 그러나 이는 차터 메디컬 주식의 상승 호재로 작용할 수 있는 요인이기도 했다. 또 다른 긍정적인 뉴스는 회사 경영진이 지분 보유나 스톡옵션을 통해 회사의 이익에 지대한 이해관계를 갖고 있었다는 사실이었다. 그리고 앞서 여러 번 강조했듯이 이는 내가 무척이나 반기는 뉴스가 아닐 수 없다.

문제는 의료 사업의 상황이 무척 좋지 않다는 데 있었다. 1988년 차터가 경영진의 주도 아래 LBO를 통해 사기업화된 이후부터 정신병원은 보험회사와 의료보험료 관리회사(managed-care providers)로부터 비용 절감의 엄청난 압력에 시달려 왔다. 도산을 신청하기 이전 4년 동안 차터 소유 병원의 평균 입원 기간(보험업자가 비용을 대는 입원 기간)은 30일에서 20일 이하로 감소했다. 이는 분명 차터의 매출과 현금 흐름에 악영향을 미쳤다. LBO와 대규모 자본 지출 계획의 결과로 차터의 부채가 10억 달러를 넘어서자 차터는 엄청난 부채의 이자를 감당할 수 없는 지경에 이르렀다. 차터가 1992년 6월 미리 합의된 부도 신청(prepackaged bankruptcy petition)을 했을 때도, 의료산업의 전망은 여전히 불투명했다. 차터의 도산 신청서를 읽어 보면 부채가 도산 이전의 16억 달러에서 9억 달러로 감소하고 새로운 주식을 발행하여 채권단이 대주주가 되고 일반 주주는 소수 지분을 갖게 될 것이라고 밝히고 있었다.

정신 병원을 핵심 사업으로 하는 차터와 가장 성격이 비슷한 다른 병원을 차터와 비교평가 했을 때, 나는 차터의 주가가 1992년 12월 처음 차터를 눈여겨봤을 때 주가인 7달러가 아니라 15달러는 되어야 한다고 생각했다. 이처럼 차터의 주가가 저평가된 것은 내가 비교

군으로 이용한 타 병원에 비해 차터의 정신 병원 비중이 더 컸기 때문일 수 있었다. 혹은 차터의 높은 부채 비율이 그 이유일 수도 있었는데, 사실 이는 도산에서 벗어난 차터가 여전히 낙인을 지우지 못하고 있다는 사실의 반증이었다. 이 외에도 고아 주식이 저평가되는 모든 이유, 즉 엄청난 매도 압력과 월 스트리트의 무관심이 있었다.

나는 이 중 그 어떤 이유도 이처럼 엄청나게 저평가된 주가를 정당화시킬 수 없다고 결론 내렸다. 등록 신고서와 1992년 9월을 기준으로 하는 회계 연도의 차터 수익을 근거로 했을 때, 차터의 사업은 안정된 듯했다. 여기에 차터는 비용 절감, 신규 환자 유치를 위한 마케팅 노력 그리고 외래 정신질환 환자 서비스의 질 개선이라는 계획을 내놓았다. 이 계획은 입원 기간 감소에 따른 매출의 감소를 이겨낼 수 있는 좋은 방안 같았고 잘 진행되고 있는 듯했다. 게다가 차터는 일반 병원을 매각하겠다고 발표했다. 만약 그렇다면 부채에 대한 투자자의 우려가 크게 해소될 수 있었다. 마지막으로 계산을 좀 해보니 차터는 주당 2.5~3달러의 잉여 현금흐름을 창출할 수 있을 것 같았다(잉여 현금흐름에 대해서는 후에 이야기하자). 여전히 부채는 어마어마했고 의료 산업은 불확실성이라는 변화의 소용돌이에 있었지만, 7달러라는 주가는 절대적인 기준에서도 경쟁 기업과의 상대적인 기준에서도 너무나 저평가된 수준이었다.

그 후 1년 동안 차터는 순조롭게 항해했다. 차터는 비용 절감에 성공했고, 환자 입원 수가 증가했으며, 외래 환자 수도 늘어났다. 그리고 전통적인 병원 사업은 꽤 좋은 가격에 팔렸다. 게다가 월스트리트가 차터에 주목하기 시작한 이후 주가는 세 배로 뛰었고 나는 차터 주식을 매각해 큰 이익을 남길 수 있었다. 물론 내가 운이 좋았던 탓도 있었다. 만약 초기 차터 주가가 세 배로 뛰었을 때 여전히 주식을 매각하지 않고 손에 쥐고 있었더라면, 그 후 3년 동안은 아무런 수익도 얻지 못했을 것이다. 어쩌면 여기서 얻어야 할 교훈이 있을지 모르겠다.

주식 매도: 언제까지 보유하고, 언제 팔아야 할까?

이제 투자에서 매수만큼이나 중요한 한 부분, 즉 언제 매도할 것이냐에 대해 말할 때가 된 듯하다. 나쁜 소식은 언제 주식을 팔 것이냐 하는 문제는 매우 복잡하고도 어렵기 때문에 이에 비하면 언제 살 것이냐 하는 문제는 쉬워 보이기까지 한다는 사실이다. 매수야 상대적으로 주가가 쌀 때, 하락 가능성이 낮아 보일 때, 아직 주목받고 있지 않을 때, 경영진이 주식으로 인센티브를 받을 때, 여러분이 유리한 상황일 때, 다른 투자자가 원하지 않는 주식일 때 사면 된다. 하지만 언제 팔 것이냐는, 참으로 어려운 문제이다. 언제 팔 것인가? 간단히 말하자면, 나도 모른다. 하지만 몇 가지 조언을 해줄 수는 있다.

언제 매도할 것이냐를 결정할 때 참고해야 할 사항 하나는 특수 상황에서 매입한 주식을 파는 것은 보통 주식을 팔 때보다 더 쉽다는 점이다. 왜냐하면 여러분이 그 주식을 샀을 때는 이미 매도 시기가 명확하게 결정되어 있기 때문이다. 예를 들어 여러분이 분사 기업의 주식, 합병 증권 혹은 막 도산에서 벗어난 기업의 주식을 매입했다면 여러분은 특수 상황에서 주식을 매입한 것이다. 그리고 그 특수한 사건이 일어난 후 어느 시점에서인가 주식시장은 이전까지 숨어 있던 주식의 진정한 가치를 주목하게 될 것이다. 일단 시장이 반응을 보이거나 여러분이 애초에 해당 주식을 매입했던 특성이 다른 투자자에게도

널리 알려지면, 여러분은 더 이상 유리한 위치에 있는 것이 아니다. 이 과정은 몇 주 혹은 몇 년이 걸릴 수도 있다. 주가가 상당한 폭으로 오른다거나 기업의 기초 체력에 변화가 생긴다면(예를 들어, 기업의 실적이 예상보다 나쁘다면), 매도할 시점이 다가온 것일지도 모른다.

매도하기 전까지 얼마나 기다려야 할까? 여기에도 쉬운 답은 없다. 하지만 나의 경우 잘 들어맞았던 원칙이 있다. 즉 나쁜 주식은 단기매매하고(trade) 좋은 주식은 장기투자하라(invest)는 말이다. 윌 로저스(Will Rogers)의 유명한 조언 "사라 그리고 올라가면 팔아라. 오르지 않으면 사지 마라"처럼 절대 쓸데없는 말이 아니다. 이 말이 의미하는 바는 저평가된 주식을 살 때, 여러분이 어떤 종류의 회사를 살 것인지 분명히 결정하라는 말이다. 여러분이 상황이 어려운 산업에 속한 평균 기업의 주식을 특별한 사건이 발생해 저평가된 가격에 매입했다면 이 주식의 특성이 더 널리 알려질 때 팔 준비를 해라. 차터 메디컬의 경우, 내가 주식을 매입한 후 경영 수익이 계속 증가했지만, 나는 핵심 사업인 의료 사업이 처한 어려움과 불확실성을 항상 염두에 두었다. 그렇기 때문에 월스트리트 애널리스트와 유명 대중 매체에서 나오는 차터 메디컬에 대한 긍정적인 보도가 주가에 반영되기 시작하자, 나는 차터 주식을 팔아 버렸다. 복잡한 게 아니다. 차터 주가는 여전히 저평가된 듯했지만, 의료 산업은 내가 편한 마음으로 장기 투자를 할 수 있는 분야가 아니었다. 내가 차터 주식 매도로 얻은 수익은 통상의 수익보다 훨씬 더 크기는 했지만, 그 수익은 고아 주식이라는 이유로 애초 다른 투자자가 무시했기 때문에 형성된 저평가된 주가에서 비롯된 것이었다.

반면 사업 전망과 시장 파워면에서 내가 더 후한 점수를 주었던 아메리칸 익스프레스는 장기 투자 종목이 되었다. 여러분이 기억할지 모르겠지만, 아메리칸 익스프레스는 사업부의 일부를 분사시킨 모기업이었다. 나는 분사 기업인 리만 브라더스의 예측 불가능성이 모기업인 아메리칸 익스프레스의 두 핵심 사업 분야인 차지 카드와 재무 상담 서비스의 매력을 숨기고 있다고 생각했다. 분사 이전 아메리칸 익스프레스를 수익의 9배수밖에 되지 않는 주가에 매입함으로써, 나는 헐값에 건실한 기업의 주식을 살 수 있었다. 아메리칸 익스프레스의 핵심 사업이 건실해 보였으므로, 나는 아메리칸 익스프레스 주식에 장기 투자하는 데 아무런 심적 부담감도 느끼지 않았다. 결국 내가 아메리칸 익스프레스에 투자해서 거둔 수익의 상당 부분은 분사라는 특수한 기업 상황을 통해 주식을 헐값에 사들일 수 있는 기회가 생겼기 때문이었다. 그러나 그 나머지 수익은 아메리칸 익스프레스의 경영 성과가 탁월했기 때문이었다. 결국 주식시장은 아메리칸 익스프레스의 수익이 증가하는 만큼 증가한 주가로 보답했다.

나는 보통 크게 저평가된 건실한 기업을 자주 발견하지는 못한다. 워렌 버핏은 그럴 수 있을지 모르지만 워렌 버핏만한 투자의 대가는 많지 않다. 특수한 변화를 겪고 있는 기업의 주식 중에서 저평가된 주식을 찾아냄으로써, 나는 꽤 여러 번 좋은 장기 투자 종목을 발견할 수 있었다. 특수한 기업 상황에 의해 생겨난 혹은 이제까지 숨겨져 온 저평가된 주식이 바로 내가 주목하는 종목이다. 기업의 질과 특성이 내가 주로 얼마나 오래 투자할 것인가를 결정할 때 고려하는 요소이다. 나쁜 주식은 단기매매 하고 좋은 주식은 장기투자 하라. 나의 조언과 월 로저스의 조언을 함께 적용한다면, 여러분이 얼마나 높은 수익을 거둘 수 있을지 그 누구도 예상하지 못하리라.

기업 구조조정(Corporate Restructuring)

부정적인 여건에서 발생하는 특별한 기업 변화가 좋은 투자 기회를 창출하는 또 다른 예로 기업 구조조정을 들 수 있다. '구조조정'에는 수많은 뜻이 있을 수 있으나 여기서는 사소한 구조조정을 이야기하는 것이 아니라 '대폭적인' 구조조정을 말한다. 한 사업 부분 전체의 매각이나 변화처럼 말이다. 또한 아무 사업 부분이나 말하는 것도 아니다. 기업 전체를 놓고 봤을 때 큰 사업 부분을 말한다.

물론 기업 구조조정은 항상 일어난다. 자본주의 체제의 고통스럽지만 가끔 필요한 부분이다. 우리가 이야기할 그리고 가장 확실한 투자 기회를 제공하는 구조조정은 기업이 손실을 멈추기 위해, 부채를 갚기 위해 혹은 더 전망 있는 사업에 주력하기 위해 주요 사업 부분을 매각하거나 폐쇄하는 경우이다.

대폭적인 구조조정이 수익성 높은 투자 기회를 제공할 수 있는 이유는 매각 혹은 청산되는 사업 부분이 그 동안 기업의 다른 사업 분야의 진정한 가치를 가려 온 경우가 많기 때문이다. 간단한 예를 들어 보자.

주당 2달러의 수익을 올리는 대기업이 있다. 이 기업의 주가는 수익의 13배, 즉 26달러이다. 그런데 실제로 2달러라는 수익은 흑자를 내는 사업 부분 2개와 적자를 내는 사업 부분 한 개를 통해 창출된다. 여기서 수익을 내는 두 사업 부분이 주당 3달러의 이익을 내고 적자를 내는 사업 부분이 1달러의 적자를 낸다고 하자. 바로 여기에 투자 기회가 숨어 있다. 적자를 내는 사업을 매각하거나 순 부채를 남기지 않고 청산한다면, 이 기업의 주당 이익은 즉시 3달러로 올라간다. 주가가 26달러라고 했을 때 주식의 이익 배수는 13에서 9 아래로 떨어진다. 많은 경우 적자 사업의 매각 혹은 청산은 순이익의 증가로 이어진다. 물론 이것은 좋은 투자 기회가 된다.

분사를 통해 얻는 수익과 마찬가지로 주요 사업 부분의 매각으로 기업은 핵심 사업에 더 주력할 수 있으며, 이는 기업과 주주 모두에게 실질적인 이득을 준다. 또한 더 작고 더 유망한 사업에 주력할 수 있게 된 경영진에게도 이익이며 주식시장이 더 특화되고 수익성이 높아진 사업에 더 높은 주가로 보답할 것이므로 기업의 가치도 올라간다. 직관적으로 생각했을 때는 아닐 것 같지만(구조조정을 한다는 말은 사업에 실패했다는 말이기 때문이다), 대대적인 구조조정을 단행하는 기업은 보통 주주 가치를 가장 잘 지향하는 기업인 경우가 많다. 기업이 극심한 어려움에 시달리고 있는 것이 아니라면, 주요 부분을 매각하겠다는 결정을 하는 것 자체가 매운 어려운 일이다. 이처럼 어려운 결정을 관철할 수 있는 경영진의 대부분은 주주 가치를 추구하기 때문에 그럴 수 있다.

구조조정에서 좋은 투자 기회를 찾을 수 있는 방법은 크게 두 가지이다. 첫 번째, 구조조정 발표가 난 후 투자한다. 구조조정의 특이한 성격상, 발표가 난 후에도 수익을 거둘 수 있는 기회는 많다. 이처럼 중대한 결정의 의미를 주식시장이 완전히 이해하는 데는 시간이 걸릴 수 있다. 보통 기업의 시가 총액이 적을수록 그리고 이 상황을 주목하는 애널리스트와 기관 투자자가 적을수록 여러분이 구조조정 발표를 유리하게 이용할 수 있는 시간과 기회는 더 많아진다.

두 번째, 구조조정을 할 시기가 무르익은 기업에 투자한다. 이는 첫 번째 방법보다 훨씬 더 어렵다. 간혹 여러분이 거저 이런 기회를 잡게 되는 경우도 있지만, 저자는 보통 두 번째 기회를 애써 찾으려고 하지는 않는다. 중요한 것은 여러분이 구조조정을 단행할 것 같은 후보 기업을 간파하는 법을 배우는 것이다. 여러분이 보기에 구조조정을 할 것 같아 보인다면 경영진, 특히 주식으로 인센티브의 대부분을 받는 경영진 역시 같은 생각을 하고 있을 것이다.

적어도 다음의 예에서는 그랬다.

구조조정

• **그린만 브라더스**(Greenman Brothers)

여기서는 마땅히 공을 인정받아야 할 이들에게 그 공을 돌려야겠다. 우선 기민하게 이처럼 좋은 기회를 알려준 아내에게 그리고 그 씨를 뿌린 피터 린치에게 말이다.

나는 전업 주부로 그리고 가끔 변호사 일을 하는 아내가 주식시장에 관심을 갖도록 항상 부단히 노력해 왔지만, 어느 날 아내가 매우 좋은 정보를 갖고 집으로 돌아왔을 때까지만 해도 과연 나의 노력이 결실을 보고 있는지 알 도리가 없었다. 집에서 멀지 않은 곳에 아내는 교육용 장난감과 각종 놀이감을 전문으로 하는 새로운 가게를 찾아 냈다. 아내는 새로운 가게의 컨셉과 분위기가 너무나 맘에 든 나머지 이전에 명심해 두었던 피터 린치의 조언에 따라 매장 매니저에게 누들 키두들(Noodle Kidoodle)이라는 이 가게를 운영하는 기업이 상장되어 있는지 물었다. 답은 예스였다. 아메리칸 증권거래소에 상장된 그린만 브라더스라는 기업이 누들 키두들을 운영하고 있었다. 아내의 이야기를 들으며, 나는 잠시 아내의 말을 중단시켜야 했다. 눈물이 나려고 하니 휴지를 좀 갖다 달라고 말해야 했던 것이다. 물론, 농담이었다(아니,

사실 반만 농담이었고 반은 진담이었다).

　더 조사를 해보니(아내로부터 이런 좋은 정보를 얻을 기회가 또 자주 찾아오겠는가?), 그린만은 장난감, 가정용품, 문구를 판매하는 수익성이 그다지 높지는 않은 유통 업체였다. 사실 그린만은 제조업체와 7천여 개 소매점을 연결하는 중간상이었다. 누들 키두들은 그린만이 시도한 새로운 사업으로 만약 첫 점포가 성공적일 경우 큰 폭으로 성장할 것 같았다. 내가 보기에는 새로운 사업의 아이템이 매우 유망했다. 아내와 함께 다시 점포를 찾아보니 상품 진열, 독특한 상품 구색 그리고 모여든 인파 모두 "여봐요, 이 곳 정말 멋지지 않아요!"라고 외치는 듯했다. 만약 5개 혹은 10군데 점포가 성공을 거둔다면, 전국에 100개, 200개 아니 더 많은 누들 키두들 점포가 생기지 말란 법도 없다는 생각이 들었다. 바로 피터 린치가 누누이 말했던 수익 가능성 있는 유형의 소매점 컨셉이었고, 아내 덕분에 나는 좋은 기회를 잡게 되었다!!

　보통 이런 기회가 다가오면 나는 스스로 어떤 생각이 드는지 별로 신경 쓰지 않고 무시해 버린다. 얼마나 좋은 아이디어인가! 진열된 상품들은 어찌나 환상적인지! 대박이 터질 수 있는 기회였다! 가끔 이런 생각을 하기도 하지만 그냥 관심을 끄고 만다. 주식시장에서 이런 대단한 아이디어나 상품을 만드는 기업의 주식을 살 때는 항상 그에 상응하는 대가를 치러야 하기 때문이다. 수익의 20배, 30배 아니 50배가 되는 가격에 주식을 매입해야 할 수도 있다. 많은 경우 주가이익비율이 천정부지로 솟아오를 수도 있다. 즉, 아직 새로운 사업이고 수익은 나지 않고 있으며, '아이디어' 단계에 그친 경우 구체적인 매출이 없을 수도 있는 것이다! 고성장(혹은 잠재적 고성장) 고배율(high-multiple) 주에 대한 부정적인 생각 때문에 아마도 나는 제2의 마이크로소프트 혹은 월마트가 나타나도 투자를 하지 못할 것이다. 하지만 미래의 거대한 유통 혹은 기술 트렌드를 예상하는 능력이 없으므로 손해를 보고 끝나는 수많은 투자자의 대열에 낄 가능성도 없다고 생각한다. 나는 이것이 공정한 게임이라고 생각하는데, 왜냐하면 앞에서도 말했듯이 손해를 보지만 않는다면 대부분의 다른 투자들은 성과가 좋기 때문이다.

그러면 그린만 브라더스에 큰돈을 투자할까 말까 생각하면서 나는 누들 키두들 매장 한 가운데서 과연 무엇을 하고 있었을까? 그저 아내의 비위를 맞추고 있었을까?(항상 성과가 있는 것은 아니지만 대부분은 현명한 전략이다) 전혀 아니다. 이미 알고 있었지만 그린만의 핵심 사업은 유통업이었다. 유통업이 큰 수익을 안겨 주지는 못했지만, 좋은 소식은 장부 가치가 주당 8달러가 넘었음에도 그린만 주식이 고작 5달러선에서 거래되고 있다는 사실이었다. 장부 가치**(구입 원가인 자산에서 부채를 뺀 가치)가 주식의 가치를 재는 유일한 수단은 아니다. 만약 그린만이 이 자산을 이용하여 더 많은 돈을 벌지 못한다면, 그 자산은 실제로 어떤 가치를 갖는가? 하지만 중요한 사실은 제조업체와 소매업체의 연결 고리인 도매업체로서, 그린만은 공장이나 장비 같은 고정자산을 크게 필요로 하지 않는다는 점이었다. 그린만 자산의 대부분은 현금, 받을 어음 그리고 최근 구입한 재고, 즉 대부분의 경우 손쉽게 팔아 버릴 수 있는 종류의 자산이었다.

나는 이 지루하고 이익이 거의 나지 않는 유통 사업 때문에 혁신적이고도 새로운 소매점 컨셉이 제대로 평가받지 못하고 있다고 생각했다. 그린만의 주가가 6달러도 되지 않는 상황에서, 주식시장은 누들 키두들의 성장 가능성에는 아무런 가치도 주지 않는 듯했다. 그린만이 이미 누들 키두들 체인을 대폭 확장하겠다는 계획을 발표했으므로(처음 개장한 점포가 계속 성공을 거둘 경우라는 조건하에서) 이 새로운 비즈니스는 결국 기존 유통 사업을 능가하는 잠재력과 수익을 갖게 될 것 같았다. 문제는 내가 그 방대한 잠재력을 옳게 평가했다 해도, 내가 바라는 만큼 누들 키두들이 확장되려면 비용이 수반되어야 한다는 점이었다. 그린만은 부채가 거의 없었으므로, 차입을 통해 그 비용을 댈 수 있었다. 나는 기존 유통업도 그 비용 마련의 방편이 될 수 있다고 생각했다. 만약 누들 키두들 사업이 확장된다면, 그린만은 유통 사업을 매각할 수도 있을 것이다. 그린만의 장부 가치 8달러가 25퍼센트 할인되어 팔려도 주당 매각 대금은 6달러였다. 40퍼센트 할인된다 해도 내가 매우 흥미를 갖게 된 사업의 투자에 나는 거의 아무런 돈도 들이지 않은 셈이다.

그런데 여기서 잠깐, 나는 앞서 이런 새로운 컨셉의 고성장 기업에 투자하는 것을 달가워하지 않는다고 말했다. 그러니까 실제로는 이런 기업에 투자해 손실을 보기가 싫다는 말이다. 나는 내가 스스로 예측한 미래의 수익 혹은 매출에 높은 배수를 주고서 투자하는 것이 큰 손해로 이어질지도 모른다는 두려움을 항상 갖고 있다. 바로 이런 종류의 투자가 나를 불편하게 하는 종류의 투자이다. 하지만 그린만의 주가는 6달러도 채 안 되었고, 내가 생각하는 누들 키두들의 잠재력에 대해 내가 지불하는 금액은 아무것도 없었다**(6달러 이하에서 그린만을 사는 것은 그린만의 유통 사업 자산을 사는 비용일 뿐이며, 그린만의 새로운 사업인 소매업은 아무 비용도 들이지 않고 가질 수 있다는 의미). 내가 보기에 누들 키두들의 성공은 이미 보장된 것이나 마찬가지였다. 그리고 공짜로 내기를 거는 것이므로 가격은 좋았다.

물론 누들 키두들의 첫 점포에 대한 관심이 사그라들 수도 있고, 경쟁업체가 나타날지도 모르고, 교육용 완구 열풍이 국부적인 혹은 한때의 유행으로 그칠 수도 있었다. 그러나 주가가 워낙 낮았으므로 만약 잘못된다 해도 크게 잃을 것은 없었다. 그린만의 기존 유통업 사업이 갑자기 악화될 리스크도 그다지 크게 걱정되지 않았다. 현재는 적자를 보고 있지 않지만, 만약 적자를 기록하기 시작한다면 자산을 쉽게 팔 수 있으므로 그린만은 유통업을 정리하고 누들 키두들에 매진할지도 몰랐다. 어떻게 생각하든, 내가 투자하는 금액을 놓고 보았을 때 큰 손해를 볼 것 같지는 않았다. 그렇다면 수익 가능성은? 확신할 수 없었지만 누들 키두들은 분명 좋은 기회였다.

결과는 어떠했을까? 약 1년 동안 그린만의 주가는 최고 7달러에서 최저 4달러를 이동하며 별 변동이 없었다. 이 기간 동안 누들 키두들 사업은 좋은 성과를 올렸고 그린만은 추가로 15개 점포를 더 열어 1995년 말까지 점포수를 20개로 늘리겠다는 계획을 발표했다.

반면 유통업은 악화일로를 걸었다. 1995년 5월 내가 그린만 주식을 매입한 지 1년이 조금 넘었을 때, 주가는 여전히 6달러 아래를 맴돌고 있었다. 바로 이 때 그린만이 기존 도매 유통업을 매각할 가능성을 타진하고 있다고 발표했다. 그린만은 언론 보도를 통해 유통사업 매각을 통해 확장을 계획하고 있는 "누들 키두들 사업 성장을 위한 자본을 마련할 수 있을 것"이라고 말했다. 갑자기 그린만은 진부한 저성장 유통업체가 아니라, 고성장 가도를 달리는 소매업체가 되었다. 2개월 내 주가는 11달러로 올랐고 4개월 내 14달러까지 치솟았다. 나는 주가가 10~11달러일 때 그린만 주식을 팔았다.

나를 겁쟁이라고 불러도 좋다. 어쨌든 팔아야 했다. 그린만은 '인기' 종목이 되었다. 더 이상 내가 공짜로 얻을 수 있는 것은 없었고, 게다가 이런 고성장주에 대해 내가 과연 얼마나 안다고? 이런 고성장주가 하루아침에 곤두박질치는 것은 흔한 일이었다. 그린만이 흑자를 보려면 누들 키두들 점포가 20개 이상으로 늘어나야 할지도 몰랐다. 변덕쟁이 소비자와 치열한 경쟁 때문에 이제 막 성장하려는 장난감 가게가 망할지 누가 아는가? 즉 갑자기 치솟은 주가는 그린만을 내가 마음 놓고 투자할 수 없는 종목으로 바꾸고 말았다. 구조조정을 통해 내가 일찍이 간파했던 숨겨진 가치가 드러났고, 그 이야기가 만천하에 드러났으며, 내가 애초에 누렸던 유리한 고지는 사라지고 말았다.

여러분은 내가 운이 좋았던 것뿐이라고 말할지도 모르겠다. 그린만 경영진이 구조조정을 단행하기로 마음 먹기까지 더 오랜 시간이 걸렸을 수도 있고 혹은 아예 구조조정이 일어나지 않을 가능성도 있었다. 내가 구조조정을 할 것이라고 예상한 모든 기업에 투자했더라면, 나는 영원히 기다리기만 해야 했을지 모른다. 그리고 기다리는 동안 나의 투자 수익은 별 볼일 없었을지도 모른다.

그러나 그린만의 경우 특히 매력적일 수밖에 없었던 특징이 세 가지 있었다. 우선 하락 가능성이 거의 없었다. 이미 이에 대해 수없이 이야기했다. 하지만 그래서 뭐가 어떤가? '안전 마진'은 여러분의 투자 리스트에서 언제나 제1순위가 되어야 한다. 그 다음으로 그린만은 구조조정을 할 만한 사업이 있었다. 이 경우 만약 유통 사업이 매각될 경우 누들 키두들은 수익성 있고 매력적인 사업으로 남을 수 있었다. 마지막으로 그린만의 경우 구조조정이 일어날 만한 촉매 요소가 있었다. 그린만은 만약 성공한다면 앞으로 상당한 재원이 소요될 새롭고 획기적인 비즈니스 아이디어를 막 시작한 참이었다. 만약 누들 키두들 사업이 제대로 된다면, 그린만은 어딘가로부터 자금을 들여와야 했다. 기존 유통업이 악화일로를 걸었다는 사실 역시 사업 매각의 결정을 더 쉽게 만들었을 것이다.

결국 잠재적인 구조조정 후보감을 찾아나서는 것은 매우 어려운 과제다. 나는 대부분의 투자자가 이러한 투자 전략을 이용해 실제 수익을 거둘 수 있다고 보지는 않는다. 반면 "눈에 보이는 것을 알아차리는 것"은 누구나 할 수 있는 예상이다. 여러분의 관심을 끈 사업이 회사의 모습을 바꿀 정도로 큰 부분을 차지하는지만 확인하면 된다. 이러한 기회를 잡는 것이 흔하지는 않지만, 구조조정을 통해 그 진정한 가치가 발견되기 전 매력적인 사업을 찾아냄으로써 여러분은 큰 수익을 올릴 수 있다.

물론 기업이 나서서 여러분에게 구조조정 계획을 공표한다면, 상황은 훨씬 더 쉬워진다. 그렇기 때문에 여러분이 구조조정 기업에 투자한다면 바로 이러한 경우에 해당할 것이다. 구조조정 계획이 이미 발표되었더라도 조사를 하고 수익을 올릴 시간은 충분하다. 사실 다음의 경우는 내가 뛰어들었을 때 주가는 이미 세 배나 뛴 후였다. 하지만 운 좋게도 상황은 나 같은 느림보 투자자가 개시한 후에도 수익을 올릴 수 있을 만큼 좋았다.

<u>구조조정</u>

- **제너럴 다이내믹스(General Dynamics)**

내가 처음으로 제너럴 다이내믹스를 발견한 것은 1992년 6월이었다. 〈월스트리트 저널〉은 주요 군수 업체인 제너럴 다이내믹스가 주주로부터 자사주 1천3백만 주를 되사들이고자 한다고 보도했다. 이는 제너럴 다이내믹스 전체 유통 주식의 30퍼센트에 해당했다. 이 바이백(buyback) 계획은 더치 옥션*(dutch auction – 매도자가 최고 호가로부터 점차 가격을 낮추어 가다가 매수 희망자가 나오면 최초의 매수 희망자에게 매도하는 경매 가격 결정 방법) 방식을 통해 진행될 예정이었다. 주주는 65.375달러에서 75달러 사이의 가격대에서 소유한 주식을 회사에 팔 수 있는 기회를 갖게 된다. 경매에 붙여진 주식수와 가격에 따라 제너럴 다이내믹스는 1천3백만 주를 매수할 수 있는 단계에서 단일 가격을 정한다. 결정된 단일 가격대 혹은 그 이하 가격으로 경매에 붙여진 주식은 모두 단일 가격으로 제너럴 다이내믹스가 사들일 것이다.

바이백 계획과 경매 방법 및 배경 정보를 알자 그 자세한 방법이 어떤지 세부 사항은 그다지 중요해 보이지 않았다. 신문 보도와 SEC에 보고된 경매 관련 서류를 읽은 후 나의 뇌리를 스친 가장 중요한 사실은 제너럴 다이내믹스가 1년 전부터 준비한 전체적인 계획이었다. 국방 예산 축소가 구소련 붕괴와 더불어 가속화됨에 따라 제너럴 다이내믹스는 사업 운영 원칙을 대폭 수정하기로 결정했다. 전 아폴로호 우주인이었던 윌리엄 앤더스(William Anders)가 경영하고 있던 제너럴 다이내믹스는 소수의 핵심 사업에 주력하기 위한 대대적인 구조조정에 나섰다. 1991년 2월 구조조정 계획의 시작과 함께 고위 경영진 23명에 대한 주식 인센티브 계획이 시행되었다. 그 당시 제너럴 다이내믹스의 주가는 약 25달러였다. 내가 1992년 6월 더치 옥션 계획 발표 이후 처음 제너럴 다이내믹스의 주가에 주목했을 때, 주가는 이미 71달러로 치솟아 있었다. 제너럴 다이내믹스의 주주는 이미 큰돈을 벌었고, 주가의 급격한 상승 덕분에 회사 경영진은 2천만 달러가 넘는 수익을 손에 넣을 수 있었다.

이를 보고도 왜 나는 손을 떼지 않은 걸까? 분명 나는 파티에 지각을 했다. 사실 늦은 정도가 아니라 제너럴 다이내믹스 주주가 디저트를 두 번 아니 세 번은 더 가져다 먹은 후였을 것이다. 그렇다면 내가 손을 떼지 못하게 만든 요인은 무엇인가?

우선 경매 관련 서류의 일면을 장식한 정보가 고무적인 징후였다. 회사 주식을 소유한 경영진이 바이백 계획에 어느 정도 참여하고 있는지에 관한 정보였다. 주가 상승으로 이미 큰 재미를 본 후에도, 경영진은 더치 옥션을 통해 기업에 단 한 주의 주식도 팔지 않았다. 이는 기업의 향후 전망을 가장 잘 알고 있는 내부 관계자, 즉 경영진이 자사 주식이 여전히 저평가되어 있다고 생각한다는 의미였다. 만약 바이백 주식도 저평가되어 있는 것이라면 그 결과는 엄청났다. 간단히 계산을 해보면 저평가된 가격에 그만한 대량의 주식을 되사들이면 주식을 계속 소유한 이들 경영진 주주들은 일확천금을 노릴 수 있었다. 게다가 유통 주식수가 훨씬 적어지므로 앞으로 기업의 가치 역시 몇 배로 증대될 것이었다.

더 고무적인 징조는 구조조정 계획 자체에 있었다. 이 계획은 합리적이었을 뿐만 아니라, 이제까지의 실질적인 성과 이상으로 더 큰 성공으로 이어질 여지가 충분히 있었다. 경매 관련 서류에 따르면, "배경과 기업 전략"이라는 제목의 글에서 제너럴 다이내믹스는 매우 명확한 구조조정 계획을 설명했다. 즉, 경영진은 "조국에 지속가능한 군수 산업 기틀을 다지기 위해서는 군수 산업의 과잉 생산을 제거해야 한다고 믿는다. 따라서 군수 산업의 효율화가 상당한 수준으로 진전된다면, 시장 선두 기업만이 효율적으로 살아남을 수 있을 것이라고 결론 내렸다." 이 원칙에 따라 제너럴 다이내믹스는 사활을 걸 핵심 사업 네 가지를 선정했다. 제너럴 다이내믹스는 이들 사업 각각을 "다른 기업과의 합병, 과잉 시설을 제거하기 위한 벤처 창립, 병행 가능한 사업의 인수 혹은 기존 사업의 매각"을 통해 "성장시킬 수 있는 방법을 끊임없이 연구할 것"이었다. '비핵심 사업'으로 간주되는 나머지 사업 모두는 이 계획에 따라 매각될 예정이었다.

근본적으로 제너럴 다이내믹스는 오래 전부터 구조조정의 기회를 찾고 있었다. 비핵심 분야를 매각하고 핵심 분야 역시 지속적으로 구조조정을 할 계획이었다. 이미 과거 1년 전에 제너럴 다이내믹스는 컴퓨터 운영 사업과 큰 규모의 자회사였던 세스나(Cessna Aircraft Company)를 8억 달러의 이익을 남기고 매각했다. 그리고 바로 한 달전 4억5천만 달러의 수익을 남길 것으로 예상된 미사일 사업 부문의 매각을 발표했다. 경매 관련 서류에 따르면 남은 '비핵심' 사업의 매각은 1993년 말 이전까지 마무리되어야 했다. 매각 대금은 주주에게 분배될 예정이었다. 게다가 매각될 사업이 전체 사업의 20퍼센트를 상회했기 때문에 세법에 따라 주주는 분배금에 대해 유리한 세율을 적용받을 수 있었다.

이제 내가 제너럴 다이내믹스에 계속 관심을 가졌던 마지막 이유를 알아보자. 내가 한참 뒤늦게 뛰어들었고 주가는 이미 오를 대로 오른 상황이었지만, 제너럴 다이내믹스의 주식은 여전히 헐값에 거래되고 있는 듯했다. 경매에서 9억5천만 달러를 들여 주식을 되사고 미래의 수익을 고려하지 않아도 제너럴 다이내믹스는 주주에게 되돌려주거나 핵심 사업의 시장 위치를 더 공고히 하기 위해 쓸 수 있는 현금이 10억 달러 이상이었다. 주가에서 보유 현금을 빼니 제너럴 다이내믹스에 남은 핵심 사업의 가격이 나왔다. 보수적으로 예측한다 해도 이 가격에 따르면 제너럴 다이내믹스의 주가는 다른 군수업체에 비교해 40퍼센트나 저평가된 것 같았다. 제너럴 다이내믹스가 사업 매각을 통해 핵심 사업에 주력하고 있고 경영진이 이 핵심 사업마저도 지속적으로 구조조정을 계획하고 있다는 사실에 비추어, 나는 주식이 이처럼 저평가된 상태를 오래 지속하지는 않을 것이라고 생각했다. 제너럴 다이내믹스의 과거 실적과 경영진의 인센티브 프로그램은 나에게 주식시장이 구조조정을 통해 드러날 제너럴 다이내믹스의 진정한 가치를 결국 알아볼 것이라는 확신을 갖게 만들었다.

결과는 어떠했을까? 내가 기대했던 것보다 훨씬 더 좋았다. 1992년 7월 초 제너럴 다이내믹스는 72.25달러에 자사주 1천3백만 주를 되사들였고 따라서 유통 주식 물량은 3천만 주로 줄어들었다. 2주 후 모든 주주의 마음을 훈훈하게 할 사건이 발생했다. 워렌 버핏이 제너럴 다이내믹스의 주식 4백만 주, 즉 전체 지분의 약 15퍼센트를 매입했노라고 발표한 것이다. (보라, 여러분과 한 배에 탄 동지가 얼마나 위대한 인물인지. 버핏 같은 투자의 대가도 이런 특수한 기업 상황에 투자한다.) 세계 최고의 투자가로부터 이미 인정받은 것이나 다름없었지만, 버핏의 발표 후 근 두 달 동안 주가가 75달러에서 80달러를 왔다갔다 했으니 제너럴 다이내믹스 주식을 헐값에 매입할 수 있는 시간은 충분했다. 후에 확인할 수 있었지만 이 때 뛰어든 것은 분명 훌륭한 결정이었다.

비핵심 사업의 매각이 계속 진행되었고, 1992년 12월 제너럴 다이내믹스는 핵심 사업의 한 부문인 전술 항공기 사업을 15억 달러에 매각하겠다고 발표했다. 전술 항공기 사업은 제너럴 다이내믹스가 선정한 핵심 사업의 하나였지만, 매각 결정은 "병행 가능한 사업의 인수 혹은 기존 사업의 매각"을 통해 핵심 사업을 "성장시킬 수 있는 방법을 끊임없이 연구할 것"이라는 경매 서류에 나타난 전체적인 계획과 일맥상통했다. 그 후 1년 동안 매각이 발표되고 분배금 배정 발표가 날 때마다 나는 처음의 주가 평가를 수정했다. 그럴 때마다 남은 사업 부문의 가치와 운영 성과는 계속 개선되었다. 1993년 말, 제너럴 다이내믹스의 구조조정 계획은 주당 50달러가 넘는 배당금 배정으로 귀결되었고 배당금 배정 후에도 주가는 90달러를 기록했다. 이를 합친 수치 140달러는 제너럴 다이내믹스의 주가가 18개월이 안 돼 두 배 이상 뛰었다는 의미였다. 이 모든 일이 내가 신문에서 제너럴 다이내믹스의 경매 제안에 대해 읽은 후 일어난 것이었다.

그렇다. 나는 뒤늦게서야 투자에 나섰다. 하지만 이 경우 아예 나서지 않는 것보다 늦게라도 뛰어드는 편이 나았다. 물론 모든 구조조정이 이처럼 놀라운 결과를 가져오는 것은 아니다. 유리한 시장 여건도 있었지만 전략의 변경이 한 기업의 주가를 3년 안에 25달러에서 140달러로 껑충 뛰게 만들 수 있다는 사실은 참으로 놀랍다. 한편 오늘날 경영진은 핵심 사업에 더 주력하라는 압력 그리고 사업을 투자자가 더 잘 납득할 수 있게 만들라는 압력에 직면하고 있다. 우리는 분사나 비핵심 사업의 매각을 통해 구조조정을 결정하는 다른 기업에 대한 기사를 거의 매일 볼 수 있다. 제너럴 다이내믹스와 그 주주가 경험한 것은 구조조정이라는 과정을 통해 기업의 숨겨진 가치가 얼마나 잘 드러날 수 있는지를 보여 주는 극단적인 예이다.

부도와 구조조정 요약

1. 기업 부도 – 기억해야 할 몇 가지 사항

1) 기업 부도는 독특한 투자 기회를 창출한다 – 하지만 꼼꼼히 따져서 선택하라.

2) 일반적으로 도산 기업의 보통주를 매입해서는 안 된다.

3) 도산 기업의 채권, 은행 채무, 공급자 청구권은 매력적인 투자처가 될 수 있다 – 하지만 이에 투자하고 싶다면 우선 하고 있는 일을 그만두어라.

4) 부도를 극복한 기업의 신규 발행주를 조사하면 이득이 있다. 분사 기업이나 합병 증권과 마찬가지로 애초에 이들 주식을 원하지 않았던 주주의 매도 압력 때문에 주가가 종종 저평가된다.

5) 가격이 너무나 낮아 저항할 수 없을 정도로 매력적인 경우가 아니라면, 건실한 기업에 투자하라. 데이먼 러니언*(Damon Runyon, 〈아가씨와 건달들〉로 유명한 미국의 작가)이 말한 대로 "언제나 제일 빠른 자가 경주에서 이기고 가장 힘센 자가 전쟁에서 이기는 것은 아니다 – 하지만 내기를 걸 때는 여기에 걸어야 한다".

2. 주식 매각에 대한 조언

1) 나쁜 주식은 단기매매 하고 좋은 주식은 장기투자 하라.

2) 앞장의 피타고라스의 정리를 기억하라 – 주식을 언제 팔아야 하는지 알려 주지는 않지만, 적어도 맞는 법칙이라는 점은 확실하다.

3. 기업 구조조정

1) 기업 구조조정을 통해 어마어마한 가치가 재발견될 수 있다.

2) 주가 하락 가능성이 낮고, 구조조정의 여지가 있는 매력적인 사업이 존재하며, 경영진이 구조조정을 통해 높은 인센티브를 받을 상황을 찾아보라.

3) 구조조정 가능성이 있는 상황에서, 실제로 구조조정을 일으킬 촉매 요소가 있는지도 찾아보라.

4) 구조조정의 정도가 전체 기업 크기와 비교해 큰지 확인하라.

5) 배우자의 말에 귀 기울여라. (이 조언을 따른다고 해서 실제로 자본 이득이 생길지는 미지수이나 분명 배당금은 보장된다.)

YOU CAN BE A STOCK MARKET GENIUS:

UNCOVER THE SECRET HIDING PLACES OF STOCK MARKET PROFITS

제6장

재자본화와
껍데기 주식, LEAPS,
신주인수권, 옵션

Recapitalization and Stub Stocks, LEAPS, Warrants, and Options

자본확충 계획이 투자자의 돈을 만날 때

좋다. 제3장에서 나는 분사 기업에 관해 이야기했다. 이것만으로도 여러분은 이 책의 본전을 뽑은 셈이다. 게다가 제4장과 제5장에서는 합병 증권, 기업 부도 그리고 구조조정에 관해 이야기했고, 아마 그 내용이 60달러어치는 될 것이다. 그런데도 더 원한다는 말인가? 더 높은 리스크, 더 높은 수익 그리고 더 많은 돈을 원한다는 말인가!

좋다. 정 원한다면 도와 드리겠다. 하지만 솔직히 말해서 여러분은 내가 정말 마음 터놓고 어울리고 싶은 사람들은 아니다. 그리고 내가 여러분에게 진수 칼 세트*(Ginsu knives - 획기적인 정보광고로 화제를 불러 모았던 칼 세트로 일본을 연상시키는 발음과 달리 미국의 칼 제조업체가 생산하는 제품)를 드릴 것이라고 기대하지도 말라.

재자본화(Recapitalization)와 껍데기 주식(Stub Stocks)

주주 가치를 증대시키는 방법에는 재자본화(recapitalization)가 있다. 월스트리트에서 흔히 recap이라고 알려진 재자본화는 1980년대 기업이 적대적 인수 시도를 물리치거나 까다로운 주주의 비위를 맞추기 위한 방편의 하나로 이용되었다. 일반적으로 재자본화는 기업이 현금, 회사채 혹은 우선주를 동원해 대량의 자사 보통주를 되사들이는 것을 말한다. 혹은 배당을 통해 주주에게 현금 그리고/혹은 유가 증권을 직접 배정할 수도 있다. 재자본화를 통해 주주가 바뀌는 것은 아니지만 보통 기업의 부채가 상당히 커진다. 1980년대 말과 1990년대 초 과다한 부채를 견디지 못한 수많은 기업이 도산을 신청하는 바람에 오늘날 재자본화는 더 이상 예전 같은 인기를 누리고 있지 못하지만, 분명 공부해 볼 만한 가치는 있다. 좀 더 후에 이야기하도록 하자.

우선 재자본화가 어떻게 일어나는지 알아보자. XYZ라는 주식회사의 주식이 36달러에 거래되고 있다. 재자본화를 통해 주주 가치를 증대시킬 수 있다고 판단한 경영진은 주주에게 30달러어치의 신규 발행 회사채를 배정하기로 결정한다. 이론적으로 XYZ 회사의 주가가 주주에게 30달러 회사채를 배정하기 전에 36달러였으므로 회사채 배정 후 XYZ의 보통주는 약 6달러의 가치에 거래된다. 만약 재자본화가 여기서 끝난다면, 뭐 그리 대단한 게 있을까? 하지만 상황은 그렇게 간단하지 않다.

실제로 재자본화는 주주 가치를 증대시키는 효과가 있는데, 여기에는 많은 이유가 있다. 우선 대차대조표에서 부채 비중이 높아지면 기업에게 세제상 혜택이 주어진다. 예를 들어 XYZ 기업이 재자본화 이전 주당 3달러의 세후 이익을 올렸다고 가정하자. 그러면 XYZ의 P/E 비율은 12가 된다(주가 36달러를 3달러로 나누면 12이다). 여기서 주정부세를 포함해 세율이 40퍼센트라고 하면, XYZ의 세전 수익은 실제로 주당 5달러가 된다(세전 수익 5달러에서 세금 2달러를 빼면 세후 수익 3달러가 된다). 이제 재자본화를 통해 XYZ의 대차대조표에 부채가 많아지면 어떤 현상이 나타나는지 알아보자.

만약 XYZ 기업 주주에게 배정된 30달러어치 채권의 금리가 10퍼센트라면, XYZ는 매년 3달러의 이자를 지급해야 한다. 기업 입장에서 이자는 세금 공제가 가능한 비용으로 처리되므로, XYZ의 세전 수익은 주당 2달러가 된다(이전의 세전 수익 5달러 - 주당 3달러의 이자 비용). 세율이 여전히 40퍼센트라고 가정했을 때 세전 수익이 2달러였으므로 세후 수익은 주당 1.2달러가 된다. 따라서 재자본화를 거친 XYZ 기업의 보통주(보통 껍데기 주식이라고 부름)가 6달러에 거래된다면, P/E 비율은 5밖에 되지 않는다. 이는 굉장히 낮은 수치이다.

물론 껍데기 주식이 재자본화 이전의 P/E 비율 12를 기록할 만큼 가치가 높지 않을 수도 있다. 결국 부채가 엄청나게 증가했으므로 XYZ 기업에 투자하는 투자자는 더 높은 리스크를 떠안아야 하고, 투자자는 더 많은 리스크를 감수하는 대가로 수익을 올리고자 하므로 껍데기 주식의 P/E 비율은 더 낮아야 할 것 같기도 하다. 그러면 얼마나 낮아야 할까? 복잡하게 생각할 필요는 없지만, 재자본화 이후 8~9 정도의 P/E 비율을 기록하면 적당할 듯싶다. 즉 껍데기 주식이 약 10달러 선에서 거래되면(그러면 P/E 비율은 8.33이다), 재자본화 이전 주가가 36달러였던 데 비해 재자본화 이후 주주에게 돌아가는 총 가치는 40달러로 상승한다(부채 30달러+껍데기 주식 주가 10달러).

이 같은 결과가 말이 될까? XYZ 기업의 자산에는 아무런 변동이 없다. 판매와 수익도 그대로이다. 그렇다면 주주에게로 돌아가는 4달러의 추가 수익은 대체 어디서 온 걸까? 재자본화는 그저 마술과 같은 장난인가? 금융 공학(financial engineering)이라 부르는 기술 말이다. 하지만 사실은 그렇지 않다.

비밀은 세금에 있다. 재자본화 이전 세전 수익 5달러 중 3달러는 수익의 형태로 주주에게 돌아가고 나머지 2달러는 세금의 형태로 연방 정부에 돌아갔다. 그러나 재자본화 이후 이 중 3달러는 신규 발행된 채권에 대한 이자 지불의 형태로 주주에게 돌아가고, 껍데기 주식에 대한 수익의 형태로 1.2달러가 추가로 주주에게 돌아간다. 즉 재자본화 이전에는 3달러만 주주에게 돌아갔던 데 비해 재자본화 후에는 총 4.2달러가 주주에게로 돌아간다. 재자본화의 결과 연방 정부로 돌아가는 몫은 재자본화 이전의 2달러에서 0.8달러로 대폭 줄어들었다. 마술 같은 트릭은 전혀 없다. 대차대조표에서 부채의 비중을 늘림으로써(그러나 과다하게 늘리지는 않음으로써) 주주에게 수익을 배분할 때 세제상의 혜택을 누리게 된 것이다. 이 점에서 재자본화는 분명 시도해 볼 만하다.

물론 여러분이 재자본화에 관한 소식을 들을 때는 이미 신문에 재자본화 계획이 발표된 이후이다. 여러분이 투자할 기회를 잡기도 전에 재자본화의 결과로 생겨난 추가 수익 4달러는 이미 XYZ의 주가에 반영된다. 그러나 여러분이 수익을 거둘 수 있는 기회는 여전히 많다. 예를 들어 채권이나 우선주를 주주에게 직접 배정함으로써 재자본화가 일어나면, 합병 증권의 경우와 비슷한 투자 기회가 생긴다. XYZ 기업의 보통주에 투자했던 주주는 보통 XYZ의 채권이나 우선주를 달가워하지 않는다. 결과적으로 이들 투자자는 신규 발행된 채권이나 우선주를 배정받자마자 무조건 팔아 버린다. 하지만 재자본화 기업 투자가 흥미로운 이유는 정작 다른 데 있다.

재자본화 후 남는 주식을 일컫는 껍데기 주식에 투자하는 일이 바로 그렇다. 큰 수익을 기대할 수 있기 때문이다. 특히 껍데기 주식 투자는 공개 상장된 LBO의 주식에 투자하는 것이나 마찬가지이다. 많은 LBO는 원래 투자 금액의 5배 혹은 10배가 넘는 수익을 창출하며, 몇몇 껍데기 주식도 이처럼 대단한 수익을 냈다. 물론 실패로 돌아가는 LBO가 있는 것처럼 곤두박질치는 껍데기 주식도 있다. 하지만 대박을 터뜨리는 경우 그 수익이 몇몇 실패를 상쇄하고도 남을 만큼 높다. 사실 껍데기 주식만큼 연구한 노력의 대가가 빠르게 그리고 후하게 나오는 주식시장의 분야도 없다.

껍데기 주식 투자가 왜 그토록 높은 수익을 내는 걸까? 답은 간단하다. 수치를 살펴보면 알 수 있다. 부채 비율이 높은 기업에 투자하면 어떤 장점과 리스크가 있는지는 이미 이야기했다. 다시 한번 구체적인 수치로 예를 들어 보면 왜 껍데기 주식 투자의 수익이 높은지 잘 이해할 수 있다. 위에서 이야기한 XYZ 기업의 세전 수익이 20퍼센트 상승한다고 가정하면, 주당 수익이 5달러에서 6달러로 오른다. 재자본화가 일어나지 않을 경우, 세율이 40퍼센트이므로 세후 수익은 주당 3.6달러이다. P/E 비율이 12라고 따지면, XYZ 기업의 주가는 수익이 20퍼센트 증가할 경우 36달러에서 43.20달러로 상승하는 셈이다.

이제 XYZ가 재자본화를 한다고 가정하면, 이야기는 좀 달라진다. 세전 수익이 주당 6달러로 증가했는데, 재자본화를 통해 배정된 회사채에 3달러의 이자를 지급해야 하므로 과세 대상이 되는 수익은 3달러가 된다. 40퍼센트 세금을 내면, XYZ 기업 껍데기 주식의 세후 수익은 주당 1.8달러가 된다. 앞서 사용한 같은 P/E 비율 8.33을 적용하면, 이제 XYZ의 껍데기 주식 주가는 원래의 10달러에서 무려 50퍼센트 상승한 15달러가 된다. 더 나아가 이제 XYZ의 세전 수익이 이자 비용을 훨씬 능가하는 수준으로 상승했다고 가정하자. 그러면 투자자는 XYZ 주식의 리스크가 줄어들었다고 생각할 것이다. 이 경우 P/E 비율이 10이라고 해도 무난할 듯싶다. 결과적으로 XYZ의 껍데기 주식은 주당 수익 1.8달러에 10을 곱한 18달러에, 즉 원래의 10달러에서 무려 80퍼센트가 상승한 가격에 거래될 수 있다. 다시 강조하지만, 80퍼센트의 주가 상승이라는 결과는 상대적으로 낮은 세전 수익이 20퍼센트 상승한 덕분에 가능한 것이었다. 여기서 볼 수 있듯이, 부채 비율이 높은 재자본화는 제대로만 되면 투자의 즐거움뿐만 아니라 높은 수익을 안겨 준다.

앞서도 언급했지만 애석하게도 오늘날 재자본화된 기업의 껍데기 주식에 투자할 수 있는 기회는 그다지 많지 않다. 적어도 현재 당분간 재자본화의 인기는 시들해진 상태이다. 하지만 부채 비율이 높은 주식에 투자하는 전략이 여전히 여러분의 흥미를 불러일으킨다면 나는 두 가지를 제안하겠다. 첫째, 부채 비율이 높은 분사 기업에 투자해도 껍데기 주식에 투자하는 것만큼 똑같이 높은 수익을 얻을 수 있다. 그렇다고 해서 껍데기 주식 분야를 주도면밀하게 살펴본다고 해서 잘못될 일은 전혀 없다(하지만 이미 앞서 충분히 이야기하지 않았는가!). 둘째는 내가 이번 장의 서두에서 여러분에게 약속한, 재자본화에 관해 습득한 지식을 여러분에게 유리한 방향으로 이용하는 방법이다. 이제 재자본화 계획을 추진하는 기업은 거의 없으므로, 이 방법이란 바로 여러분 스스로 자신만의 재자본화 투자 기회를 창조하는 법이다. 하지만 그 방법에 관해 이야기하기 전에, 1980년대 중반 재자본화 전성기로 돌아가 실제로 재자본화가 어떻게 수익을 창출했는지 살펴보자.

재자본화

• FMC 주식회사

화학제품과 기계를 생산하는 군수산업체 FMC 주식회사는 1986년 2월 대대적인 재자본화 계획을 발표했다. 그 이유는 적대적 인수 시도에 대한 우려 때문이었다. FMC 이사회는 여러 대안을 검토한 후, 재자본화가 적대적 인수 세력으로부터 자사를 방어할 수 있는 최상의 방안이라고 결정했다. FMC는 재자본화를 통해 주가를 상승시키고 경영진 및 직원에게 더 많은 주식 지분을 배정하기를 바랐다. 만약 재자본화 계획이 성공하면, 적대적 인수 시도를 무력화시키고 경영진과 직원은 회사의 주인이 되어 스스로 앞날을 결정할 수 있었다.

계획에 따르면, FMC 주주는 한 주당 재자본화된 기업의 신규 발행 주식 한 주와 70달러의 현금을 배정받았다. 자사의 지분을 소유한 경영진과 직원은 여기서 현금 대신 재자본화된 기업의 신규 발행 주식을 추가로 배정받았다. 즉, 현금으로 70달러를 받는 대신 재자본화된 기업의 신규 주식을 4 2/3주 추가로 배정받았다. 이 말은 경영진 주주가 재자본화되기 이전 FMC 주식 한 주당 재자본화된 이후 FMC의 껍데기 주식 5 2/3주를 배정받는다는 뜻이었다. 계획이 마무리되면 FMC의 내부인 지분은 19퍼센트에서 40퍼센트로 상승할 예정이었다.

처음에는 이 계획이 의도한 효과를 내는 것 같았다. 인수 루머가 돌기 전 70달러대에서 거래되었던 주식은 재자본화 계획 발표 후 약 85달러로 치솟았다. 이 말은 주식시장이 외부인 주주에게 주당 70달러를 배정한 후 남는 껍데기 주식의 가치를 약 15달러로 평가한다는 뜻이었다. 하지만 인수 루머는 누그러들지 않았고, FMC 주가는 그후 6주 동안 90달러 중반까지 상승했다. 4월 초 악명 높은 인수 전문가이자 기업 사냥꾼으로 불리는 이반 보에스키가 FMC 발행 주식의 7.5퍼센트를 매입했다고 발표했다. 보에스키는 자신이 보기에 FMC의 재자본화 계획이 경영진 주주에게 너무나 많은 이익을 안겨다 준다면서, 그 다음날 주주 투표가 열리면 이 계획을 반대할 것이라고 선언했다.

주가가 대폭 상승하고 보에스키가 공개적인 반대를 선언함에 따라 FMC는 몇 주 후 기존의 재자본화 계획을 수정하겠다고 발표했다. "금리 하강 기조와 재자본화 계획에 대한 시장의 뜨거운 관심을 반영하는 현 경제 및 시장 여건을 고려해" FMC는 현금 배정을 주당 80달러로 올렸다. 그러나 경영진과 직원 주주가 배정받을 껍데기 주식의 물량은 처음 계획 그대로였다. 수정된 재자본화 계획을 설명한 주주총회 보고서가 1986년 5월 초 SEC에 제출되었고 주주 투표는 그 달 말로 예정되었다.

나는 껍데기 주식이 놀라운 수익을 창출하는 경우가 많다는 사실을 알고 있었으므로, 보고서를 주의 깊게 읽어 보았다. 내가 주목한 부분은 '향후 전망'이라는 제목의 눈에 띄는 대목이었다. 여기서 경영 진은 향후 8년간 FMC의 손익계산서, 현금흐름, 대차대조표에 대한 예상치를 내놓았다. 전에도 언급했지만, 나는 경영진의 사업 전망을 액면 그대로 받아들이지 않는다. 장기 전망일 경우는 특히나 더 의심을 품고 평가한다. 그런데 이 경우 나는 좀 더 주의깊게 사업 전망을 살펴보았다. 결국 경영진은 재자본화 계획에서 단 한 푼의 현금도 배정받지 않았다. 재자본화된 FMC의 지분을 늘리는 대신 주당 80달러의 현금 수익을 포기한 것이다. 그뿐만 아니라, 이들 경영진의 재산과 경력은 향후 FMC의 성공 여부에 달려 있었다.

경영진은 사업 전망에서 FMC가 단 3년 내 주당 3.75달러의 수익을 거두고 주당 약 4.75달러의 세후잉여현금흐름을 기록할 것으로 예상했다. 그리고 이 때를 즈음해 FMC의 세전 수익은 거의 2:1의 비율로 연간 이자 비용을 능가하며 주가가 잉여 현금흐름의 10배쯤 되어 껍데기 주식은 주당 50달러를 기록할 것으로 예상했다. 재자본화가 성공해 FMC 주가가 약 97달러로 오를 것이라는 이와 같은 전망은 껍데기 주식을 17달러에 살 수 있다는 말이었다(주가 97달러-현금 배정 80달러). 만약 이 전망이 맞다면, 정말 헐값에 알짜 주식을 매입할 수 있는 기회가 온 셈이었다.

결과는 어떠했을까? FMC 주가는 재자본화가 마무리된 1년 후 40달러를 기록했으며, 1987년 10월 미국 최악의 주가 대폭락 사태로 불리는 '블랙 먼데이'가 다가오기 바로 전 몇 달 동안 60달러까지 치솟기도 했다. 하지만 차입 투자는 높은 상승 가능성과 높은 하락 가능성 모두를 내포한다는 진리를 증명이라도 하듯 FMC 주가는 블랙 먼데이 이후 25달러까지 곤두박질쳤다 그 후 35달러 선에서 안착했다. 내 투자 결과는 어떠했을까? 나는 FMC 주식을 일찌감치 팔아 버렸다. 왜 그랬는지 기억할 수는 없지만, 나는 재자본화가 마무리된 후 몇 달 동안 약 26달러의 가격에 FMC 지분을 매도했다. FMC의 사업 성과에 그다지 매력을 느끼지 못했는지도 모르고, "나쁜 주식은 단기 매매 하라"는 내 자신의 신조를 지켰는지도 모른다(아니면 그냥 그 날 기분이 내키는 대로 팔아 버렸는지도 모르겠다). 어쨌든 나는 그 모든 '즐거움'을 놓칠 수 있어 얼마나 안도했는지 모른다.

아, 잊어버릴 뻔했다. 후에 밝혀졌지만, 보에스키가 FMC 지분을 매입하기로 한 결정은 내부 정보를 근거로 한 것이었다. FMC는 보에스키 때문에 현금 배정을 10달러 올리기로 재자본화 계획을 수정해야만 했던 이유로 후에 보에스키를 고소했다. 수차례 증권 사기를 저지른 혐의(내부 정보를 얻는 대가로 현금이 가득 든 서류 가방을 건네는 다소 고난이도의 계획도 포함되었다)를 인정한 보에스키는 몇 년을 감옥에서 보내야 했다. 결국 보에스키는 형을 살고 출소했고, 여기까지 읽은 여러분도 그런 셈이다. 그러니 이제 마침내 껍데기 주식과 그 폭발적인 수익 창출 능력에 대해 여러분이 배운 바를 어떻게 하면 좋은 목적으로 사용할 수 있는지 알려 드리겠다.

나는 앞서 여러분 스스로 자신만의 껍데기 주식을 만들 수 있는 방법이 있다고 말했다. 수백 개의 장기주식참여상품, 즉 LEAPS 중 좋은 상품을 고르는 것만으로 여러분은 재자본화된 기업의 부채 비율이 높은 주식에 투자하는 것과 상당 부분 유사한 효과를 거둘 수 있다. 여기서 LEAPS란 장기 옵션 계약을 뜻하는 long-term equity anticipation securities를 줄인 말이다. "좋아, 그런데 옵션이란 대체 뭐야?"라는 생각이 들어도 너무 긴장하지 말라. 옵션에는 풋옵션과 콜옵션의 두 가지 종류가 있는데, 여기서 우리는 콜옵션에 관해서만 다루겠다. 그리고 전국 규모의 증권 시장에서 거래되는, 상장 기업의 콜옵션에 관해서만 다루겠다. (좋다. 아직도 긴장되는가? 여하튼 계속 읽어 보기 바란다. 큰 수익이 걸려 있는 문제니까 말이다.)

콜옵션은 한정된 기간 동안 정해진 가격에 주식을 살 수 있는 권리(의무는 아니다)를 말한다. 따라서 행사 가격 140달러의 6월물 IBM 콜옵션 소유주는 6월까지(상장 옵션의 경우 매달 세 번째 금요일이 만기일이다) 140달러에 IBM 주식 한 주를 매입할 수 있는 권리가 있다. 만기일에 IBM 주식이 148달러에 거래되고 있다면, 이 콜옵션은 8달러의 가치가 있다. 왜냐하면 콜옵션 소유주는 IBM 주식을 140달러에 산 직후 148달러에 되팔 수 있기 때문이다. 반대로 만기일에 IBM 주식이 135달러라면, 이 콜옵션은 가치를 상실한 채 만기가 된다. 왜냐하면 모든 투자자가 IBM 주식을 135달러만 내면 살 수 있는 상황에서 같은 주식을 140달러의 행사 가격에 살 수 있는 권리는 아무런 가치도 없기 때문이다. 자, 이 정도면 콜옵션의 기본을 다룬 것 같다. 그런데 한 가지 더 있다.

주식시장이 개장한 동안은 옵션 시장도 개장한다. 상장된 모든 주식마다 옵션이 있는 것은 아니지만, 수천 개의 대기업의 옵션이 거래되고 있다. 따라서 여러분은 개장 시간 동안 상장 콜옵션을 매매할 수 있으며, 그 만기일은 제각각이다. 앞에서 든 예에서 행사 가격 140달러 6월물 IBM 콜옵션은 6월 만기일 이전까지 몇 개월 동안 거래된다. 콜옵션의 가치가 만기일에 어떻게 달라지는지에 관해서는 이미 이야기했다. 문제는 만기일 이전 콜옵션의 정당한 가치는 얼마나 되느냐이다. 더 자세히 말하면 위 IBM 콜옵션의 경우 만기일 약 두 달 전 4월에 매입한다면 그 가격은 얼마나 될까이다. (여러분이 꼭 콜옵션의 정확한 가격을 알아내야 할 필요는 없지만, 그 가격이 어떻게 산출되는지 알아 두면 도움이 된다. 여기서는 편의상 배당금 효과를 무시하기로 한다.)

6월 만기일 약 두 달 전인 4월 IBM 주가가 148달러라고 가정하자. 우리는 이미 6월 셋째 주 금요일이 돌아오면 위의 IBM 콜옵션이 8달러의 가치를 지닐 것이라는 사실을 알고 있다. 하지만 4월 이 콜옵션의 가치는 8달러 이상이다. 아마 11.375달러 정도에 거래될 가능성이 더 높다. 왜일까? 이유는 두 가지이다. 첫째, 콜옵션 소유주는 앞으로 두 달 동안 미리 정해진 매수 가격 140달러를 지불하지 않지만 6월까지 예상되는 주가 상승분의 혜택을 기대할 수 있다. 생각해 보라. 만약 6월 만기일 이전까지 IBM 주식이 10달러 더 오른다면, 주가는 158달러가 된다. 4월에 IBM 주식에 직접 투자한 투자자는 148달러를 투자하고 10달러의 수익을 올린 셈이다. 반면 만약 행사 가격 140달러 IBM 6월분 콜옵션을 4월에 8달러에 살 수 있다면, 이 콜옵션 소유주는 같은 두 달 동안 역시 10달러의 수익을 올릴 수 있다(왜냐하면 만기일 콜옵션 소유주는 140달러에 IBM 주식을 사고 158달러에 팔 수 있기 때문이다. 초기 투자액 8달러를 빼면, 최종 수익은 10달러가 된다). 과연 공정한 결과일까?

IBM 주식을 매입한 투자자는 같은 10달러의 수익을 올리기 위해 콜옵션 투자자보다 140달러를 더 투자해야 한다. 반면 콜옵션 소유주는 140달러를 추가로 투자하지 않고도 IBM 주식의 상승분에서 수익을 올렸다. 이러한 차이를 보상하기 위해, 만기일 이전까지 두 달 동안 140달러에 대한 이자 수익이 콜옵션의 가격에 반영된다. 금리가 6퍼센트라고 가정하면, 140달러에 붙는 이자는 주 당 약 1.40달러가 된다. 따라서 콜옵션의 내재가치(위 예의 경우 IBM 주가 148달러와 콜옵션 행사 가격 140달러의 차액 8달러)에 콜옵션 소유주가 두 달 동안 투자하지 않아도 되는 금액에 붙는 예상 이자(imputed interest rate) 역시 콜옵션 가격에 포함되는 것이다. 따라서 콜옵션의 가격이 내재 가치인 8

달러에서 콜옵션 소유주가 투자하지 않아도 되는 금액 140달러에 붙는 이자를 포함해 약 9.40달러로 오른다.

그런데 나는 콜옵션이 약 11.375달러에 거래되어야 한다고 말했다. 콜옵션의 실제 가격인 11.375달러와 앞에서 우리가 계산한 9.40달러 사이에는 거의 2달러의 차액이 존재하는데, 그 이유는 과연 무엇일까? 분명 콜옵션 소유주에게 또 다른 이득이 있기 때문에 이 차액이 존재할 텐데, 과연 무엇일까?

그 답은 콜옵션 소유주는 콜옵션에 투자한 금액만큼만 잃는다는 데 있다. 그리 놀라운 발견 같지 않을지 몰라도, IBM 보통주를 소유했을 때 잃을 수 있는 손실액과 비교하면 실로 대단한 이득이 아닐 수 없다. 즉 6월 만기일이 돌아왔는데 IBM 주식이 140달러로 떨어졌다면, 콜옵션 소유주는 원래 투자 금액인 11.375달러만 손해 보면 된다. 주식이 120달러 혹은 심지어 80달러까지 곤두박질쳐도, 콜옵션 소유주는 11.375달러만 손해 보고 끝날 뿐이다. 이제 좀 대단한 이득이라고 생각되는가?

같은 경우 불쌍한 IBM 주식 투자자에게는 어떤 일이 일어날지 자명하다. 6월 만기일 IBM 주식이 140달러라면 이 투자자는 4월 148달러를 주고 IBM 주식을 산 투자 금액에서 8달러를 손해 본다. 만기일 주가가 130달러로 떨어지면, 18달러를 손해 본다. 120달러로 떨어지면 28달러를 잃고, 만약 80달러까지 떨어진다면 무려 68달러를 손해 본다. 보라. 분명 콜옵션 소유주에게 추가의 이득, 즉 주가가 행사 가격 140달러 이하로 떨어져도 원래의 투자금액 그 이상의 손해는 보지 않는다는 혜택이 있다. 그 가치는 얼마나 될까? 이 경우 아마도 2달러 정도 된다. 따라서 콜옵션 가격에 '보호금'으로 2달러를 포함시키면, 콜옵션 가격은 9.40달러에서 앞서 이야기한 11.375달러로 오른다. 여기서 주가가 행사 가격인 140달러 이하로 떨어질 리스크를 감수하는 대가인 2달러는 풋옵션에서도 마찬가지이다(하지만 분명 콜옵션에 관해서만 다루겠다고 이야기했으므로, 더 이상 이야기하지 않겠다).

요점은 콜옵션 투자는 돈을 빌려 주식을 사되, 일종의 보호 장치와 함께 사는 것과 같다는 사실이다. 콜옵션의 가격에는 돈을 빌리는 데 드는 비용과 여러분의 '보호' 비용이 포함되어 있다. 즉 이것은 공짜가 아니다. 여러분은 돈을 빌려서 특정 주식의 향후 실적에 베팅하는 셈이다. 또한 여러분은 이 베팅에서 손해 볼 수 있는 금액을 제한하는 셈이다.

다시 요점으로 돌아가면("여러분 자신의 재자본화 기업 주식 투자 기회를 만들어라"하는 이야기 말이다) 콜옵션 투자는 껍데기 주식 투자와 크게 다를 바가 없다. 껍데기 주식에 투자하면 여러분은 빌린 돈으로 기업의 미래에 투자하는 것과 같으며 껍데기 주식에 투자한 만큼만 잃을 뿐이다. 앞서 든 주당 36달러를 기록하는 기업이 재자본화를 통해 주주에게 30달러를 배정하는 예에서, 그 결과는 부채 비율이 높은 껍데기 주식이 기업의 가치를 결정적으로 좌지우지하는 것이었다. 재자본화의 결과로 수익이 20퍼센트 정도만 상승해도, 껍데기 주식의 가격은 무려 80퍼센트나 올랐다. 반면 회사가 파산하면 껍데기 주식투자자는 재자본화를 위해 회사가 진 빚 30달러까지 포함시킬 필요 없이, 껍데기 주식에 투자한 금액만큼만 손해 보면 끝이다.

껍데기 주식과 옵션은 레버리지 측면에서 유사하지만, 한 가지 매우 중요한 차이점이 있다. 옵션은 정해진 기간 동안만 유효하다. 만기일 이전까지만 가치가 유효할 뿐이다. 하지만 껍데기 주식은 보통주이므로, 만기일이 없는 콜옵션과 같다(물론 껍데기 주식 역시 기업이 도산하면 휴지조각이 될 수 있다). 바로 유효 기간이 없다는 사실 때문에 껍데기 주식이 투자자에게 크게 어필하는 것이다. 그리고 그렇기 때문에 장기 옵션상품인 LEAPS에 투자하는 것이 껍데기 주식 투자와 비슷한 효과를 내는 좋은 방법이 될 수 있다.

LEAPS는 껍데기 주식과 달리 유효 기간이 있지만, 보통 만기일 이전 2년 반 동안 거래된다. 덕분에 주식시장은 분사나 구조조정과 같은 특수 기업 변화 혹은 수익 증가나 문제의 해결과 같은 기업 기초체력 변화의 결과를 알아볼 수 있는 충분한 시간을 가진다. 또한 2년 반은 투자자가 헐값 주식의 가치를 발견하거나 이들 주식의 인기가 다시 오르기에 충분한 시간이다. 현 세법은 1년 이상 장기 투자에 혜택을 제공하기 때문에 LEAPS 투자는 옵션 투자의 레버리지 혜택뿐만 아니라 장기 자본 수익에 대한 세제 혜택도 받을 수 있는 좋은 방법이다.

하지만 어떤 면에서 LEAPS는 재자본화가 잘 진행될 경우 올리는 엄청난 수익을 따라 갈 수 없다. 재자본화된 기업의 경영진과 직원은 신규 발행된 껍데기 주식을 인센티브로 받는다. 껍데기 주식의 상승 가능성이 엄청나다는 점을 고려할 때 이와 같은 인센티브 부여는 경영진과 직원이 최선을 다해 일하도록 만드는 강력한 기폭제 작용을 한다. 또한 재자본화된 기업은 대차대조표의 부채가 증가함에 따라 즉각 세제 혜택도 기대할 수 있다. 하지만 LEAPS에 투자한다고 해서 해당 기업에 세제 혜택이 돌아가지는 않는다(하지만 LEAPS 가격에는 이자 비용이 포함되므로, LEAPS 투자자가 내는 세금에는 이미 이자 비용이 포함되어 있다).

반면 LEAPS 투자가 껍데기 주식 투자에 비해 누리는 한 가지 큰 장점이 있다. LEAPS 투자를 할 수 있는 옵션은 수백 개 기업이 있지만, 껍데기 주식은 재자본화를 하기로 결정한 몇몇 기업에만 한정된다. 1980년대 재자본화의 전성기 시절에도 투자 가능한 기업은 몇 개 되지 않았다. LEAPS 상품이 많다는 점과 회사 경영진이 아닌 여러분이 최상의 레버리지 혹은 껍데기 주식과 같은 효과를 내는 투자를 할 수 있는 주식을 고를 수 있다는 점은 LEAPS를 매우 유용한 투자 대안으로 만드는 요인이다.

재자본화 계획은 보통 공개적으로 발표되기 때문에 껍데기 주식에 투자할 수 있는 기회가 쉽게 눈에 띄는 반면, LEAPS 투자는 이와 다르다. 대부분 주식시장을 조사하다 괜찮은 LEAPS를 발견하게 되어 투자하는 경우가 많다. LEAPS 투자 이전에 특수 기업 상황이나 저평가된 주식이 매력적인 투자 수단으로 여러분의 눈앞에 나타날지 모른다. 그 후에야 여러분은 해당 주식이 LEAPS 투자도 가능한지 알아보게 되는 것이다. 보통주에 투자할 때의 리스크/수익 비율과 그 보통주의 LEAPS에 투자할 때의 리스크/수익 관계를 비교하면 또 다른 좋은 투자 기회가 다가올지 모른다.

LEAPS의 투자 수익은 얼마나 될까? 굉장히 높다. 하지만 이 말을 액면 그대로 받아들이지는 말라. 백문이 불여일견이다. 레버리지와 비교적 긴 거래 기간이라는 LEAPS의 장점이 실제로 수익을 얼마나 높일 수 있는지 예를 통해 알아보자.

LEAPS

• 웰스 파고(Wells Fargo) 은행의 LEAPS

내가 다른 사람의 아이디어를 훔치라고 이야기했던 말이 기억나는가? (여러분도 알다시피, 세상이 얼마나 넓은가? 여러분이 모든 주식 정보를 다 조사할 수는 없다. 게다가 스스로 해야 할 일도 있지 않은가.) 다음 장에서는 내가 좋은 투자 아이디어의 원천이 되는 최상의 정보원이라고 생각하는 발행물, 뉴스레터 그리고 펀드 매니저의 명단을 소개해 여러분이 아이디어를 어디서 훔쳐야 할지 도와주겠다. 그 전에 내가 즐겨읽는 투자 뉴스레터인 아웃스탠딩 인베스터 다이제스트(Outstanding Investor Digest, OID)에서 아이디어를 '훔쳐' 수익을 올릴 수 있었던 예를 하나 살펴보자. OID에서 웰스 파고 은행 주식투자에 관한 매우 그럴 듯한 기사를 읽은 후, 나는 이 아이디어를 훔쳐야겠다고 마음먹었다. 그 아이디어가 너무나도 마음에 들었기 때문에 웰스 파고의 LEAPS에 투자하기로 결정한 것이다. 이 경우 LEAPS에 투자하면 자연히 일종의 '보호 장치'를 기대할 수 있었기 때문에 리스크/수익 면에서 보아도 꽤 괜찮은 투자였다.

1992년 12월, 나는 OID에 실린 리만 브라더스의 투자 매니저 브루스 버코위츠(Bruce Berkowitz)의 인터뷰 기사를 읽었다. 나는 이전까지 버코위츠라는 인물을 전혀 몰랐지만, 이 사실은 별로 중요하지 않았다. 버코위츠가 웰스 파고 은행에 투자해야 하는 이유를 설명한 논리와 명확성은 그 자체로도 충분히 설득력이 있었다. 그 당시 캘리포니아에 거점을 둔 대형 은행 웰스 파고 주식은 약 77달러에 거래되고 있었다. 캘리포니아는 1930년대 이후 최악의 부동산 침체에 빠져 있었다. 웰스 파고는 캘리포니아 전역을 통틀어 가장 높은 상업용 부동산 대출 비율을 기록하고 있었다. 버코위츠의 말에 따르면, 캘리포니아에서 웰스 파고의 가장 큰 경쟁자인 뱅크 아메리카(Bank America)의 상업용 부동산 대출은 주당 48달러 정도밖에 되지 않았다(뱅크 아메리카의 주가는 당시 약 47달러였다). 반면 웰스 파고의 경우 주가가 77달러였던 데 반해 상업용 부동산 대출액은 무려 주당 249달러에 달했다. 게다가 웰스 파고는 그 이전 해 주당 27달러의 대손충당금을 적립하는 바람에 수익의 대부분이 잠식되었다. 또 1992년 1~9월 사이 주당 18달러의 대손충당금을 추가로 적립했다. 당시 많은 투자자가 과연 웰스 파고가 캘리포니아의 부동산 경기 침체에서 살아남을 수 있을지 의문을 표시했다.

버코위츠의 주장은 매우 명확했다. 대손충당금을 제외하면 현금 수익과 일회성 비용을 감안했을 때 웰스 파고는 이미 거의 주당 36달러에 이르는 세전 수익을 기록하고 있었다. 만약 부동산 시장이 조금 정상으로 회복된다면 과거에 비추어 볼 때 웰스 파고의 대손충당금은 연간 주당 약 6달러로 하락할 것이었다. 그러면 주당 세전 이익이 30달러가 되고 세율이 40퍼센트라고 가정했을 때 세후 이익이 주당 18달러가 된다는 의미였다. P/E 비율이 9~10이라고 하면 웰스 파고 주식은 당시 거래되고 있던 77달러가 아니라 160~180달러에서 거래될 수 있었다. 문제는 주당 18달러의 세후 이익을 올릴 수 있을 만큼 웰스 파고의 수익 창출 능력을 높이는 데 있지 않았다. 웰스 파고는 이미 충분한 수익을 올리고 있었으며 과다한 대손충당금 적립이 수익을 갉아먹고 있을 뿐이었다. 버코위츠의 말에 따르면 진짜 문제는 웰스 파고의 대손충당금과 부동산 대출 리스크가 얼마나 되는지 판단하는 올바른 방법은 무엇인가였다.

버코위츠는 웰스 파고의 재정 상태가 사실 굉장히 건전하다고 말했다. 웰스 파고가 대차대조표에 '부실 채권'으로 분류한 대출조차도 사실은 이자를 잘 갚아 나가고 있었다(물론 보수적인 웰스 파고는 이 이자 수익을 회계 장부상의 수익에 포함시키지 않았다). 부실 채권이란 이자를 전혀 받지 못하거나, 약속한 양만큼 받지 못하거나 혹은 향후 이자 및 원금을 제때 받지 못할 것으로 예상되는, 기준에 미달하는 채권을 말한다. 웰스 파고 대출 전체의 약 6퍼센트를 차지하는 이들 부실 채권은 결코 휴지조각에 불과한 쓸모없는 종이가 아니었으며 6.2퍼센트의 현금 수익을 창출하고 있었다. 이 말은 은행의 VIP고객에게 적용되는 대출 금리가 6퍼센트이고 웰스 파고가 고객에게 지급하는 예금 금리가 약 3퍼센트밖에 되지 않았어도, 웰스 파고의 '논의의 여지가 있는'

부실 채권은 여전히 상당히 괜찮은 6퍼센트의 현금 수익을 내고 있었다는 말이다.

다시 말해 이들 '부실' 채권이 이처럼 괜찮은 이자 수익을 내고 있다면, 이것들은 정말 부실한 채권이 아닐지 몰랐다. 적어도 부실 채권 액면 가치의 상당 부분이 결국엔 원상복구될 가능성이 꽤 높았다. 사실 버코위츠의 말에 따르면, 웰스 파고는 채권 등급 분류에 매우 보수적이기 때문에 부실 채권으로 분류된 채권 중 50퍼센트는 여전히 이자와 원금을 제대로 갚고 있었다.

게다가 수익을 보고하고 대손충당금을 적립할 때 웰스 파고는 최악의 부실 채권 시나리오를 가정하고 있었다. 지난 2년간 적립한 엄청난 대손충당금을 포함해, 향후 부실 채권이 발생할 가능성에 대비해 쌓아둔 적립금은 전체 대출 포트폴리오의 5퍼센트였다. 그 당시 전체 대출 중 6퍼센트만이 '부실 채권'으로 분류되었으므로(게다가 이들 부실 채권은 이자 수익을 내고 있었다), 이들 부실 채권이 아무 쓸모없는 휴지조각이 되거나 혹은 현재 제대로 수익을 내고 있는데 갑자기 부실화된다 해도 이 5퍼센트의 대손충당금이면 충분히 감당할 수 있었다. 그리고 버코위츠는 웰스 파고가 보수적인 은행이라는 점을 감안하여 위와 같은 일이 일어날 가능성은 낮다고 판단했다.

내가 웰스 파고에 투자하기로 결정한 데는 두 가지 이유가 더 있었다. 첫 번째는 OID에서 웰스 파고와 뱅크 아메리카를 비교한 기사였다. 대부분의 투자자는 뱅크 아메리카에 투자하는 것이 웰스 파고보다 훨씬 더 보수적인 결정이라고 생각했다. 하지만 실제 결과는 반대였다. 웰스 파고가 캘리포니아 부동산 시장에 훨씬 더 많이 노출되어 있고 결과적으로 부실 채권도 더 많은 것은 사실이었으나 이미 뱅크 아메리카보다 훨씬 더 많은 대손충당금을 적립해 둔 상태였다. 대손충당금 비율이 훨씬 더 높음에도, 웰스 파고는 리스크가 더 높은 자산을 감안하더라도 뱅크 아메리카보다 더 높은 자본 비율(전체 자산 대비 유형 자산의 비율과 같은 수치)을 자랑했다. 주식시장이 생각하는 것처럼 웰스 파고가 곤란한 상황에 있지는 않음을 입증하는 신호였다.

두 번째는 웰스 파고가 좋은 투자처임을 입증하는 훨씬 더 설득력 있는 이유였다. 부실 채권, 대손충당금 그리고 실제로 회수 불가능한 채권 모두를 감안해도, 웰스 파고는 지난 140년을 통틀어 그 어떤 해에도 손실을 기록한 적이 없었다. 이와 같은 수준의 수익 예측성을 보이는 기업은 거의 없다. 모두들 지난 50년 이래 캘리포니아 최악의 부동산 위기라고 떠들어댔던 1991년에도 웰스 파고는 이익을 내는 데 성공했다. 나는 웰스 파고가 이 힘든 시기를 충분히 잘 이겨 나갈 수 있을 것이라고 믿었고, 지난 몇 년 간 기록한 이익의 9~10배로 주가가 상승하는 일이 합리적이고 가능한 목표라고 생각했다(그 동안 웰스 파고의 P/E 비율은 대부분의 제조업 기업보다 훨씬 더 낮았다). 요점은 웰스 파고가 부동산 경기 침체를 극복하고 연간 대손충당금이 더 적정한 수준으로 떨어지면, 주가가 두 배로 뛰어오를 가능성도 충분하다는 것이었다.

위 분석 모두 너무나 타당했지만, 나를 주저하게 만드는 걱정거리가 있었다. 내가 캘리포니아 부동산 시장에 대해 뭘 안단 말인가? 만약 캘리포니아의 상황이 갑자기 더 악화되면 어쩌지? 웰스 파고는 심한 폭우도 견딜 수 있을 것 같았지만, 만약 50년 만에 찾아왔다는 이 비가 예상치 못한 태풍으로 돌변하면 어쩌나? 물론 100퍼센트 확신을 갖고 투자하는 경우는 없다. 논리적으로 수익이 날 것 같은 투자 기회와 리스크 대비 수익이 높은 상황, 이것이 내가 바랄 수 있는 전부가 아닌가.

하지만 은행이란 참으로 재미난 동물이다. 대출 포트폴리오가 정확히 어떤 채권으로 구성되어 있는지 알 길이 없는 것이다. 재무제표는 은행 자산에 대한 매우 대략적인 정보만을 제공한다. 하지만 분명이 부분에서 웰스 파고는 안심할 수 있었다. 상당한 대손충당금, 부실 채권의 '질' 그리고 매년 엄청난 현금 수익을 벌어들이는 능력을 감안했을 때, 앞으로 상당한 부실 채권이 생겨도 웰스 파고는 이를 충분히 감당할 수 있을 것 같았다. 하지만 어쨌든 아무리 가능성이 희박하다고 해도 웰스 파고의 부동산 대출 때문에 애초의 생각과 달리 투자 수익이 형편없을 수도 있었다.

그렇기 때문에 웰스 파고의 LEAPS에 투자하는 것이 매우 좋은 선택 같았다. 악재가 현실화될 가능성은 낮은 반면 주가가 대폭 상승할 여지는 매우 많다는 점을 고려했을 때 웰스 파고 주식에 투자하는 것도 탁월한 전략이었지만, LEAPS에 투자하는 것이 훨씬 더 나아 보였

다. 1992년 12월 그 당시 나는 행사 가격 80달러에 2년이 더 지난 후
인 1995년 1월분 웰스 파고 콜옵션을 살 수 있었다. 2년의 시간이 흐
르면 웰스 파고가 캘리포니아 부동산 시장의 위기를 극복할 수 있을
지 아닐지 명확하게 알 수 있을 것이라는 판단이 들었다. 2년 후 상황
이 좋아진다면, 웰스 파고의 수익 창출 능력이 주가에 반영되어 주가
가 160달러 넘게 치솟을 가능성도 무시할 수 없었다. 반면 만약 부동
산 경기 침체가 부동산 붕괴로 이어진다면, 웰스 파고 주식은 80달러
이하로 곤두박질칠 수도 있었다. 이처럼 최악의 사태가 벌어질 경우,
정부가 웰스 파고를 인수하고 주주는 한 푼도 건지지 못할 수도 있었
다.

이런 시나리오에서 행사 가격 80달러의 1995년 1월분 웰스 파고
콜옵션(만기가 길기 때문에 LEAPS라 불린다)을 14달러에 매입하는 전략은
꽤 그럴 듯해 보였다. 이 LEAPS를 매입하는 투자자는 1995년 1월 만
기일이 돌아오기 전까지 웰스 파고 주식을 80달러에 살 수 있었다. 만
약 만기일 주가가 160달러까지 오르면, LEAPS의 가치도 80달러로 치
솟는다(웰스 파고 주식을 80달러에 사서 즉시 160달러에 팔 수 있기 때문이다).
14달러를 투자했으니 수익이 66달러, 즉 원래 투자 금액의 거의 5배
수익이 나온다는 말이었다. 만약 웰스 파고가 도산한다 해도 내가 입
는 손실은 14달러뿐이었다. 즉 웰스 파고 LEAPS에 투자하면 리스크/
수익 비율이 1:5가 되는 것이다.

위에서 예를 든, 웰스 파고 주식이 천정부지로 치솟든지 아니면 바

닥으로 곤두박질칠 것이라는 시나리오와 달리, 웰스 파고 보통주에 투자할 경우의 리스크/수익 비율은 별로 좋아 보이지 않았다. 현 주가가 77달러이고 주가가 160달러까지 오른다면, 주식 투자자는 80달러 남짓의 수익을 손에 넣을 수 있다. 그리고 웰스 파고가 도산해 버리면, 투자자는 80달러를 몽땅 날릴 수도 있다. 리스크/수익이 1:1의 비율이다. OID에 실린 웰스 파고에 대한 인터뷰 기사를 통해 웰스 파고 주가의 하락 가능성에 대해 충분히 점검을 했으므로 나는 상승 가능성에 더 기대를 걸고 있었다. 틀릴 수도 있었지만 나는 웰스 파고 주식이 가파르게 하락할 가능성이 5퍼센트도 되지 않는다고 생각했다. 그렇다면 웰스 파고 주식에 투자하는 것이나 LEAPS에 투자하는 것이나 모두 매우 훌륭한 선택 같았지만 이 시나리오에서는 LEAPS의 리스크/수익 비율이 더 좋았다.

더 간단하게 설명해 보자. 만약 내가 웰스 파고 주식을 그토록 사고 싶어한다면, 돈을 빌려 주식을 사는 차입 투자를 하는 건 어떨까? 자, 바로 웰스 파고 LEAPS를 매입함으로써 나는 바로 이와 같은 차입 투자를 한 셈이다. 좀 더 자세히 설명하자면 나는 1992년 12월 웰스 파고 주식을 사기 위한 만큼의 돈을 빌릴 수 있었다. 내가 처음 투자해야 하는 돈은 빌린 돈에 대한 이자 비용뿐이었다. 즉 1995년 1월까지 앞으로 25개월 동안의 이자 말이다. 단, 이자가 신용 카드의 금리만큼 높지는 않았지만 그렇다고 낮지도 않았다. 내게 적용되는 금리는 스탠다드 푸어스와 같은 주요 신용평가 회사에서 B 혹은 BB 등급(투자 적격 등급은 아니지만 그렇다고 아주 나쁜 등급도 아니다)을 매긴 대형 기업이 돈을 빌릴 때 내는 금리와 비슷한 수준일 것이다.

그런데 여기서 좋은 소식이 있다. 나는 초기의 이자 비용만 내면 그만이었다. 만약 웰스 파고 주식 투자가 잘 안 되어도(주가가 휴지조각이 되어 버릴 수도 있다), 나는 주식을 사기 위해 빌린 대출금의 원금을 갚을 필요가 없었다. 내가 손해 보는 돈은 초기 투자한 이자 비용뿐이었다. 반면 만약 주가가 오르면, 나는 그 상승분만큼 고스란히 돈을 벌 수 있었다. 내 수중에 들어오는 수익은 주가 상승분에서 주식 매입을 위해 빌린 돈에 대한 이자 비용을 뺄 만큼이 된다. 음… 여기서 다시 한번 생각해야 했다. 많은 대기업이 지불하는 수준의 금리에, 상황이 악화되어도 대출금을 상환해야 할 의무는 없었다. 매우 그럴 듯해 보였다. 이제 남은 질문은 어디에 서명을 하는가였다. (주의: 통상의 LEAPS 분석과 다를 것이 없었다. 이자 비용이 높은 이유는 '보호금' 비용이 포함되어 있기 때문이다. 까다로운 독자 여러분을 위해 덧붙이자면, 배당금 효과를 포함시켜도 기본적인 사항은 크게 변하지 않는다.)

결과는 어떠했을까? 버코위츠의 예상은 거의 다 들어맞았다. 캘리포니아의 부동산 위기는 최악으로 치닫지 않았고, 웰스 파고의 주당 이익은 1994년 15달러, 그리고 1995년 20달러를 넘어섰다. 1994년 9월 웰스 파고 주가는 두 배 이상 껑충 뛰어 160달러를 기록했다. 자, 이제 LEAPS를 대신할 수 있는 말로 '홈런' 외에 또 다른 적당한 단어가 있다고 생각하는가?

신주인수권(warrants)에 대한 간략한 설명

LEAPS가 마음에 드는가? 그렇다면 어떤 면에서 신주인수권은 LEAPS보다도 훨씬 매력적이다. 신주인수권 소유주는 특정 기간 동안 정해진 가격에 어떤 기업의 주식을 매입할 수 있다. 콜옵션과 비슷한 것 같지만 두 가지 점에서 다르다. 첫째, 신주인수권을 발행하는 주체는 기업이다. 예를 들어 행사 가격 82달러의 5년 만기 IBM 신주인수권 소유주는 82달러에 향후 5년 동안 언제든지 IBM 주식을 IBM으로부터 직접 매입할 수 있다. 반면 상장 콜옵션은 특정 기업의 주식을 사거나 파는 투자자 간의 계약이며 기업은 관여하지 않는다.

두 번째 이유가 사실 더 중요한데, 발행될 당시 신주인수권은 보통 콜옵션보다 만기일이 더 길다. LEAPS의 만기가 보통 2년 반을 넘지 않는 데 반해, 신주인수권은 5년, 7년 심지어 10년이 될 수도 있다(만기일이 없는 영구 신주인수권도 발행된 적이 있다). LEAPS와 마찬가지로 신주인수권에 투자하는 주된 이유 역시 매입하고자 하는 주식의 투자 가치가 높기 때문이다. 신주인수권이 더 오랜 기간 동안 레버리지의 혜택과 '보호 장치'를 제공한다는 점을 고려했을 때, 우량 주식을 발행하는 기업이 신주인수권을 발행하고 있는지 알아보는 것이 좋다.

옵션과 특수 상황 투자에 대한 간략한 설명

경고: 여기는 고급반 학생만을 위한 자리이다(도박 중독꾼들도 환영한다). 옵션 시장은 특수 기업 상황에 주로 투자하는 투자자에게 잘 알려지지 않은 시장의 비효율성을 이용해 놀라운 수익을 거둘 수 있는 기회를 제공한다. 상상할 수 있는 모든 종류의 옵션(LEAPS와 신주인수권을 포함)의 정확한 이론적 가치를 계산하기 위해 지난 20년간 정교한 컴퓨터 모델이 지속적으로 개발 및 보완되었지만, 이 사실에는 변함이 없다. 옵션과 기타 파생 증권의 연구에 투자 전문가와 학계가 얼마나 열성적인 노력을 쏟아 붓고 있는지 고려할 때, 여러분은 투자자에게 필요한 것은 상식과 펜 하나일 뿐이라는 말을 쉽게 납득할 수 없을 것이다. 실제로 특수한 변화를 겪고 있는 기업의 옵션에 투자할 때, 특수 상황을 전문으로 하는 투자자는 정력적인 계량분석가(quants, 컴퓨터만 두드리는 인텔리 혹은 좀 더 정확하게 말하자면 컴퓨터만 두드리는 부자 인텔리)에 비해 매우 유리한 입장에 있다.

그 이유는 많은 경우 계량분석가를 포함하여 옵션 투자자는 주가를 실제 기업 주식의 가격이 아닌 단지 숫자로만 보기 때문이다. 일반적으로 프로 투자자와 학계는 우선 주식의 과거 가격 변동성, 즉 주가가 이제까지 얼마나 큰 폭으로 움직여 왔는가를 측정함으로써 옵션의 '정확한' 혹은 이론적인 가격을 산출한다. 그리고 그 변동성 수치를 블랙(Black)과 숄즈(Scholes)가 고안한 옵션 가격 결정 이론의 변형된 공식에 대입해 콜옵션의 가치를 측정한다. (블랙 숄즈의 옵션 가격 결정 이론은 대부분의 학계 인사와 프로가 사용하는 옵션의 가치를 측정하는 공식이다.)

이 공식에는 주식의 가격 변동성뿐만 아니라 주가, 옵션 행사 가격, 금리 그리고 만기일까지 남은 기간 등의 요소가 대입된다. 주식의 과거 가격 변동성이 클수록, 옵션 가격도 올라간다. 하지만 이 공식을 사용하는 옵션 투자자는 보통 특수한 기업 상황을 고려하지 않는 경우가 많다. 분사가 임박했거나, 구조조정을 겪고 있거나 혹은 주식 합병이 일어나고 있는 기업의 주가는 과거의 주가 움직임 때문이 아니라, 이 특수한 기업 변화 때문에 큰 폭으로 움직일 수 있다. 따라서 특수한 변화를 겪고 있는 기업의 옵션 가격은 잘못 평가될 가능성이 크다. 바로 여기에 여러분의 투자 기회가 숨어 있다.

모기업과 비교해 분사 기업이 얼마나 큰 규모인가 혹은 비중이 얼마나 되는가에 따라 모기업과 분사 기업의 주가 모두 분사가 마무리된 후 큰 폭으로 움직일 수 있다. 분사 기업 주식을 배정하는 날짜는 보통 미리 알려지므로, 해당 기업에 관한 기본적인 정보와 더불어 이 같은 정보를 알아두면 여러분은 '수치에 따라' 투자하는 옵션 투자자에 비해 큰 장점을 누릴 수 있다. 한 가지 유용한 전략은 분사가 마무리되기 전 몇 주 혹은 몇 달 후 만기일이 도래하는 옵션을 사는 것이다. 분사 이후 모기업의 주가가 대폭 상승할 가능성이 높은 이유는 원하지 않는 사업 분야를 매각할 때까지 모기업 주식 매입을 미루고 있던 투자자가 이제 모기업에 투자하기 시작하기 때문이다. 마찬가지로 분사기업의 주식 역시 분사가 마무리된 후 얼마의 기간 동안 놀라운 수익을 낼 수 있다. 과거의 거래 실적을 알 수 없고 주간사도 없는 신규 발행 주식이기 때문에 가격대를 예상할 수 없기 때문이다. 여기서 중요한 사실은 옵션 시장은 분사 기업에 관한 여러분의 연구 조사 노력을 잘 활용할 수 있는 수익성 높은 분야라는 점이다. 특히 여러분은 분사가 언제 진행될 예정인지에 관한 정보와 해당 기업에 대한 기본적인 지식 모두를 활용할 수 있다.

구조조정과 주식 합병 역시 지식으로 무장한 옵션 투자자에게 비슷한 혜택을 제공한다. 구조조정의 경우, 진행 중인 구조조정 계획 아래 중요한 사건이 언제 일어나는지 알아두면 콜옵션이나 풋옵션을 거래할 때 어떤 만기일의 상품을 선택하는 것이 좋은지 결정하는 데 도움이 된다. 많은 경우 많은 물량의 현금이나 증권을 배정하는 날짜나 자산 매각 예정 시기에는 해당 기업 주가가 대폭 변동한다.

합병의 경우, 인수 대금이 일부분 보통주로 지불된다면, 합병이 마무리되는 그 날 주가가 큰 폭으로 움직일 가능성이 크다. 인수 주체 기업(여러분이 매입한 인수 대상 기업의 옵션은 합병이 마무리된 후 인수 주체 기업으로 전환된다)의 주가는 합병이 최종 마무리되기 전 그리고 바로 직후 엄청난 압력에 직면한다. 우선 대부분의 경우 리스크 아비트리저가 합병 발표가 난 바로 직후부터 인수 주체의 주식을 공매도하는 동시에 인수 대상 기업의 주식을 사 모으기 시작한다. 이 인수 주체 기업의 주식에 대한 매도 압력은 합병이 마무리된 후에야 사그라든다. 또한 합병이 완결된 후 몇 주 동안, 합병 발표 시 주식을 팔지 않았던 주주는 이 때서야 인수 주체 기업으로부터 배정받은 주식을 시장에 내다팔기 시작한다. 그 이유는 이들 투자자가 애초 인수 대상 기업에 투자하고 싶어서였지, 인수 주체 기업의 주식을 원해서가 아니었기 때문이다. 이들 투자자의 매도 압력이 잠잠해지면 인수 주체 기업의 주가는 때때로 천정부지로 치솟기도 한다. 이런 경우는 보통 인수 주체 기업이 합병 전 발행한 주식 물량에 비해 합병 후 대량의 신규 주식을 발행했을 때 발생한다.

이론적인 이야기는 이제 충분히 했다. 어떻게 특수한 기업 사건 때문에 고도로 발달한 컴퓨터 모델의 예상이 완전히 빗나갈 수 있는지 실제의 예를 통해 알아보자.

옵션과 특수 상황 투자

• 메리어트 주식회사 옵션

제3장에서 이야기한 메리어트 분사는 위에서 설명한 현상의 좋은 예이다. 앞서 살펴보았듯이 메리어트는 '좋은' 메리어트인 메리어트 인터내셔널과 '나쁜' 메리어트인 호스트 메리어트 두 기업으로 분사되었다. 전자가 수익성 높은 호텔 경영 계약 사업을 맡고, 후자는 수십억 달러의 부채를 짊어지고 있는 잘 팔리지 않는 부동산을 떠안았다. 약 11개월 간의 기간을 두고, 분사는 1993년 9월 30일로 예정되었다.

1993년 8월 메리어트의 주가가 27.75달러였을 당시, 나는 행사 가격 25달러 메리어트 1993년 10월분 콜옵션을 3.125달러에 살 수 있었다. 10월 셋째주 금요일은 10월 15일이었고 분사는 9월 30일로 예정되었기 때문에 내 콜옵션 만기일이 도래하기 전 메리어트 인터내셔널과 호스트 메리어트 주식은 적어도 2주간 각각 거래될 수 있었다. 보통 옵션 만기일 전 분사가 일어나면, 옵션 투자자는 분사 예정 날짜에 주식을 소유한 것과 마찬가지로 모기업과 분사 기업 모두의 주식을 행사 가격에 살 수 있는 권리가 있다. 메리어트의 경우, 이 말은 내가 10월 만기일 콜옵션을 행사하면 행사 가격 25달러를 내고 메리어트 인터내셔널과 호스트 매리어트 주식을 각각 한 주씩 받을 수 있다는 말이었다.

여기서 트릭은 내가 지불한 콜옵션 가격에는 분사가 옵션 만기일 몇 주 전 마무리될 것이라는 사실이 포함되지 않았다는 데 있었다. 내 콜옵션 만기일이 돌아오기 전, 모기업과 분사 기업의 주식 모두 각자 거래될 것이었다. 빚만 잔뜩 지고 잘 팔리지 않는 부동산만 떠안게 된 호스트 매리어트의 리스크를 감수하지 않고 '좋은' 매리어트인 매리어트 인터내셔널 주식만을 사기 위해 기다리고 있던 투자자는 10월 첫 번째와 둘째 주 동안 마침내 기다리고 있던 기회를 잡을 수 있었다. 이 말은 신규 주식이 발행된 후 첫 몇 주 동안 주가가 큰 폭으로 움직일 것이라는 것을 의미했다.

게다가 '나쁜' 매리어트인 호스트 매리어트의 평가가 정확한지 역시 의문이었다. 호스트 매리어트는 25억 달러가 넘는 부채에 1억 주 이상의 발행 주식이 있었다. 따라서 호스트 매리어트의 주가 3달러와 주가 6달러 사이의 차액은 겉보기처럼 그다지 커 보이지 않았다. 주가가 3달러일 경우 호스트 매리어트의 기업 가치(부채와 주식의 시가 합계액)는 28억 달러, 6달러일 경우는 31억 달러가 될 것이었다. 즉 겉으로 보기에는 100퍼센트 차이가 있을 것 같지만 사실은 기업 가치가 10퍼센트밖에 차이 나지 않는 것이었다. 즉, 10월 첫째 주와 둘째 주는 호스트 매리어트와 매리어트 인터내셔널 주식 모두 매우 활발한 장세를 펼칠 기간이었다.

결과는 어떠했을까? 내가 매리어트 콜옵션을 산 지 약 한 달 후, 즉 9월 30일 분사 날짜가 다가오기 바로 며칠 전, 매리어트의 주가는 28.50달러로 올랐고, 결과적으로 10월 콜옵션의 가격은 3.625달러로 올랐다. 그런데 내 콜옵션의 만기일인 10월 15일 그야말로 극적인 변화가 일어났다. 호스트 매리어트 주가는 6.75달러였고 매리어트 인터내셔널 주가는 26달러로 올랐다. 옵션 소유주였던 나는 총 25달러에 두 회사의 주식 모두를 살 수 있었으므로, 내 옵션의 가격은 7.75달러로 껑충 상승했다. 매리어트 인터내셔널 주가가 26달러였고, 호스트 매리어트 주식이 6.75달러였으니 나는 25달러를 내고 32.75달러 가치의 주식을 살 수 있었기 때문이었다. 10월 30일분 옵션은 더 큰 폭으로 상승했다. 9월 23일 0.25달러에 거래되었던 10월 30일분 옵션은 3주 후 만기일에 2.75달러가 되어 있었다.

컴퓨터 프로그램에 과거 주가 변동을 대입했더라면 매리어트 옵션 가격에 일어난 이처럼 극적인 변화를 예상할 수 있었을까? 매리어트의 예는 조금만 조사하고 조금만 더 정보를 수집하면 이처럼 큰 수익을 올릴 수 있다는 사실을 입증했다. 종종 삶은 공평하다는 사실을 발견하는 일은 참으로 기분 좋은 일 아닌가?

재자본화와 껍데기 주식, LEAPS, 신주인수권, 옵션 요약

1. 껍데기 주식

조사와 주의 깊은 분석이 이처럼 빠르고 후하게 수익으로 연결되는 분야는 주식시장에서 찾아볼 수 없다.

2. LEAPS

(껍데기 주식의 경우를 제외하고) 조사와 주의 깊은 분석이 이처럼 빠르고 후하게 수익으로 연결되는 분야는 주식시장에서 찾아볼 수 없다.

3. 신주인수권과 특수 상황의 옵션 투자

(껍데기 주식과 LEAPS의 예를 제외하고) 조사와 주의 깊은 분석이 이처럼 빠르고 후하게 수익으로 연결되는 분야는 주식시장에서 찾아볼 수 없다.

YOU CAN BE A STOCK MARKET GENIUS:

UNCOVER THE SECRET HIDING PLACES OF STOCK MARKET PROFITS

제7장

숲을 통해
나무를 보라

Seeing the Trees Through the Forest

나는 영화에서 항상 등장하는, 파트너가 늘 죽고 마는 '미친' 경찰인가? 여러분은 후줄근한 잠옷을 걸친 채 떨어지는 주가에 망연자실하는 초보 투자자 신세를 면하지 못하는데, 나는 이 모든 특수한 기업 상황에서 계속 돈을 벌어대니 말이다. 사실 나는 정말 그런 미친 경찰일 수도 있다. 그 결정은 바로 여러분에게 달려 있다.

여러분이 주식시장의 고수가 될 수 있다는 말은 사실이지만, 그렇다고 꼭 그렇게 되리란 보장은 없다. 새로운 기술의 습득과 마찬가지로 훌륭한 투자자가 되기 위해서는 시간과 연습이 필요하다. 나는 여러분을 고수익을 올릴 가능성이 높은 투자 분야로 인도함으로써 남보다 앞선 출발을 할 수 있도록 도와 주었다. 하지만 여러분은 현명하게 판단해야 한다. 아직 노련한 주식투자 전문가가 아니라면, 특수한 기업 상황에 투자 자산의 일부만을 투자하는 것으로 시작해도 좋다. 경험이 쌓이고 더 많이 알게 되면, 더 많은 돈을 특수한 기업 상황에 투자해도 마음 놓을 수 있을 것이다.

'죽고 마는 파트너' 신세를 면할 수 있는 다른 방법도 있다. 사실 나는 후속편에서 파트너의 복수를 위해 이리저리 뛰는 형사 역을 맡을 생각은 없다. 그러니 여러분 스스로 자신을 지키기 위한 법을 배워야 한다. 그 방법 한 가지는 여러분의 투자 포트폴리오의 구성에 신경을 쓰는 것이다. 예를 들어 5~6개의 서로 다른 분사 기업 주식으로 포지션을 짜는 것은 괜찮지만, 서로 다른 LEAPS 주식 5~6개로 구성된 포트폴리오는 좋지 않다. 마찬가지로 여러분이 아직 주식투자의 전문가가 아니라면, 포트폴리오 전부 혹은 대부분을 어느 한 산업군에 집중시키는 것은 일반적으로 현명한 처사가 아니다. 또한 부채를 잔뜩 지고 투자를 시작하는 것 역시 좋은 방법이 아니다. 최악의 타이밍에 포지션을 팔아야 하는 상황에 몰릴 수도 있기 때문이다. 투자 포트폴리오 대비 적정한 수준 이상으로 돈을 빌려 투자하는 전략은 상당한 경험을 축적한 프로 투자자나 시도할 수 있는 방법이다. 하지만 이 모두 상식적으로 생각할 수 있는 방법이다. 여러분이 투자하는 데 있어 상식이 부족한 타입이라면 그리고 상식적으로 생각하기 위해 시간을 들일 준비가 되어 있지 않다면, 투자 포트폴리오를 다른 사람에게 맡기는 편이 더 나을지도 모른다.

투자 포트폴리오의 관리라는 측면에서 이 책은 여러분이 앞으로 직면할 수많은 투자 결정에 도움이 되지 못한다. 나는 보험, 연금, 실물 상품, 부동산, 희귀한 동전, 유전 혹은 개경주에 대해 아는 바가 거의 없다. 하지만 특수한 기업 상황에 장기간에 걸쳐 지속적으로 투자하는 주식투자 기법에 대해서는 안다(사실 이보다 더 높은 수익을 올릴 수 있는 분야가 또 있을지 의아하다). 그렇기 때문에 내가 하는 주식투자의 대부분은 이런 특수 기업 상황에 집중되어 있다. 하지만 내가 이러한 투자 전략이 옳다고 생각한다고 해서 여러분에게도 그렇다는 말은 아니다. 여러분이 특수 기업 상황에 얼마만큼 투자할 것이냐는 여러분 개개인의 경제적 상황, 다른 투자 분야에 대한 지식 그리고 여러분이 이 책에서 얻은 정보를 얼마나 잘 적용하느냐에 전적으로 달려 있다.

이제까지 이야기한 '시장을 이기는' 전략 모두 여러분의 재산을 늘리는 데 도움이 될 수 있지만, 그 중에서도 초보자에게 특히 더 쉬운 전략이 있다. 예를 들어, 여러분 모두 분사 기업 주식에 투자할 수 있으며, 분사 기업은 찾아내기도 쉽다. 수많은 기회 중 여러분의 마음에 드는 기업을 고르면 된다. 게다가 원래 '시스템'의 운영 원리가 그렇기 때문에 저평가된 분사 기업의 주식은 끊임없이 등장할 것이다. 분사 기업 주식은 시장 평균을 상회하는 성적을 올리기 때문에, 여러분이 설사 좀 실수를 한다 해도 꽤 짭짤한 수익을 올릴 수 있다. 또 다른 이점은 여러분이 평생 분사 기업에만 투자해도 다른 투자처를 찾지 않아도 될 만큼 충분하다는 사실이다. 기억하라. 분사 기업 투자 전략이 여러분에게 가장 좋은 전략이라고 생각한다면, 그 어떤 일이 있든지 이 전략을 고수하라.

반면 LEAPS 같은 특수한 상황의 옵션처럼 모든 투자자, 특히 이제 막 옵션에 뛰어든 투자자가 특별히 조심해야 하는 분야도 있다. 이처럼 레버리지가 큰 상품은 전체 자산의 극히 일부분만 투자해도 전체 포트폴리오의 가치를 대폭 상승시킬 수 있지만, 그만큼 리스크도 크다. 옵션에 대한 충분한 이해 없이 옵션 투자에 나서는 것은 마치 불붙은 성냥과 함께 다이너마이트 공장에 뛰어드는 행위나 마찬가지다. 살아남을 수도 있지만, 이 얼마나 바보 같은 짓인가!

여러분이 어떤 분야부터 시작하든, 기억해야 할 사실은 여러분의 투자 포트폴리오 전체를 하루아침에 짤 수는 없다는 점이다. 하지만 2~3개월마다 매력적인 투자처를 하나씩만 발견해도 여러분은 1년 내 특수 기업 상황으로 구성된 꽤 그럴 듯한 포트폴리오를 구축할 수 있고 2년 후에는 서로 다른 8~10개의 종목에 투자할 수 있을 것이다(물론 종목 수가 이보다 더 적을 가능성은 얼마든지 있다). 보통 여러분이 합병 증권으로만, 고아 주식으로만 혹은 구조조정 중인 기업의 주식으로만 포트폴리오를 짜는 일은 없을 것이다. 진정 여러분이 잘 이해하고 리스크 대비 수익 가능성이 대단히 높은 상황을 선택해 투자한다면, 이들 각 분야에서 1~2개의 좋은 종목을 골라 투자하는 것이 더 전형적인 포트폴리오가 될 것이다.

앞서 언급했듯이 분사 기업의 경우는 다르다. 최근 분사 기업 투자 기회가 기하급수적으로 증가하면서, 분사 기업으로만 포트폴리오를 구성하는 일도 가능해졌다(특히 모기업까지 포함시키면 더 그렇다).

따라서 2년 내 3,4개 혹은 5개의 분사 기업 종목으로 포트폴리오를 구성하는 데 별 어려움이 없을 것이다. 여러분이 투자할 수 있는 LEAPS의 종류는 더 많지만(LEAPS는 수백 개의 기업을 대상으로 언제나 거래되기 때문이다), 포트폴리오의 10~15퍼센트 이상을 LEAPS에 투자하는 것은 레버리지가 높은 특성을 감안할 때 권하고 싶은 투자 방법이 아니다.

포트폴리오를 구성하는 또 다른 방법도 있다. 특수 기업 상황의 종목으로만 포트폴리오를 짤 필요는 없다. 여러분에게 잘 맞는 또 다른 전략이 있을지 모르기 때문이다. 여러분이 벤저민 그레이엄의 열렬한 추종자라고 가정해 보자. 여러분은 종목을 일일이 고르기 위해 시간과 노력을 들이고 싶지 않지만 시장을 이기고 싶다는 욕심은 있다. 장부 가치 대비 혹은 현금 흐름 대비 낮은 가격에 거래되는 주식 종목 15~20개로 포트폴리오를 구성하는 것이 그 해답이 될 수 있다. 여기에 전체의 20~30퍼센트를 특수 기업 상황의 종목으로 구성하면, 매우 만족스런 결과를 얻을 수 있을 것이다. 나는 이렇게 퍼센트 비율로 투자하는 전략을 전혀 좋아하지 않지만(사고자 하는 종목을 조사하고 이해함으로써 더 나은 포트폴리오를 구성할 수 있다고 굳게 믿기 때문이다), 시간이 부족한 직접 투자자들에게는 적합한 전략이 될 수 있다.

그런데 어쩌다 여러분이 내 말에 혹해 특수 기업 상황의 주식에 투자하는 것만이 여러분에게 딱 맞는 전략이라고 결론을 내렸다고 치자. 여러분은 소매를 걷어붙이고 일할 태세가 되었다. 이제 무엇을 해야 할까? 특수 기업 상황에 투자하는 기회를 찾으려면 어디로 가야 할까? 일단 기회를 발견했다면 어떤 유용한 정보원이 있을까? 투자를 위한 기초 지식을 좀 더 쌓아야 한다면 어떻게 해야 할까? 대차대조표, 손익 계산서 그리고 현금 흐름과 같은 회계의 기본 원리를 좀 더 빠르게 배우려면 어떤 방법이 있을까? 자, 우선 너무 많은 질문을 한꺼번에 던지지 마시라. 이제 앞으로 이 장에서는 여러분의 질문에 대한 답을 드릴 테니 말이다.

특수 기업 상황에 투자하는 기회를 어디서 찾는가?

답: 읽고, 읽고 또 읽어라.

발행 부수가 수백만 부나 되는 신문에서는 잘 알려지지 않은 저평가주를 찾을 수 없을 것이라고 생각하겠지만, 전혀 그렇지 않다. 사실 〈월스트리트 저널〉은 새로운 투자 아이디어를 얻기 위한 단연코 최고의 정보원이다. 책에서 인용한 예 대부분을 포함해 큰 수익으로 연결되는 수많은 투자 기회가 때로는 몇 개월 연속 〈월스트리트 저널〉의 제1면을 장식한다. 중소 기업과 관련된 거래 혹은 기업 변화는 제1면을 장식하지는 못할지라도 분명 신문에 게재된다. 물론 같은 뉴스를 보는 투자자야 수없이 많겠지만, 여러분은 이 책을 읽고 난 후 어떤 정보원을 찾아야 할지 더 잘 알게 될 것이다.

파라마운트 커뮤니케이션스(Paramount Communications)를 둘러

싼 인수전은 거의 6개월 동안 〈월스트리트 저널〉의 제1면을 차지한 뉴스였지만 현금, 주식 그리고 복잡한 유가 증권 네 가지가 최종적인 인수 대금 지불에 동원될 것이라는 정보는 그렇지 않았다. 〈월스트리트 저널〉은 이러한 정보를 분명 보도하지만, 주목해서 다루지는 않는다. 하지만 여러분은 주목해야 한다. 마찬가지로 작은 사업 부문의 분사 계획은 신문에서 비중 있게 다루는 기사가 아니지만, 이제 여러분의 눈에는 대단한 사건으로 보일 수 있어야 한다. 심지어 여러분은 조간신문에서 '도산'이라는 단어를 보기만 해도 무언가 느낌이 와야 한다. 이제 무슨 말인지 알겠는가? 다른 이들은 그저 신문에 난 기사를 활자 그대로 읽기만 하겠지만 여러분은 그 행간에 숨어 있는 새로운 투자 기회를 찾아낼 수 있어야 한다.

그 어떤 비즈니스 미디어에서나 새로운 투자 아이디어를 얻을 수 있지만, 사실 〈월스트리트 저널〉만 읽어도 충분하다. 시간이 충분하고 관심만 있다면 뭐든 못 읽겠는가. 이 외에도 새로운 투자 아이디어의 원천이 되는 훌륭한 신문으로 〈뉴욕 타임즈〉, 〈배런즈〉 그리고 〈인베스터스 비즈니스 데일리(Investor's Business Daily)〉를 들 수 있다. 지역 신문과 지역 경제 신문 역시 특수 기업 상황에 투자하는 기회를 찾기 위한 훌륭한 정보원이 될 수 있다. 전국 신문에 비해 지역 신문은 지역 기업과 그 자회사와 관련된 특수한 기업 상황을 더 자세한 배경 정보와 함께 더 오랜 기간 동안 심층 보도하기 때문이다. 또한 〈아메리칸 뱅커(American Banker)〉나 〈풋웨어 뉴스(Footwear News)〉와 같은 특정 산업 신문도 유용한데, 단 이미 구독하고 있는 것이 아니라면 일부러 구독할 필요는 없다.

이 밖에도 유용한 투자 정보를 얻을 수 있는 유명한 비즈니스 잡지들이 있다. 내게 있어 좋은 투자 아이디어를 얻는 최고의 정보원은 〈포브스(Forbes)〉와 〈스마트 머니(Smart Money)〉이다. 이 밖에도 〈비즈니스 위크〉, 〈포춘〉, 〈파이낸셜 월드〉, 〈워스(Worth)〉, 〈머니〉, 〈키플링어스 퍼스널 파이낸스(Kiplinger's Personal Finance)〉 그리고 〈인디비쥬얼 인베스터(Individual Investor)〉 역시 읽어 볼 만하다. 이 모든 잡지를 다 읽을 수도 또 그렇게 하고 싶지도 않을 것이므로 주식에 투자할 때와 마찬가지로 여러분이 잘할 수 있는 분야를 골라야 한다. 기억해야 할 점은 큰돈을 벌 수 있는 것은 아이디어의 양이 아니라 질에서 비롯된다는 사실이다. 따라서 너무 무리할 필요가 전혀 없다. 시간이 날 때 그리고 여러분이 내킬 때 읽는 것만으로도 충분하다. 그래야 더 생산적으로 투자할 수 있다.

더 읽을거리가 없을까 하고 궁금해 하는 독자가 있다면, 투자 뉴스레터를 소개하겠다. 투자 뉴스레터는 정기 간행물로 연간 구독료가 50~500달러 사이이다. 보통 투자 뉴스레터는 그리 썩 좋은 정보원은 아니지만, 풍부한 새로운 투자 아이디어를 얻을 수 있는 뉴스레터를 몇 가지 소개하겠다. 우선 이미 앞에서 언급한, 내가 즐겨 읽는 〈아웃스탠딩 인베스터 다이제스트(Outstanding Investor Digest)〉가 있다. OID는 주로 가치 투자를 지향하는 일류 투자 펀드 매니저를 상대하며, 이들 매니저는 설득력 있고 이해하기 쉬운 방식으로 자신들이 가진 최고의 투자 아이디어를 설명한다. OID는 특히 LEAPS 투자감을 찾는 데, 그리고 가끔 구조조정 중이거나 최근 구조조정을 끝낸 기업에 관한 정보를 얻기에 좋다.

〈턴어라운드 레터(Turnaround Letter)〉는 이름에서 알 수 있듯 회생 과정에 있는 기업을 다룬다. 〈턴어라운드 레터〉가 중점적으로 다루는 분야는 크게 두 가지로 하나는 막 부도를 극복한 기업의 고아 주식이고, 다른 하나는 구조조정 과정에 있는 기업의 주식이다. 〈턴어라운드 레터〉는 좋은 아이디어를 얻기 위한 유용한 정보원이지만, 어디까지나 투자의 출발점으로만 생각해야 한다. 항상 그렇지만, 여러분 스스로 공부를 해야 하기 때문이다. 또 다른 투자 뉴스레터인 〈딕 데이비스 다이제스트(Dick Davis Digest)〉의 경우는 특히나 그렇다. 〈딕 데이비스 다이제스트〉는 편집인이 수많은 여타 주식시장 투자 뉴스레터에서 좋다고 생각한 투자 아이디어를 선별 인용해 모아 놓은 것으로, 다른 뉴스레터에서 보지 못하고 놓친 특수 상황 기업의 투자 기회를 다시 발견할 수 있는 괜찮은 정보원이다.

투자의 대가 모방하기

새로운 투자 아이디어를 얻기 위한 또 다른 방법이 있다. 전화를 걸고 약간의 조사를 손수 해야 하는 번거로움을 감수해야 한다. 전화 한 통이면 전국을 통틀어 가장 뛰어난, 특수 기업 상황을 전문으로 하는 가치 지향 투자자의 주식 투자 포트폴리오 사본을 구할 수 있다. 미국 최고의 뮤추얼 펀드 그룹의 하나로 손꼽히는 '프랭클린 뮤추얼 시리즈 펀드'(Franklin Mutual Series Funds)의 투자 설명서는 새로운 투자 아이디어를 얻을 수 있는 대단히 훌륭한 정보원이다. 프랭클린 뮤추얼 시리즈 펀드는 포트폴리오의 약 25퍼센트를 특수한 기업 변화를 겪고 있는 기업에 투자한다. 펀드 매니저인 마이클 프라이스는 널리 알려진(그리고 뛰어난) 특수 기업 상황을 전문으로 하는 가치 투자자이다. 물론 일단 사본을 구했다 해도 여러분은 과거 혹은 현재 일어나고 있는 기업 사건의 결과로 어떤 증권이 포트폴리오에 올랐는지 알아내기 위해 방대한 양의 정보를 뒤져야 한다. 투자 설명서에 나타난 프라이스의 평균 비용에 근접한 특수 기업 상황에 주목하는 것이 좋은 출발점이 될 수 있다.

마티 휘트먼(Marty Whitman)이 운용하는 '서드 애비뉴 밸류 펀드' (Third Avenue Value Fund)에서도 좋은 투자 아이디어를 얻을 수 있다. 휘트먼은 독특하고 널리 알려지지 않은 기업 상황에 투자하는, 월스트리트에서 잔뼈가 굵은 프로 가치 투자자이다. 이 밖에도 가장 최근 등장한 뮤추얼 펀드로 S.C. 번스타인(S.C. Berstein & Co.)에서 국내 주식 담당 이사를 지낸 리처드 프제너(Richard Pzena)가 운용하는 '프제너 포커스트 밸류 펀드'(Pzena Focused Value Fund)가 있다. 프제너 포커스트 밸류 펀드는 인기가 시들해진, 시가총액이 큰 가치주를 주로 다루고 있는데, 좋은 LEAPS 투자 아이디어를 얻을 수 있는 훌륭한 정보원이다. 여기서 가장 투자 비중이 큰 상위 3~4개 종목에 투자하는 것이 좋은 출발점이 될 수 있다(각 포지션의 크기 역시 투자 설명서에 공개되어 있다). (주의: 나는 프제너의 펀드에 투자하고 있지만, 동시에 프제너의 투자 아이디어를 훔쳐도 좋다고 말하고 있으니 이해 관계의 충돌이 일어날 일은 없을 거라고 생각한다.)

선정된 주식 리스트에서, 특히 일류 투자자의 투자 포트폴리오에서 투자 종목을 고르는 전략은 매우 합리적이다. 하지만 좋은 아이디어가 그렇게 자주 필요한 것은 아니라는 점을 명심하라. 수많은 아이디어를 조금씩 연구하는 것보다 한 아이디어에 집중하여 연구하는 편이 더 낫다. 투자 아이디어를 얻기 위해 〈월스트리트 저널〉을 읽든 뮤추얼 펀드의 포트폴리오를 연구하든, 여러분이 조사를 하고 투자를 한다 해도 실패할 가능성은 매우 높다. 어떤 투자의 경우는 여러분이 필요로 하는 '안전 마진'이 보장되지 않을 수도 있다. 또한 여러분이 원하는 상승 가능성이 보이지 않는 상황일 수도 있다. 하지만 무엇보다 기업이 속한 산업, 경쟁 상황 혹은 특수한 기업 변화의 여파 등과 같은 상세한 상황을 여러분이 이해하지 못했기 때문에 실패할 가능성이 큰 것이다. 하지만 걱정할 필요 없다. 자신 있게 투자할 수 있는 몇몇 특수 기업 상황을 찾아내기만 해도 충분하니까 말이다. 그러니 새로운 투자 아이디어를 찾아야 한다는 부담감에 시달릴 필요는 없다.

매일 신문을 읽는 것만으로도 충분하다. 이제 어떤 정보원을 참조해야 할지 알게 되었으니 투자 아이디어가 조만간 나타날 것이다.

투자 아이디어가 생긴 후 해야 할 일

투자 정보를 얻기 위한 주요 정보원

관심이 가는 특수 기업 상황을 찾았다면 더 많은 정보를 얻을 정보원은 수없이 많다. 그 중 가장 중요한 정보원은 바로 기업이다. SEC의 감독 하에 있는 모든 상장 기업은 정기 및 특별 보고서를 제출해야 할 의무가 있다.

여러분이 가장 주의 깊게 봐야 할 보고서는 Form 10K라고 불리는 연차 보고서와 Form 10Q라고 불리는 분기별 보고서이다. 이 두 종류의 보고서는 가장 최근의 손익 계산서, 대차대조표 그리고 현금 흐름표뿐만 아니라 기업의 사업과 운영 성과에 대한 정보를 제공한다. 또한 Schedule 14A라 불리는 연차 주주총회 보고서(annual proxy statement)에는 경영진의 주식 보유, 스톡옵션 그리고 전체적인 보상 계획에 대한 정보가 모두 담겨 있다.

특수한 기업 사건의 경우 아래와 같은 보고서를 참조한다.

Form 8K : 인수, 자산 매각, 부도 혹은 경영권 교체와 같은 중대한 사건이 발생한 이후 작성되는 보고서이다.

Form S1, S2, S3, S4 : Form S1~S3까지는 신규 유가 증권을 발행하는 기업이 제출하는 등록 신고서이다. Form S4는 합병, 교환 매수, 재자본화 혹은 구조조정을 통해 증권을 발행할 때 제출하는 서류이다. 주주 투표가 필요할 경우 주주총회 보고서와 함께 제출할 수 있다(S4는 보통 내용이 방대하고 유용한 정보가 담겨 있는 경우가 많다).

Form 10 : 분사 기업 주식 배정에 관한 정보가 담겨 있다(분사에 관해 여러분이 알고 싶어하는 모든 정보가 담겨 있다).

Form 13D : 기업 지분의 5퍼센트 이상을 소유한 주주는 Form 13D를 통해 보유한 주식량과 보유 의도가 무엇인지 밝혀야 할 의무가 있다. 투자 목적으로 지분을 보유하는 경우, 해당 투자자의 평판을 조사하는 것이 좋다. 경영권 장악이나 영향력 행사가 목적이라면, Form 13D는 특수한 기업 변화가 일어날 것을 예고하는 최초의 징조 혹은 그 촉진제일 수도 있다.

Form 13G : 오직 투자 목적으로 지분을 보유하는 기관 투자자는 13D 대신 Form 13G를 제출할 수 있다.

Schedule 14D-1 : 외부인이 제출하는 주식 공개 매수 보고서 (tender offer statement)이다. 인수 제안에 관한 매우 유용한 배경 정보를 제공한다. Schedule 14D-1은 보통 주식 공개 매수를 선언하는 공시에 게재된 정보 대리인(information agent)으로부터 구할 수 있다.

Schedule 13E-3, 13E-4 ： 13E-3은 제4장에서 다룬 수퍼 라이트와 같은 사기업화 거래(going-private transaction)를 위해 제출되는 보고서이다. 13E-4는 기업이 자사 주식을 되살 때 제출하는 주식 공개 매수 보고서이다(제5장 제너럴 다이내믹스의 예에서 언급되었다). 사기업화 거래와 자사 주식 공개 매수 모두 높은 수익을 기대할 수 있는 투자 기회이며, 공시 정보 역시 훨씬 더 방대하므로 주의 깊게 읽어 볼 필요가 있다.

많은 경우 여러분은 기업의 홍보실에 직접 전화해 위 보고서를 무료로 혹은 적은 금액을 지불하고 구할 수 있다(물론 여러분이 기업의 주주라는 선의의 거짓말을 해야 할지도 모른다). 그런데 EDGAR 시스템 덕분에 오늘날에는 이들 보고서를 모두 인터넷을 통해 무료로 받아 볼 수 있다. 모든 기업은 EDGAR 시스템을 통해 자사의 공시 서류를 온라인에 올려야 할 의무가 있다(EDGAR는 전자 데이터 수집 분석 및 검색(Electronic Data Gathering Analysis and Retrieval)의 약자이다). 위 보고서는 SEC에 제출된 지 24시간 이내 무료 온라인 웹사이트 두 곳을 통해 구할 수 있으며, 여러분이 알고자 하는 거의 모든 정보를 얻을 수 있을 것이다. 현재 뉴욕 대학이 http://edgar.stern.nyu.edu라는 무료 웹 사이트를 통해, 그리고 SEC가 홈페이지 http://www. sec. gov를 통해 정보를 제공하고 있다.

새로운 서비스와 정보를 제공하는 온라인 서비스가 나날이 증가하고 있다. 〈월스트리트 저널〉의 온라인 홈페이지 www.wsj.com은 연간 구독료 49.95달러를 내면, 오프라인 구독자의 경우 29.95달러를 내면 여러분이 원하는 모든 정보를 제공한다. 최근 기사는 무료로 검색할 수 있으며, 사용 건수 당 추가 수수료를 내면 수천 건의 발행물에서 여러분이 원하는 기사를 검색할 수 있다. 〈월스트리트 저널〉 웹사이트는 타의 추종을 불허하는 최고의 온라인 정보원이다.

개인 투자가가 더 저렴하게 이용할 수 있는 온라인 서비스의 하나가 EDGAR 온라인(http://www.edgar-online.com/)이다. 공시 서류가 당장 필요하다면, EDGAR 온라인을 통해 SEC에 제출된 지 불과 몇 분 이내에 보고서를 구할 수 있다. 매달 9.95달러의 사용료만 지불하면 기본적인 서비스를 이용할 수 있다. 프로디지(Prodigy), 컴퓨서브(Compuserve), 그리고 아메리카 온라인(America Online) 역시 현금으로 사용료를 지불하는 다양한 수준의 원문 서류 검색 서비스를 제공한다.

디스클로져(Disclosure), 무디스(Moody's), 스탠다드 & 푸어스(Standard & Poors), 페더럴 파일링스(Federal Filings), 다큐트로닉스 인포메이션 서비스(Docutronics Information Services), 그리고 CCH 워싱턴 서비스국(CCH Washington Service Bureau)처럼 필요한 공시 서류를 프린트해 여러분의 집으로 배달하거나 팩스로 전송해 주는 서비스도 있는데, 유료이다. 이같은 고급 서비스를 이용해 서류를 받아 보려면 15~35달러 사이의 이용료를 지불해야 한다.

2차 투자 정보원

2차 정보원 역시 특정 기업이나 산업에 관해 간단한 정보를 얻는 데 매우 유용하다. 나는 유명한 〈밸류 라인 인베스트먼트 서베이〉를 즐겨 참조한다. 〈밸류 라인〉의 투자 순위는 보지 않지만, 각 기업에 대한 리포트를 통해 해당 기업의 이제까지의 운영 및 투자 실적에 관한 매우 유용한 개괄 정보를 얻는다. 또한 〈밸류 라인〉의 보도 기사는 산업별로 정리되어 있기 때문에 분사 혹은 구조조정 후보 기업을 평가하기 위한 산업 정보를 매우 간편하게 얻을 수 있다. 최근 지면을 확장한 〈밸류 라인〉은 3,500여개가 넘는 기업에 관한 유용한 정보를 제공한다. 개인 투자가가 이용하기에는 다소 비싸지만, 대부분의 공립 도서관은 열람 전용 코너에 적어도 한 부씩 비치해 두고 있다.

온라인 및 컴퓨터 서비스의 발전 덕분에 예전에 비해 좋은 투자 정보를 더 쉽고 더 저렴하게 구할 수 있게 되었다. 〈밸류 라인〉을 구할 수 없다면, 아메리카 온라인 웹사이트를 방문해 후버 비즈니스 리소시스(Hoover Business Resources) 코너를 찾아보라. 기업명이나 산업별로 수천 개 기업에 관한 재무 및 배경 정보를 검색할 수 있을 것이다. 아메리카 온라인뿐만 아니라 다른 주요 온라인 포털에서도 이같은 정보를 구할 수 있다.

물론 최근의 기업 뉴스를 읽고 검토하는 일도 빠뜨려서는 안 될 것이다. 〈월스트리트 저널〉이 훌륭한 정보원이기는 하나, 투자 기회를 언제 발견했느냐에 따라 이전의 기사를 검색해야 할 때도 있다. 기본적인 온라인 서비스로도 과거의 기사를 검색할 수 있지만, 더 전문적인 뉴스 검색 서비스를 원한다면 개인 투자자용 다우존스 뉴스/검색 서비스(Dow Jones News/Retrieval-Private Investor Edition)를 이용해 편리하게 기사를 검색할 수 있다. 몇 달에 한 번씩 투자 아이디어를 찾고 검색하기 위해 이 정도로 세분화된 서비스를 사용할 필요는 없지만, 반드시 특수 기업 상황에 투자하는 전략을 시도해 보고 싶다면 월 29.95달러에 다우존스 보도자료 통신사, 〈월스트리트 저널〉, 〈배런즈〉 그리고 수백 개의 발행물을 마음껏 검색할 수 있다.

매일 아침 팩스로 정보를 배달해 주는 서비스도 있다. 투자하고 있는 포지션에 대한 최신 정보를 습득하고 새로운 투자 기회를 찾는 데 유용한 서비스이다. 인디비쥬얼사(Individual, Inc.)가 제공하는 헤즈 업(Heads Up) 서비스는 여러분이 관심 분야를 다루는 뉴스 기사를 간단히 요약해 보내 준다. 예를 들어 '기업 구조조정', '합병과 인수' 그리고 '부도 소식'과 같은 주제에 관한 그날그날의 톱기사를 제공받을 수 있다. 사용료는 한 달에 30달러이며 온라인으로도 이용할 수 있다.

다시 한번 말하지만, 여러분이 이 모든 정보원을 이용해야 하는 것은 아니다. 〈월스트리트 저널〉을 읽고, 기업에 전화를 걸어 원하는 정보와 보도 자료를 요청하고, 도서관을 방문하는 것만으로도 충분하다. 대부분의 경우 여러분은 분명 스스로 투자 기회를 조사할 시간이 많을 것이다. 상황이 너무나 빠르게 진행되는 나머지 단 몇 시간 혹은 단 며칠 내 중대한 변화가 생긴다면, 여러분에게 적합한 투자 상황이 아니다. 여러분이 TV에서 보는 월스트리트의 투자자들, 고함을 지르며 뛰어다니고 소리를 질러대는 이들은 사실 별 생각도 없고 제대로 조사를 하고 있지도 않다. 이들 투자자가 뭘 하고 있는지 나도 잘 알 수 없지만, 분명한 사실은 여러분이 걱정할 필요는 없다는 점이다. 중요한 사실은 충분히 조사할 시간이 있고 이해할 수 있는 몇몇 상황에만 집중해 투자하라는 점이다.

재무제표에 대한 기본 지식 익히기

아버지가 항상 하시던 말씀이있다: "숫자는 거짓말을 하지 않는다. 하지만 거짓말쟁이는 숫자로 다른 이를 현혹한다." 따라서 대차대조표와 손익계산서를 읽을 때, 투자에 신중을 기하고는 싶은데 기본 지식이 약하다면 회계를 좀 더 공부하는 것도 좋은 생각이다. 거창하게 할 필요는 없다. 아래에 나열한 훌륭하며 간단한 입문서 중 아무 책이나 골라 읽는 것만으로도 대차대조표와 손익계산서에 대한 충분한 지식을 쌓을 수 있다.

《재무보고서 읽는 법(How to Read a Financial Report)》

– 존 트레이시(John A. Tracy)

《재무제표 이용하는 법(How to Use Financial Statements)》

– 제임스 밴들러(James Bandler)

≪재무제표 읽는 법(How to Read Financial Statements)≫

– 도날드 와이스(Donald Weiss)(≪재무제표 읽는 법≫은 보통의 팜플

렛만한 책으로, 미국경영협회(American Management Association)가 출

판하며 가격은 약 4달러이다.)

운 좋게도 내가 회계 분야에서 가장 좋아하는 책이 최근 재판되

었다. 바로 벤저민 그레이엄이 쓴 ≪재무제표의 해석(Interpretation of

Financial Statements)≫으로, 여러분이 알아야 할 알짜 정보만을 담아

놓은 매우 얇은 책이다. 여러분이 회계의 기본 지식을 어떤 방법으로

배우느냐는 중요하지 않다. 다만 도서관이나 중고책 가게에서 한 권을

골라 읽는다면, 분명 도움이 될 것이다.

현금 흐름 이해하기

현금 흐름의 정의는 매우 다양하다. 내가 생각하기에 기업을 분석할

때 가장 유용한 현금 흐름의 정의는 이른바 잉여현금흐름이라 부르는

개념의 현금 흐름이다. 일반적으로 매년 기업으로 실제 얼마만큼의 현

금이 흘러 들어가는가를 측정할 때 잉여현금흐름이 순이익보다 더 유

용하게 쓰인다. 회계장부상의 수익과 달리 현금 수익은 배당금을 지

불하고, 자사 주식을 되사고, 부채를 갚고, 새로운 사업에 자금을 조

달하고, 다른 사업을 인수하는 데 사용될 수 있기 때문에 기업의 현금 창출 능력이 얼마나 되는지 파악하는 일은 매우 중요하다. 잉여현금흐름의 개념은 매우 간단하며, 여러분은 모든 기업이 의무적으로 제출하는 연차 및 분기별 재무 보고서에 포함되는 현금흐름표를 통해 현금흐름에 관해 원하는 모든 정보를 얻을 수 있다.

보통 주당 이익으로 보고되는 순이익은 회계 목적을 위해 기업의 수입을 수치화한 것에 지나지 않으며, 순이익에는 특정 비현금 비용이 포함된다. 반면, 어떤 현금 비용은 순이익 계산에서 제외된다. 잉여현금흐름은 위 비현금 비용의 일부를 순이익에 다시 더하고, 현금 비용의 일부를 빼서 기업이 얼마만큼의 현금을 창출하는지 보다 정확한 수치를 제공한다.

주로 비현금 비용은 유형자산 감가상각 비용(depreciation)과 이연자산 상각비용(amortization)으로 구성된다. 감가상각은 수익에서 공장이나 장비와 같은 고정 자산의 비용을 빼는 것으로, 그 비용을 고정 자산의 가용한 기간에 걸쳐 나누어 배분한다. 예를 들어 어느 회계 연도에 백만 달러의 수익을 올렸는데, 그해 새로운 기계 구입에 백만 달러를 지출했다고 가정하자. 이 기계의 가용 기간이 10년이라고 예상한다면, 그해 백만 달러를 한꺼번에 감가상각해 버리는 것이 공정할까? 이보다는 예를 들어 매해 십만 달러씩을 감가상각하는 것이 신규 기계 구입의 경제 현실을 더 잘 반영할 것이다. 따라서 구입 첫해 백만 달러의 현금이 한꺼번에 지출되었지만, 손익계산서에는 1년

치의 감가상각 비용만을 반영해 십만 달러의 지출이 있었던 것으로 표기된다.

이연자산 상각 역시 감가상각과 비슷한 비현금 비용인데, 고정자산이 아닌 무형자산을 대상으로 한다는 점이 다르다. 물리적인 형태를 갖추지 않은 무형자산의 가용 기간은 측정하기가 어렵다. 가장 대표적인 예가 영업권(goodwill)이다. 영업권은 사업체를 공정한 시장 가격보다 더 높은 가격에 살 때 생기는 것이다. 그 초과 비용은 인수 주체의 대차대조표에 영업권으로 표기되며, 40년 이하의 기간에 걸쳐 수익 대비 상각된다. 많은 경우 인수 대상 기업 자산의 수익 창출 능력이 감소하지 않는 한, 기업의 수익에서 상각 비용을 빼는 것은 회계장부상으로만 발생하는 허구일 뿐이다(그렇기 때문에 나는 상각 비용을 순이익에 다시 더한다. 영업권 상각은 2001년 이후 중단되었다. 대신 매년 말 영업권의 가치를 재평가하여 손상이 일어나면 손상분을 손익계산서에 비용으로 계상한다).

잉여현금흐름을 계산하는 가장 기본적인 방법은 (1) 순이익을 파악하고, (2) 감가상각의 비현금 비용을 다시 더하고, (3) 보통 신규 공장 및 장비에 투입되는 현금 지출을 의미하는 자본 지출을 뺀다. 그 결과 매년 기업이 얼마나 많은 잉여현금흐름을 창출하는지 알 수 있다. 예를 들어 보자.

| 순이익 | $20 |
| +감가 | $ 6 |

+상각	$ 3
	$29
−자본 지출	($5)
잉여현금흐름	$24

위 예에서 어떻게 잉여현금흐름이 순이익보다 20퍼센트 더 증가하는지 눈여겨보라. 만약 몇 년에 걸쳐 잉여현금흐름이 순이익보다 지속적으로 높으면, 기업의 가치를 순이익보다는 잉여현금흐름을 기초로 측정하는 것이 더 합리적이다(즉, 기업의 가치를 더 흔히 사용되는 이익배수 혹은 주가이익비율이 아니라 잉여현금흐름 배수로 측정한다). 반대로 기업의 잉여현금흐름이 순이익보다 지속적으로 낮다면 그리고 그 원인이 많은 자본 지출을 요구하는 대규모 사업 확장 계획 때문이 아니라면, 잉여현금흐름으로 기업 가치를 측정하는 것이 더 낫다.

잉여현금흐름이 손익계산서의 이익과 다르게 나타나는 이유는 몇 가지가 있다. 우선 감가상각비(고정 자산의 역사적 원가를 기초로 연간 비용을 계산)가 공장과 장비를 교체하는 데 드는 연간 비용을 정확히 반영하지 못할 수도 있다. 공장과 장비라는 고정 자산을 교체하는 데 드는 비용이 인플레이션 때문에 매년 상승할 수 있기 때문이다. 또한 어떤 사업의 경우 현재 가동 중인 공장이 낡지 않았더라도, 경쟁 기업에 뒤지지 않기 위해서는 지속적으로 시설을 개선해야 할 필요가 있을 수 있다(예를 들어 백화점이나 호텔은 지역 내 경쟁 기업 혹은 새로운 경쟁 기업의 등장 때문에 예상보다 더 빨리 시설을 보수해야 하는 경우가 많다). 또한 감가상각 비용이 너무 높아 실제 비용을 정확히 반영하지 못하는 경우도 있다. 기술의 발달로 장비 교체 비용이 감소하는 경우도 있다. 혹은 장비를 애초의 감가상각 계획보다 훨씬 더 오래 사용하는 경우도 있다.

어느 경우이건 회계 장부상에서 예상하는 비용인 연간 감가상각액과 실제 지출되는 현금 비용인 자본 지출 간의 차액을 오랜 기간에 걸쳐 자세히 살펴보면, 이익에 비해 잉여현금흐름이 더 유용하다는 점을 알게 될 것이다. 비현금 비용인 상각액을 다시 더하면, 잉여현금흐름을 선호하는 나의 주장이 더 설득력을 얻을 것이다. 대부분 건실한 기업의 경우 상각액은 회계장부상에서만 존재하는 허구적 수치이기 때문에, 기업의 현금 창출 능력을 정확히 측정하기 위해서는 연간 상각비용을 다시 더하는 것이 중요하다. 연간 상각액이 더 많은 경우, 잉여현금흐름은 기업의 수익 창출 능력을 측정하는 더 좋은 수단으로 이용될 수 있다. (HSN 그룹의 TV 방송국 사업의 경우, 이 말이 맞았다는 사실을 기억할 것이다. 이 사업은 나중에 분사되어 SKC가 되었다.)

한 가지 더 짚고 넘어가자. 기업이 빠른 속도로 성장하고 있다면, 자본 지출이 많다고 해서(그리고 결과적으로 잉여현금흐름 수치가 낮다고 해서) 꼭 나쁘게 볼 필요는 없다. 중요한 점은 자본 지출이 이미 가동중인 설비의 유지를 위해 쓰이느냐를 확인하는 것이다. 시설 유지를 위한 자본 지출과 사업 확장을 위한 자본 지출에 대한 정보를 공개하는 기업은 거의 없지만, 여러분은 기업에 직접 전화를 걸어 위 두 종류의 자본 지출에 관한 정보를 반드시 얻어야 한다. 어쨌건 여러분이 미래의 성공을 확신하는 기업이라면, 감가상각 대비 자본 지출이 크다는 사실 그 자체로서는 걱정할 필요가 없다.

읽어 볼 만한 투자 지침서

없다.(농담이다) 여기서 이야기한 특수 기업 상황만을 전문적으로 다루는 추천할 만한 책은 없다. 하지만 주식시장과 가치투자에 관해 매우 훌륭한 배경 지식을 제공하는 책은 있다. 이 정보 모두 특수 기업 상황에 투자할 때 유용하게 쓸 수 있다. 시간과 용의가 있는 독자 여러분을 위해, 내가 가장 좋아하는 투자 지침서를 소개하겠다.

《다음 세대를 위한 역투자 전략: 대중의 흐름과 반대로 시장을 공략하라(Contrarian Investment Strategies: The Next Generation)》, 데이비드 드레멘(David Dremen), 사이먼&슈스터(New York: Simon&Schuster, 1988)

《현명한 투자자(The Intelligent Investor: A Book of Practical Counsel)》, 벤저민 그레이엄, 하퍼 콜린스(New York: HarperCollins, 1986)

《워런 버핏의 방식(The Warren Buffet Way: Investment Strategies of

the World's Greatest Investor)》, 로버트 해그스트롬(Robert Hagstrom), 와일리(New York: Wiley, 1994)

《뉴 파이낸스(The New Finance: The Case Against Effective Markets)》, 로버트 호이겐(Robert Haugen), 프렌티스 홀(New York: Prentice Hall, 1995)

《안전 마진(Margin of Safety)》, 세스 클래먼(Seth A. Klarman), 하퍼 비즈니스(New York: Harper Business, 1991)

《월가의 영웅(One Up on Wall Street)》, 피터 린치&존 로스차일드(Peter Lynch and John Rothchild), 사이먼&슈스터(New York: Simo&Schuster, 1993)

《피터린치 주식투자(Beating the Street)》, 피터 린치&존 로스차일드(Peter Lynch and John Rothchild), 사이먼&슈스터(New York: Simon&Schuster, 1994)

《당신에게 꼭 필요한 투자 지침(The Only Investment Guide You'll Ever Need)》(개정판), 앤드류 토비아스(Andrew Tobias), 하코트 브레이스(Harcourt Brace, 1996)

《머니 매스터(The Money Master)》, 존 트레인(John Train), 하퍼 콜린스(HarperCollins, 1994)

투자의 즐거움은 그 과정에 있다

나는 요트 여행을 좋아한다. 경주도 아니고, 특별한 목적지도 없이 그저 물 위에서 항해하는 것이 좋다. 사실 물 위를 더 빠르게 여행할 수 있는 수단이 있어서 그런지 지난 수 세기 동안 요트 여행은 구식의 여행 수단이 되었다. 더 쉽게 이동할 수 있는 방법도 있고 여행한 거리 대비 들인 노력을 고려했을 때 요트 여행은 고단함의 연속이다. 하지만 내 요트 여행의 목적은 어느 특정한 목적지에 닿는 데 있지 않다. 언제나 시작점으로 다시 돌아오기 때문이다. 여행을 즐기고 여행에서 최대한 많은 즐거움을 누리는 것, 이것이 내 요트 여행의 목적이다. 속담에도 있듯이, 목표에 도달하는 과정 그 자체에서 즐거움을 찾아야 한다. 결국 '목적지'란 존재하지 않기 때문이다.

장기적으로 성공을 거두는 투자자가 되고 싶다면 여러분 역시 투자의 여정 그 과정 자체를 즐길 줄 알아야 한다. 워렌 버핏과 피터 린치는 이미 오래 전 사랑하는 가족과 주변 사람의 넉넉한 의식주를 보장할 수 있을 만큼의 부를 축적했다. 따라서 투자라는 모험을 마음 놓고 즐길 수 있었다. 만약 여러분이 주식시장 폭락을 경험한 첫 날 밤 잠을 설치는 타입이라면(혹은 더 심한 경우 신중하게 결정한 투자 포지션이 주식시장 폭락 때문에 엉망이 되어 우왕좌왕하는 타입이라면), 내가 주장하는 투자 방식보다 더 수동적인 접근법이 나을 것이다. 사실 여러분이 주식투자라는 '게임'을 즐길 수 없다 해도 신경 쓸 것 없다. 여러분의 시간을 더 생산적으로 쓸 수 있는 방법은 많으니까 말이다.

물론 여러분 스스로 주식투자 포트폴리오를 성공적으로 관리할 수 있다면, 부수적인 이득을 얻을 수 있다. 모두들 세상에는 돈으로 살 수 없는 것이 있다고 말하지만, 분명 돈으로 살 수 있는 것도 있다. 안정감, 안락한 노후 그리고 가족을 경제적으로 부양하는 능력이 바로 그렇다. 종교적 관점에서 보아도 돈은 꼭 나쁜 필요악이 아니다. 타인을 돕는 데 쓰이는 돈은 매우 긍정적인 힘을 발휘한다.

유명한 18세기의 경제학자 애덤 스미스(Adam Smith)와 같은 이들은 개개인의 사익 추구가 모여 사회 전체를 이롭게 한다고 믿었다. 주식시장에서 주식을 팔고 사는 행위는 기업 지분이 거래되는 시장을 형성하며 궁극적으로는 생산성 높은 기업이 자본을 모으고 사업을 확장할 수 있는 기회를 제공한다. 이 말도 맞기는 하지만, 이러한 믿음이 과연 어느 선까지 타당할까? 도박꾼들 덕분에 경마장의 출납원은 월급을 받는다. 하지만 알버트 슈바이처 같은 사람은 이런 방식의 이타주의를 추구하지는 않은 것 같다. 즉 여러분의 시간을 더 고상하고 더 나은 목적을 위해 사용할 수 있을 것이다.

많은 이들은 "시간이 돈이다"라고 말하지만, "돈이 시간이다"라고 말하는 것이 더 맞지 않을까? 결국 시간은 우리 모두의 삶을 구성하는 화폐다. 일단 써버리면, 끝난 것이다. 돈이 제공하는 최대의 혜택 중 하나는 삶과 시간이라는 신의 선물이 있어야 가능한 위대한 업적을 추구할 수 있게 해준다는 데 있다. 생각해 보라. 돈이 없으면 여러분은 가족을 부양할 수도, 사회에 공헌할 수도 없다. 돈으로 행복이나 만족을 살 수는 없지만, 돈으로 살 수 있는 것이 분명 있다. 즉 시간, 여러분이 즐기고 여러분의 삶에 의미를 부여하는 무언가를 추구할 수 있는 자유를 사게 해준다.

이 책은 각자 다른 수준의 독자가 읽을 수 있도록 쓰여졌다. 여러분이 많은 경험을 쌓은 백전노장의 주식 투자자라면, 이 책은 완전히 새로운 세계로 여러분을 인도해 줄 것이다. 이제 여러분은 상상하지도 못했던 매우 높은 수익을 거둘 수 있는 특별한 기회를 어디서 찾아야 할지 배웠으므로 더 쉽게 수익을 올릴 수 있을 것이다. 그리고 그 중에서도 어떤 기업에 투자해야 할지 더 잘 알게 되었을 것이다. 여러분이 초보 투자자라면, 이 책이 주식투자의 첫걸음이자 영감의 원천이 될 수 있기를 바란다. 만약 책에서 나온 주식투자 방법이 그럴 듯해 보인다면, 그 내용의 대부분이 보통의 일반 투자자는 시도해 보지도 못할 그런 분야는 아니니 너무 걱정하지 마라. 단 여러분이 천재여야 할 필요는 없지만 경험을 쌓기 위해서는 재무제표에 대한 이해, 약간의 상식 그리고 인내가 반드시 필요하다.

이제까지 언급했듯이, 성공적인 주식투자를 하고 싶다면 약간의 수고와 노력이 필요하다. 하지만 여러분은 오히려 이 말을 듣고 편안해질 것이다. 만약 이 책을 읽고 여기 나온 투자 방법을 이용하는 독자 모두 수익을 올릴 수 있다면 여러분이 뛰어난 수익을 올릴 가능성은 낮아질 것이다. 여러분을 다수의 투자자와 달라지게 만드는 바로 그것이 대부분의 주식 투자자를 실패하게 만드는 것이다. 주식시장에서 성공의 비밀은 천재적인 두뇌도, 독보적인 비즈니스 감각도 혹은 비상한 통찰력도 아니다. 그 비밀은 여러분의 경우 고수익이 보장되는 투자 기회를 어디서 찾을 수 있는지 이미 알고 있으므로, 단지 여기에 약간의 노력을 보태면 된다. 생각해 보라. 참으로 공정하지 않은가?

인생이 항상 공평하지는 않지만, 대부분의 경우 장기적으로 주식시장은 공평하다. 나는 전형적인 역투자자이지만, 대부분의 이들에게 주식투자가 가장 좋은 투자 수단이라는 생각에 동의한다. 경제와 경제를 구성하는 각 기업이 계속 성장하는 한, 주식시장은 조만간 그 성과를 반영하게 마련이다. 그렇다고 해서 매번 주식시장이 뛰어난 투자 수익을 보장하지는 않는다. 가장 최근을 살펴보면, 1960년대 말에서 80년대 초에 이르는 기간 동안 주요 증시 지수는 거의 상승하지 않았다. 하지만 일반적으로 그리고 장기적으로 주식시장은 상장된 기업의 성장을 정확하게 반영한다.

이제 이 책의 주제이기도 한, 특수한 기업 상황에 투자하는 주식투자 기법의 혜택의 마지막을 이야기해 보자. 주식시장이 호황이면 참 좋고 유익하겠지만, 꼭 그래야 할 필요는 없다. 여러분이 저평가된 주식을 매입할 수 있는 기회는 특수한 기업 사건을 통해 형성되는데, 이러한 사건은 주식시장이 호황일 때나 불황일 때나 상관없이 항상 일어나므로 여러분은 언제나 저평가된 주식을 매입하는 기회를 찾을 수 있다. 그런데 대부분의 경우 주식이 저평가된 상태를 오랫동안 유지하지는 않는다. 당장 오늘이나 내일은 아니겠지만, 여러분이 스스로 노력과 수고를 들여 올바른 주식에 투자했다면 주식시장은 여러분이 저평가된 주식을 매입하는 계기를 제공한 그 내재적 가치(inherent value)를 결국 인정할 것이다. 그렇기 때문에 저평가 주식을 찾아나서는 신중한 접근법이 결국 수익으로 연결되는 것이다.

이 책의 목적은 여러분에게 산꼭대기에 놓여 있는 눈덩이에 대해 알려주고, 지도를 제공하고, 여러분이 이 눈덩이까지 갈 수 있도록 충분한 길이의 로프와 등산 장비를 제공하는 것이다. 여러분의 선택이지만, 이제 여러분이 할 일은 이 눈덩이를 슬쩍 건드려 산비탈을 내려가며 점점 더 커지도록 만드는 것이다.

용어 설명

감가상각비 DEPRECIATION

설비나 장비와 같은 고정 자산의 구입 원가를 사용 기간에 맞추어 나눈 뒤 이를 이익을 줄이는 비용으로 처리한다. 그러나 이 비용은 현금을 동반하지 않는 비현금성 비용이다(7장의 현금흐름 참조).

공개매수 TENDER OFFER

어떤 회사를 특정한 가격에 산다고 공개적으로 밝힌 제안. 공개매수는 보통 매수하는 기간이 정해져 있다. 매수 가격은 회사의 시장 가격보다 조금 더 높다. 적대적 인수인 경우도 가끔 공개 매수가 사용되지만 결코 친절하게(tenderly) 보이지는 않는다.

기관투자가 INSTITUTIONAL INVESTORS

다른 사람의 많은 돈을 거래하는 조직체들. 여기에는 연금 펀드, 은행, 뮤추얼 펀드, 보험회사, 대학 기부 펀드 그리고 조합 펀드 등이 있다.

길리건의 섬 GILLIGAN'S ISLAND

부자인 길리건과 배우인 아내 그리고 스키퍼가 나오는 1960년대부터 시작한 시츄에이션 코미디.

나스닥 NASDAQ(NATIONAL ASSOCIATION OF SECURITIES DEALERS AUTOMATED QUOTATIONS SYSTEM)

브로커와 딜러가 장외시장에 올라 있는 주식의 매매가격과 거래량을 제공하기 위해 사용하는 컴퓨터 시스템. 이 시스템에 들어가려면 공개 회사는 반드시 최소한의 요구사항을 갖추어야 한다.

내부자 INSIDERS

회사 이사회의 이사, 경영자, 그리고 주요 직원. 이 정의는 인사이더의 법적인 정의가 아니다. 그러나 이들은 여러분들이 투자 결정을 내릴 때 주목해야 할 사람들이다.

랜덤 워크 이론 RANDOM WALK THEORY

효율적 시장 이론(Efficient Market Theory) 참조

리스크 아비트리지 RISK ARBITRAGE

인수 대상 회사로 선언된 회사의 주식을 매수하는 것인데, 때로는 동시에 인수 주체 회사의 주식은 판다.

만기수익률 YIELD TO MATURITY

회사채나 다른 부채 증권을 부채를 상환해야 하는 만기까지 가지고 있을 경우 얻을 수 있는 수익률. 부채를 액면 금액보다 낮거나 높은 가격에 살 경우 만기수익률은 이자율(stated interest rate)과 달라진다. 예를 들면 10% 이자를 주는 10년 만기 회사채를 80(액면 가격의 80%)에 사면 만기수익률은 13.74%가 된다. 이 양자 사이의 차이는 100달러가 아니라 80달러를 주고 사서 매년 10달러의 이자를 받기 때문이며, 만기가 되면 처음에 100달러가 아니라 80달러를 주고 사서 만기에 100달러를 받기 때문이다.

무보증채권 DEBENTURE

회사채(Bond) 참조.

무형자산 감가상각비 AMORTIZATION

무형자산을 일정 기간 나누어서 비용으로 처리하는 것. 유형자산 감가상각비(depreciation)는 유형자산이 대상이나 무형자산 감가상각비는 무형자산이 그 대상이라는 점만 다르다.

베타 BETA

개별 주식의 주가 변동을 시장 전체의 가격 변동과 비교한 것.

변동성 VOLATILITY

가격 변동의 크기와 빈도. 변동성은 학계에서 주식의 위험을 측정하는 데 자주 사용되나 이것은 장기 이익성을 측정하는 데는 별로 도움이 안 된다.

부도 DEFAULT

약속한 날짜에 부채의 이자나 원금을 지불하지 못한 것. 또는 특정한 대출 의무사항을 지키지 못한 것, 예를 들면 대출 약정서 또는 회사채 발행 조건에서 약속한 최소한의 목표 이익이나 자산을 달성하지 못한 것. 이것은 또한 브루클린에서 온 사람들이 지진이 나오는 곳이라고 믿고 있는 곳이기도 하다.

부채 LEVERAGE

금융 레버리지는 회사의 주주자본과 비교한 부채의 크기를 말한다. 빚이 많은 회사는 부채비율이 높을 것이다. 금융 레버리지를 사용하면 회사가 부채를 이용하여 부채 비용보다 더 많은 이익을 만들어낼 경우 주주에게 높은 수익을 줄 수 있다. 부채에 의존한 투자(leveraged investment)란 투자가 돈을 빌려서 하는 투자를 말한다. 예를 들면 주택을 많은 모기지로 구입한다거나 주식을 신용으로 사는 것이다. 또는 투자가가 얼마 뒤에 많은 양의 자산을 살 수 있는 권리를 지금 적은 돈을 주고서 사는 것을 말한다. 예를 들면 옵션이나 워런트(warrant)가 있다.

블랙 숄즈의 옵션 가격 평가 모델 BLACK-SCHOLES OPTION MODEL

옵션의 적정 가치(fair value)를 매기는 가격 계산 공식. 이 모델은 기업이 정상 환경 아래 있을 때는 유용하지만 회사가 특별한 변화를 겪고 있을 때는 거의 쓸모가 없다(6장 참조).

비시장 위험 NONMARKET RISK (UNSYSTEMATIC RISK)

주식시장의 위험 중에서 시장의 움직임과는 관련이 없는 위험. 만약 여러분이 서로 다른 산업에 속하는 5~8개의 종목에 투자하고 있다면 이 위험에 대해서는 크게 신경 쓰지 않아도 된다.

빌려서 파는 것 SHORT SALE

증권의 가격이 앞으로 떨어질 것으로 보고 빌려와서 파는 것. 다시 그 증권을 사서 원래의 주인에게 돌려주기 전에 증권의 가격이 떨어지기를 바란다. 이것은 단기 특별 할인 가격 판매를 말하기도 한다.

상장 옵션 OPTIONS (LISTED OPTIONS)

어떤 증권을 특정한 가격에 정해진 기간에 사거나 팔 수 있는 권리. 상장 주식 옵션은 계약의 형태로 거래한다. 한 계약은 주식 100주를 사거나 팔 수 있는 권리를 나타낸다. 한 개의 콜옵션 소유자는 주식 100주를 고정된 가격에 특정한 일자 또는 그 이전에 살 수 있다. 한 개의 풋옵션 소유자는 주식 100주를 고정된 가격에 특정한 일 또는 그 이전에 팔 수 있다(6장 참조). 인센티브 옵션은 상장 옵션과 다르다. 인센티브 옵션은 회사가 경영자에게 인센티브의 한 형태로 주는 옵션을 말한다.

시가총액 MARKET CAPITALIZATION (MARKET VALUE)

회사 주식의 가격에 총 발행 주식수를 곱해서 나온 회사의 가치. 예를 들어서 어떤 주식의 가격이 17달러이고, 발행 주식수가 1천만 주이면, 이 회사의 시가총액은 1억7천만 달러가 된다. 회사의 총 가치(기업가치)는 시가총액에다 회사의 차입금을 더한 것이다.

안전 마진 MARGIN OF SAFETY

자산의 시장 가격과 예측 가격 사이의 여유. 증권을 적정 가격(indicated or appraised value)보다 아주 낮은 가격에 산다는 것을 의미한다. 벤저민 그레이엄이 만들어낸 중요한 투자 개념이다.

액면 금액 FACE VALUE

회사채, 국채, 모기지 등의 금융상품이나 증서의 표면에 기록된 가격. 부채 금융상품은 보통 만기에 액면 금액을 되돌려준다. 부채 금융상품은 액면 금액 이상 또는 이하로 거래되거나 발행될 수 있다.

역투자자 CONTRARIAN

시장의 지배적인 흐름과는 반대로 가는 투자자. 군중과 달리 생각하고 행동하는 투자자.

우선주 PREFERRED STOCK

회사 주식의 한 종류로서 정해진 배당률을 받는다. 배당과 청산에서 보통

주보다 우선적인 지위에 있다. 우선주는 부채에 비해서는 후순위다. 우선주는 누적된다. 즉 어느 해에 배당을 주지 않으면, 그 배당은 다음 해로 이전되어 누적되며, 보통주에 배당을 주기 전에 우선주의 누적된 배당은 모두 지급되어야 한다. 우선주는 다른 증권으로 바뀔 수도 있으며, 우선주 발행 후 일정한 시간이 지나면 미리 정해진 가격으로 회사가 다시 사들일 수도 있고 회사가 다른 증권 대신 우선주를 줄 수도 있다.

워런트 WARRANTS

이것을 가지고 있는 사람은 회사의 주식을 특정한 가격 그리고 특정한 시기에 살 수 있다. IBM을 주당 100달러에 살 수 있는 5년짜리 워런트를 가지고 있으면 이 사람은 앞으로 5년 이내 언제든지 IBM에게서 직접 100달러를 주고 이 회사 주식을 살 수 있다.

유동성 LIQUIDITY

많은 양의 주식이나 기타 증권을 그 증권의 가격을 낮추지 않고 사고 팔 수 있는 능력. 예를 들면 어떤 투자자가 IBM 주식 100주는 시장 가격에 거의 영향을 주지 않고 살 수 있을 것이다. 그러나 XYZ 도넛 주식 10만 주를 산다면 아마도 시장 가격을 올릴 것이다.

인덱싱 INDEXING (INDEX FUND)

특별한 시장 지수에 들어가는 대부분 또는 모든 증권을 사서 그 시장 지수와 같은 수익률을 내려는 투자 전략. 예를 들어 S&P 500 인덱스 펀드는 이 지수에 들어가는 500개 회사를 그 구성 비율에 맞추어서 산다. 이런 전략은 giving up이라고도 한다.

인수자 UNDERWRITER

신규 발행 주식을 일반인에게 파는 투자은행을 말한다. 인수자는 혼자서 또는 무리를 지어 일하기도 한다. 투자은행은 발행회사에서 신규 증권을 싸게 사서 그 증권을 일반인에게 공개된 단일 가격으로 다시 판다.

자금 관리자 FIDUCIARY

맡겨진 돈을 수혜자를 위해서 적절하게 투자할 책임이 있는 자금 관리자. 투자를 잘못하면 소송을 당하기도 한다.

자본 구조 CAPITAL STRUCTURE

회사 부채와 주주자본의 구조. 부채주주자본비율(debt-to-equity ratio)은 회사 자본구조가 안전한지 위험한지를 판단하는 한 가지 측정 지표이다.

자본 지출 CAPITAL SPENDING

설비나 장비와 같은 고정 자산의 구입 또는 성능 향상. 자본 지출액 (Capital expenditures)은 일반적으로 사용 기간에 나누어 감가상각 하지만 수리 비용은 그 해에 비용으로 처리한다.

자본화 CAPITALIZATION

시가총액(Market Capitalization) 참조.

주가이익률 PRICE/EARNINGS RATIO (P/E)

주식의 가격을 주당 순이익으로 나눈 것. 이 지표(가끔은 순이익의 배수로 불리기도 한다)는 주가가 이익의 몇 배인지를 알려 준다. 주가가 10달러이고, 주당 순이익이 1달러라면 주가이익배수는 10이다. 주가이익배수의 역수는 주식수익률(earnings yield)이다. 그래서 주가가 10달러이고 주당순이익이 1달러인 회사의 주식수익률은 10%이다. 가끔 주식의 수익률을 채권이나 단기 금융상품의 수익률과 비교할 때는 주식수익률을 사용하는 것이 편리하다.

주당순자산 BOOK VALUE PER SHARE

대차대조표에 올라 있는 주주자본을 총 발행 주식수로 나누어서 구한 회사의 가치. 주주자본(book value) 은 회사 자산의 역사적 가치(historical value)에서 부채를 뺀 것이다. 유형 자산 가치는 영업권과 특허권과 같은 무형자산 가치를 제외한 것이다. 주주자본에 비해서 주가가 낮은 주식에 투자하는 전략은 계속해서 전체 시장 수익률보다 더 높은 성과를 내고 있다.

주식 담보 부채 MARGIN DEBT

주식을 담보로 돈을 빌리는 것. 규정 T(Regulation T)에 의하면 개인은 소유 주식 시장 가격의 50%까지 빌릴 수 있다. 많은 양의 주식 담보 자금으로 주식시장에서 투기하는 사람들은 feety pajamas를 입게 될 것이다.

주식 분할 STOCK SPLIT

회사의 총 발행 주식수가 주주자본이나 회사 시장 가치의 변화 없이 일정한 비율로 늘어나는 것. 예를 들어 한 주에 30달러 하는 주식 3백만 주를 3대 1로 분할하면 총 발행 주식수는 9백만 주가 되고 한 주의 가격은 3달러로 낮아진다. 주식분할 이것 자체는 회사의 시장 가격에 아무런 영향도 주지 않는다.

주식 브로커 STOCKBROKER

변호사, 정치인, 그리고 보험회사 판매원을 합친 것. (나는 이들을 차별대우

하는 것은 아니다. 나의 친한 친구 중에도 주식 브로커가 있다.)

주주총회 보고서 PROXY STATEMENT

주주가 회사의 중요한 문제에 대해 투표하기 전에 미국 증권감독원의 기준에 따라 주주에게 미리 제공되는 관련 서류. 예를 들면 주주총회 보고서는 이사를 선임하기 전에 또는 합병이 완료되기 전에 주주에게 제공된다.

증권감독위원회 제출 서류 SECURITIES AND EXCHANGE COMMISSION(SEC) FILINGS

공개 회사가 정부 기구(SEC)에 서류를 제출할 때 따라야 하는 공시 형태와 시간표. 여기에는 정기 재무 결과와 회사 주요 변화에 대한 공시가 있다.

차입 자금 매수 LEVERAGED BUYOUT

빌린 돈으로 회사를 매수하는 것. 매수 대상 회사의 자산과 이익의 힘이 차입의 주요 기반이 된다. 여러분들은 껍데기 주식, 분사, 합병 증권에 투자하면 실질적으로 차입 자금 매수 중인 회사의 주식을 공개시장에서 살 수 있다.

촌놈 VILLAGE IDIOT

24달러에 이 책을 사서는 시장을 이길 수 있다고 생각하는 사람. → 농담

추정 재무제표 PRO FORMA FINANCIAL STATEMENT

만약 어떤 특별한 사건이 일어난다면 대차대조표, 손익계산서, 기타 재무보고서가 어떠할지 추정한 것. 예를 들어 추정 손익계산서(pro forma income statement)는 합병이 일어난다면 회사의 순이익이 어떨지 추정한

것이다.

피티 파자마 FEETY PAJAMAS

발 덮개가 붙은 잠옷. 어린아이들이나 주식시장에서 크게 손실을 본 사람들이 입는다.

현금흐름 CASH FLOW

여러 가지로 정의한다. 보통은 회사의 현금 이익(cash earning)을 의미한다. 현금이익이란 순이익에다 비현금성 비용(보통은 유형자산 및 무형자산의 감가상각비)을 더한 것이다. 잉여현금흐름(free cash flow)이 더 유용한 지표이다. 왜냐하면 이 지표는 회사의 자본지출액도 고려하기 때문이다. 즉 순이익에다 비현금성 비용을 더하고 여기서 자본지출액을 뺀 것이다(7장에 나오는 현금흐름 참조).

회계 연도 FISCAL YEAR

회사가 회계 기간으로 사용하는 연속된 12개월. 회사의 회계기간은 12월 31일에 끝나는 역년(calendar year)으로 하기도 하나 많은 회사들이 이와 상관없이 회계 기간을 설정한다.

회사채 BOND

만기에 정해진 원금 지불을 요구하고, 만기에 이르기까지 정기적으로 이자 지불을 요구하는 부채. 회사채는 발행하는 기업의 신용도에 따라 상위 채권(senior)과 하위 채권(junior)이 있으며, 다른 부채보다 회사 자산에 대한 요구 순서가 낮은(subordinated) 채권도 있다. 또 회사채에는 보증이 붙은 채권(secured bond)이나 보증이 없는 채권(unsecured bond)도 있다. 후자는 debenture라고도 불리는데 이 경우는 발행하는 기업의 신용이 중요하다. 회사채는 다른 증권으로 전환될 수도 있으며, 만기에 원금만을 지불하고 중간에는 이자가 없는 채권(zero-coupon bond)도 있다. 그리고 payment-in kind 또는 PIK 회사채는 발행자가 이자를 현금이 아니라 새로운 회사채로 준다.

효율적 시장이론 EFFICIENT MARKET THEORY (OR RANDOM WALK THEORY)

주식 가격은 효율적으로 매겨지며, 공개적으로 이용 가능한 정보와 미래 예상은 지금의 시장 가격 속에 반영되어 있다는 이론. 이 이론을 강하게 밀고 나가면, 화살을 던져서 종목을 뽑는 원숭이도 전문 투자가만큼이나 전체 시장보다 더 높은 수익을 올릴 수 있다고 주장한다. 비록 많은 경우 원숭이 짓이 사실이나 그렇다고 이것이 시장이 효율적이라는 것을 의미하는 것은 아니다. 학교에서는 이 이론을 가르치고 있다. 그래서 여러분이 스스로 공부를 하면 학교에서 공부한 전문가들보다 더 높은 경쟁력을 갖게 된다.

감사의 말

책을 출판하는 일이 항상 그러하듯 원망의 화살을 맞아야 할 이들은 많다. 물론 오타, 누락, 실언 혹은 잘못된 투자 조언의 책임은 궁극적으로 클리블랜드에 사는 한 남자에게 돌아가야겠지만, 사실 이 남자를 찾기는 거의 불가능하다. 따라서 나는 다음의 용의자들을 지목할 수밖에 없다.

우선 고섬 캐피털*(Gotham Capital, 저자 조엘 그린블라트가 운영하고 있는 사모 펀드)의 직원 모두이다. 나는 운 좋게도 고섬 캐피털 창립 당시 몇 안 되는 하버드 경영대학원 수재 중에서 대니얼 너(Daniel Nir)를 데려올 수 있었다. 대니얼 너는 내가 뽑은 최고의 직원이며, 고섬 캐피털을 성공으로 이끈 주역들 중 한 명으로 이 책의 프로젝트에 지대한 공헌을 했고 또한 지지를 해주었다. 나의 파트너 로버트 골드스테인(Robert Goldstein)은 지나칠 정도로 정직하게, 그리고 통찰력 있는 조언으로 내가 더 좋은 책을 쓸 수 있도록 도와 주었다. 또한 골드스테인은 이 책에 실린 여러 투자 사례에 많은 도움을 주었다. 차터 메디컬 주식회사(Charter Medical)의 가능성을 발견하고 호스트 매리어트(Host Marriott) 및 리버티 미디어(Liberty Media)의 투자에서 놀라운 성과를 거둔 주인공이 바로 골드스테인이다. 또 다른 나의 파트너 에

드워드 니드 그리어(Edward Ned Grier)는 제너럴 다이내믹스(General Dynamics)와 스트라텍(Strattec)을 포함해 이 책에서 다룬 많은 케이스 스터디에 유용한 조언을 해주고 조사에 동참하는 노력을 아끼지 않았다. 나의 파트너들은 그 어떤 파트너의 도움 없이도 놀라운 투자 수익을 올릴 수 있는 투자의 대가들이며, 이처럼 재능 있는 친구들과 함께 일하는 것에 대해 진심으로 영광으로 생각한다.

재능과 친구에 관한 말이 나왔으니, 우리 고섬 캐피털의 헌신적이고 용감무쌍한 수석 트레이더(유일한 트레이더이기도 하다) 리사 알퍼드(Lisa Alpert), 다재다능하고 착한 친구이자 고섬 캐피털의 CFO를 맡고 있는 브루스 버코위츠(Bruce Berkowitz, 동명이인인 웰스 파고 은행의 투자자 브루스 버코위츠와는 다른 사람이다), 그리고 우리 회사의 특별한 팔방미인 관리실장 앨리슨 재릿(Alison Jarret)에게도 특별히 감사의 말을 전한다.

우리 고섬 캐피털 가족 중 특별히 언급해야 할 직원이 두 명 더 있다. 우선 브루스 뉴버그(Bruce Newberg)는 고섬 캐피털의 성공을 위해 헌신적으로 일해 왔다. 그는 초기에 성공적인 자본 확보로 오늘날 고섬 캐피털이 존재하는 데 지대한 공헌을 했을 뿐만 아니라 언제나 현명한 조언을 하며 뛰어난 투자 아이디어가 샘솟는 원천이자 믿을 수 있는 친구로 늘 우리 곁을 지켜 왔다. 브루스 뉴버그처럼 충실하고 훌륭한 친구를 곁에 둘 수 있는 행운아는 결코 흔치 않다.

그 다음으로는 바로 내 여동생이자 고섬 캐피털의 직원이기도 한

린다 그린블라트(Linda Greenblatt)가 있다. 린다는 책의 내용이 독자에게 잘 전달될 수 있도록 집필 과정에서 건설적인 조언을 아끼지 않았다. 이 책을 15번이나 읽으면서도 내가 의도적으로 유머를 집어넣은 대목에서 언제나 웃어 주었고, 그 기간 동안 자신이 참여한 새로운 투자 기업인 새들 록 파트너스(Saddle Rock Partners)를 큰 성공으로 이끄는 데 대단한 업적도 세웠다. 린다의 무한한 인내심, 헌신 그리고 뛰어난 지적 능력은 이 책이 완성되는 데 큰 영향을 미쳤다. 린다의 도움이 없었더라면, 나는 절대 이 프로젝트를 끝마칠 수 없었을 것이다.

이 밖에도 마찬가지로 이 책에 크게 공헌했고 진정한 우정이 무엇인지를 보여 준 용의자들을 지목한다. 우선 내 인생에서 가장 평온했던 시절의 스승이자 친구인 해밀턴 파트너즈(Hamilton Partners)와 콜럼비아 경영대학원의 존 스컬리(John Scully), 오펜하이머(Openheimer & Co.)의 전무이사 에릭 로젠펠트(Eric Rosenfeld), 메트로폴리탄 캐피털 어드바이저스(Metropolitan Capital Advisors)의 매니징 파트너 제프리 슈워츠(Jeffery Schwarz), 프제너 인베스트먼트 매니지먼트(Pzena Investment Management)의 리처드 프제너(Richard Pzena), 캐니언 파트너스(Canyon Partners)의 매니징 파트너 미치 쥴리스(Mitch Julis), 보포스트 그룹(Baupost Group)의 사장 세스 클라먼(Seth Klarman), 래인, 알트만&오웬스 로펌(Lane, Altman & Owens)의 파트너이자 내 변호사인 조셉 마젤라(Joseph Mazzella), 스미스 바니 증권(Smith Barney)의 내 주식중개인 로버트 쿠쉘(Robert Kushel), 내게 아파치 릴레이 경기의 영광스러운 기억을 남겨 준 마크 짐펠(Mark Gimpel), 즐거운 농담으로 내게 웃음을 준 게리 워렌(Gary E. Warren) 미해병대 소령, 그리고 특히 마지막 장의 '삶의 화폐'에 대한 아이디어를 제공한 랍비 레이블 램(Label Lam)에게 감사의 말을 전한다.

이제까지 고섬 캐피털에 열렬한 지지를 아끼지 않은 델파이 파이낸셜 그룹(Delphi Financial Group) 회장이자 에이콘 파트너즈(Acorn Partners)의 매니징 파트너 밥 로젠크랜즈(Bob Rosenkranz), 1980년대 우리 고섬 캐피털에서 2년 반 동안 파트너를 지낸 에즈라 머킨(Ezra Merkin), 그리고 창립 초기 5년 동안 수석 트레이더로 일한 스탄 카플란(Stan Kaplan)에게도 특별히 고마움을 전한다.

사이몬 & 슈스터(Simon & Schuster)에서 나의 편집인을 맡아 준 밥 메코이(Bob Mecoy), 에이전트 샌드러 다익스트라(Sandra Dijkstra), 그리고 이 책의 프로젝트에 도움을 준 가이 케텔핵(Guy Kettelhack)에게도 감사한다.

그리고 이 책의 완성판이 나오기까지 발 벗고 나서서 도와준 나의 가족 모두의 사랑, 지지 그리고 격려에 특별히 고마움을 전하고 싶다. 나의 훌륭한 부모님 앨런 그린블라트(Allan Greenblatt)와 뮤리엘 그린블라트(Muriel Greenblatt), 형제 리처드(Richard)와 에이미(Amy), 게리 커핸(Gary Curhan) 박사와 쉐런 커핸(Sharon Curhan) 부부, 그리고 책에서도 언급한 장인어른과 장모님 조지 티버(George Teebor)와 세실 티버(Cecil Teebor) 모두 감사할 따름이다.

항상 도발적인 질문으로 나를 기운나게 하는 아들에게 고맙다는 말을 하고 싶다. "아빠, 아빠는 도대체 뭐하는 사람이에요? 경찰? 소방관? 뭐예요?"라는 아들의 질문이야말로 이 책을 끝마쳐야겠다는 의지를 불태우게 한 원동력이었다. 이제 적어도 나는 "아들아, 슈스박사*(Dr. Seuss, 미국의 유명한 동화 작가)가 뭐하는 사람인지 알지? 그렇지?"라고 응수할 수 있다.

마지막으로, 내 삶의 유일한 사랑인 아내 쥴리(Julie)와 나의 멋진 네 자녀에게, 매일매일 소중한 하루를 함께 보내는 귀중한 선물을 준 데 대해 감사의 말을 전한다.